乡村振兴背景下
高职数字营销人才培养研究

徐骏骅 ◎ 著

吉林出版集团股份有限公司

版权所有　侵权必究

图书在版编目（CIP）数据

乡村振兴背景下高职数字营销人才培养研究 / 徐骏骅著. -- 长春：吉林出版集团股份有限公司，2024.6.
ISBN 978-7-5731-5161-2

Ⅰ．F713.365.2

中国国家版本馆CIP数据核字第20248B04Q6号

乡村振兴背景下高职数字营销人才培养研究

XIANGCUN ZHENXING BEIJING XIA GAOZHI SHUZI YINGXIAO RENCAI PEIYANG YANJIU

著　　者	徐骏骅
出版策划	崔文辉
责任编辑	刘　洋
助理编辑	邓晓溪
封面设计	文　一
出　　版	吉林出版集团股份有限公司
	（长春市福祉大路5788号，邮政编码：130118）
发　　行	吉林出版集团译文图书经营有限公司
	（http://shop34896900.taobao.com）
电　　话	总编办：0431-81629909　营销部：0431-81629880/81629900
印　　刷	吉林省六一文化传媒有限责任公司
开　　本	787mm×1092mm　　1/16
字　　数	210千字
印　　张	13
版　　次	2024年6月第1版
印　　次	2024年6月第1次印刷
书　　号	ISBN 978-7-5731-5161-2
定　　价	78.00元

如发现印装质量问题，影响阅读，请与印刷厂联系调换。电话：18686657256

前　言

随着时代的进步和科技的飞速发展，乡村振兴战略已成为我国现代化建设的重要战略部署。在这一背景下，乡村经济、文化和社会发展的全面振兴，离不开人才的支撑和驱动。高职数字营销人才作为当代的重要力量，在推动乡村产业升级、市场拓展和品牌建设等方面发挥着不可替代的作用。

当前，数字营销已成为市场营销领域的主流趋势，其运用大数据、云计算、人工智能等现代信息技术手段，为企业提供了更精准、更高效的市场营销策略。在乡村振兴的实践中，数字营销不仅能够助力乡村企业突破传统营销模式的束缚，实现品牌价值的最大化，还能够促进乡村特色产业的线上推广，拓宽乡村产品的销售渠道，进而带动乡村经济的整体发展。

然而，当前高职数字营销人才的培养还存在诸多不足，如课程设置与市场需求脱节、实践教学环节薄弱、师资力量不足等问题，这些都制约了高职数字营销人才在乡村振兴中的作用的发挥。因此，加强高职数字营销人才培养的研究与实践，对于推动乡村振兴战略的深入实施具有重要意义。

本研究旨在深入探讨乡村振兴背景下高职数字营销人才培养的现状、问题及对策。通过分析高职数字营销人才培养的现状与问题，结合乡村振兴的实际需求，提出针对性的改进措施和策略，以期为我国高职数字营销人才培养提供理论支持和实践指导，为乡村振兴贡献智慧和力量。

未来，随着乡村振兴战略的持续推进和数字营销技术的不断创新，高职数字营销人才的培养将迎来更为广阔的发展空间和更为严峻的挑战。因此，我们需要不断加强研究与实践，不断探索适应时代需求的高职数字营销人才培养新模式，为乡村振兴注入新的活力和动力。

本书在写作过程中，参考和借鉴了一些学者的学术著作，在此向他们表示深深的谢意。由于笔者水平有限，书中难免会存在不足之处，希望各位读者和专家能够批评指正。

目 录

第一章 乡村振兴与高职数字营销人才培养概述 ·· 1

    第一节 乡村振兴战略的时代背景与意义 ·· 1

    第二节 高职数字营销人才培养的现状与挑战 ·· 2

    第三节 乡村振兴与高职数字营销人才培养的关联性分析 ·· 8

    第四节 高职数字营销人才培养在乡村振兴中的作用 ·· 14

    第五节 高职数字营销人才培养的新机遇与新要求 ·· 20

第二章 高职数字营销人才培养的理论基础 ·· 27

    第一节 数字营销的基本概念与原理 ·· 27

    第二节 数字营销人才的核心素养与技能要求 ·· 34

    第三节 高职教育的育人理念与模式创新 ·· 40

第三章 乡村振兴背景下的数字营销环境分析 ·· 48

    第一节 乡村市场的数字营销现状与发展趋势 ·· 48

    第二节 乡村消费者的数字营销行为特征 ·· 55

    第三节 乡村数字营销环境的优势与劣势分析 ·· 61

    第四节 乡村数字营销环境的机遇与挑战 ·· 67

    第五节 乡村数字营销环境的优化策略与建议 ·· 74

第四章 高职数字营销人才培养的课程体系建设 ·· 81

    第一节 课程体系建设的指导思想与原则 ·· 81

第二节　核心课程的设置与教学内容安排 ·· 88

　　第三节　实践课程的开发与实施 ·· 96

　　第四节　在线课程的构建与应用 ·· 103

　　第五节　课程体系的评价与持续改进 ·· 111

第五章　高职数字营销人才培养的教学方法创新 ·· 117

　　第一节　项目式教学法在数字营销教学中的应用 ································ 117

　　第二节　案例分析法在数字营销教学中的实践 ···································· 124

　　第三节　模拟实训法在数字营销教学中的运用 ···································· 130

　　第四节　翻转课堂在数字营销教学中的探索 ·· 137

　　第五节　混合式教学在数字营销教学中的优化 ···································· 143

第六章　高职数字营销人才培养的师资力量建设 ·· 151

　　第一节　师资力量的现状分析与问题诊断 ·· 151

　　第二节　师资培养与引进的策略与措施 ·· 156

　　第三节　师资评价与激励机制的建立与完善 ·· 162

　　第四节　师资团队建设与管理的创新实践 ·· 168

　　第五节　师资力量在数字营销人才培养中的作用发挥 ························ 174

第七章　高职数字营销人才培养的实践平台建设 ·· 181

　　第一节　实践平台建设的必要性与目标定位 ·· 181

　　第二节　校内实践基地的建设与管理 ·· 187

　　第三节　校外实习实训基地的开发与合作 ·· 193

参考文献 ·· 201

第一章 乡村振兴与高职数字营销人才培养概述

第一节 乡村振兴战略的时代背景与意义

一、乡村振兴战略提出的时代背景

（一）历史背景：乡村是中华民族传统文明的发源地

自古以来，乡村就是中华民族传统文明的发源地。在经济社会发展中一直占有重要地位，乡村的富庶是盛世历史的重要标志。"实施乡村振兴战略"这一部署，有其深刻的历史背景和现实依据。

（二）现实依据：解决不平衡不充分的发展问题

当前我国社会主要矛盾已经转化为人民日益增长的美好生活需要和不平衡不充分的发展之间的矛盾。发展不平衡、不充分，在农村地区体现得最明显，农村地区是解决这一主要矛盾的主战场。

（三）经济发展新阶段的要求

随着经济的发展进入新阶段，城乡关系结构也在发生变化。实施乡村振兴战略正是在我国城乡关系结构变化节点上做出的重要战略安排。在经济发展新阶段，需要更加注重农业农村的发展，推动农村地区的内生性发展。因此，实施乡村振兴战略也是适应经济发展新阶段的战略举措。

（四）全面开启现代化建设新征程的必然选择

实施乡村振兴战略是实现农村地区内生性发展的战略举措。因此，在新征程上，需要更加重视农业农村的发展，推动乡村振兴战略的落地实施。这也是全面开启现代化建设新征程的必然选择。

总之，乡村振兴战略提出的时代背景包括历史背景、现实依据、经济发展新阶段的要求以及全面开启现代化建设新征程的必然选择等方面。这一战略的实施对于推动我国经济社会发展具有重要意义。

二、乡村振兴战略对农村经济的影响

（一）促进农村经济发展

通过构建现代农业产业体系、生产体系、经营体系等举措，可以促进农业现代化建设，提高农业生产效率和质量水平。此外，推动农村一、二、三产业融合发展，支持和鼓励农民就业创业，拓宽增收渠道，也有助于提升农村经济发展水平。

（二）推动农村产业升级

乡村振兴战略注重推动农村产业结构调整，促进农村一、二、三产业融合发展。这不仅可以提升农业产业的附加值和国际竞争力，还可以带动二、三产业的发展和升级。在这个过程中，需要培育新型农业经营主体，健全农业社会化服务体系，实现小农户和现代农业发展有机衔接。同时，需要加强农村基层基础工作，健全自治、法治、德治相结合的乡村治理体系，为农村产业发展提供有力保障。

第二节　高职数字营销人才培养的现状与挑战

一、当前高职数字营销人才培养的现状分析

（一）行业快速发展与人才供给不足之间的矛盾

随着信息技术的迅猛发展，数字营销行业呈现出了前所未有的繁荣态势。无论是传统的营销企业还是新兴的互联网企业，都对数字营销人才提出了巨大的需求。然而，当前高职院校在数字营销人才的培养上，仍面临着供给不足的问题。一方面，高职院校的招生规模有限，无法满足数字营销行业对人才的需求；另一方面，高职院校在数字营销人才培养方面缺乏足够的资源和经验，导致培养出的人才质量参差不齐，难以满足行业的需求。

（二）课程设置与行业需求脱节

当前，高职数字营销专业的课程设置在一定程度上与行业需求存在脱节现象。一方面，部分高职院校在课程设置上过于注重理论知识的传授，而忽视了实践技能的培养。这导致学生在毕业后难以迅速适应行业的需求，需要长时间的实践和学习才能掌握必要的技能。另一方面，数字营销行业的发展日新月异，新的技术和工具不断涌现，而高职院校的课程设置往往滞后于行业的发展，无法及时反映最新的技术和趋势。

（三）师资力量薄弱

高职数字营销人才培养的师资力量是影响培养质量的关键因素之一。然而，当前高职院校在数字营销领域的师资力量普遍较为薄弱。一方面，高职院校缺乏具有丰富实践经验和深厚理论素养的专业教师，这导致在数字营销人才培养过程中难以提供高质量的指导和帮助。另一方面，高职院校的师资队伍更新速度较慢，难以跟上数字营销行业的快速发展，这也限制了人才培养的质量和水平。

（四）实践教学环节不足

实践教学是高职数字营销人才培养中不可或缺的一环。然而，当前高职院校在实践教学方面普遍存在不足。一方面，部分高职院校缺乏必要的实践教学设施和条件，导致学生无法进行充分的实践锻炼。另一方面，部分高职院校的实践教学环节设置不合理，缺乏针对性和实效性，难以真正提高学生的实践能力和职业素养。

（五）校企合作不够深入

校企合作是高职数字营销人才培养的重要途径之一。通过校企合作，可以使学生更好地了解行业的需求和发展趋势，提高其实践能力和职业素养。然而，当前高职院校与数字营销企业的合作还不够深入，存在一些问题。首先，部分高职院校对校企合作的认识不足，缺乏主动寻求合作的意识和积极性。其次，部分数字营销企业对校企合作的参与度不高，缺乏深入合作的意愿和动力。最后，校企合作的模式和机制还不够完善，缺乏有效的合作平台和机制保障，导致合作效果不尽如人意。

（六）评价体系不完善

当前高职数字营销人才培养的评价体系也存在一些问题。一方面，评价体系过于注重理论知识的考核，而忽视了实践能力和职业素养的评价。这导致学生在学习中过于注重理论知识的学习，而忽视了实践技能的提升和职业素养的培养。另一方面，评价体系的设置不够科学、合理，难以全面、客观地反映学生的真实水平和能力。此外，评价体系的执行也存在一些问题，如评价标准不一致、评价过程不透明等，影响了评价的公正性和有效性。

当前高职数字营销人才培养在多方面都存在不足和挑战。为了培养出符合行业需求的高素质数字营销人才，高职院校需要加强对行业发展的了解和研究，调整和优化课程设置和教学模式，加强师资队伍建设和实践教学环节的设置，同时深化校企合作和完善评价体系等方面的工作。只有这样，才能培养出更多具有创新精神和实践能力的数字营销人才，为行业的持续发展和国家的经济建设做出更大的贡献。

二、高职数字营销人才培养面临的主要挑战

（一）技术更新迅速与教学内容滞后的矛盾

在数字营销领域，技术的更新换代速度异常迅猛。新的数字营销工具、平台和技术层出不穷，如人工智能、大数据、云计算、社交媒体等，这些新技术不仅改变了数字营销的方式和手段，也对从业人员的技能和要求提出了新的挑战。然而，高职院校在教学内容上往往存在一定的滞后性，难以跟上行业技术的快速发展。这主要体现在教材更新不及时、课程设置不够灵活、实践教学环节缺乏创新等方面。因此，如何确保教学内容与行业技术同步更新，是高职数字营销人才培养面临的一大挑战。

（二）行业变革与人才培养模式创新的需求

随着数字经济的蓬勃发展，数字营销行业也在不断变革。传统的营销模式和策略正在被新的数字化手段所替代，企业对于数字营销人才的需求也在发生变化。这要求高职院校在人才培养模式上进行创新，以适应行业变革的需求。然而，目前高职数字营销人才培养模式普遍较为传统，缺乏足够的创新性和灵活性。这主要体现在课程设置过于单一、教学方法不够多样、实践教学与行业需求脱节等方面。因此，如何创新人才培养模式，提高人才培养质量，是高职数字营销人才培养面临的又一挑战。

（三）跨界融合与复合型人才的培养要求

数字营销是一个涉及多个领域的综合性学科，它要求从业人员具备跨学科的知识和技能。随着数字营销行业的不断发展，跨界融合的趋势越来越明显，企业对于复合型数字营销人才的需求也日益旺盛。这要求高职院校在人才培养过程中注重跨学科知识的融合和复合型人才的培养。然而，目前高职院校在课程设置和师资配备上往往存在局限性，难以满足复合型人才培养的要求。这主要体现在课程设置过于专业化、师

资力量不足、跨学科合作不够深入等方面。因此，如何加强跨学科融合，培养复合型数字营销人才，是高职数字营销人才培养面临的重要挑战。

（四）实践教学资源不足与行业需求的矛盾

实践教学是高职数字营销人才培养的关键环节，它对于提高学生的实践能力和职业素养具有重要意义。然而，目前高职院校在实践教学资源上普遍存在不足的问题。这主要体现在实践教学设施不完善、实践教学基地缺乏、实践教学师资力量薄弱等方面。由于实践教学资源的不足，高职院校往往难以为学生提供足够的实践机会和实践指导，导致学生的实践能力和职业素养无法得到有效提升。这与数字营销行业对于实践能力强的专业人才的需求形成了鲜明的矛盾。因此，如何加强实践教学资源的建设和管理，提高实践教学的质量和效果，是高职数字营销人才培养亟待解决的问题。

高职数字营销人才培养面临着技术更新迅速、行业变革、跨界融合以及实践教学资源不足等多重挑战。为了应对这些挑战，高职院校需要积极调整和优化人才培养方案，加强与行业企业的合作与交流，引进和培养高水平的师资队伍，完善实践教学体系和管理机制，不断提高人才培养的质量和水平。同时，需要注重培养学生的创新意识和实践能力，使他们能够适应数字营销行业的快速发展和变化，为国家的经济建设和社会发展做出更大的贡献。

三、行业变革对高职数字营销人才培养的影响

（一）行业变革推动高职数字营销人才培养模式的创新

随着数字经济的深入发展，数字营销行业正经历着前所未有的变革。这种变革不仅体现在技术手段的更新迭代上，更体现在营销理念、策略和模式的全面创新上。为了适应这种变革，高职数字营销人才培养模式必须进行相应的创新。

首先，行业变革要求高职数字营销人才培养更加注重实践性和应用性。传统的理论教学已经无法满足行业的实际需求，高职院校需要加强与企业的合作，引入更多的实践项目和案例，让学生在实践中学习和掌握数字营销技能。

其次，行业变革推动高职数字营销人才培养向跨学科、综合性方向发展。数字营销涉及市场营销、数据分析、创意设计等多个领域，高职院校需要打破学科壁垒，整合相关学科资源，培养具备跨学科知识和综合能力的数字营销人才。

最后，行业变革还要求高职数字营销人才培养注重培养学生的创新意识和创业能力。随着市场竞争的加剧和消费者需求的多样化，创新已经成为数字营销行业发展的重要驱动力。高职院校需要通过设置创新课程、开展创新实践等方式，培养学生的创新意识和创业能力，为他们未来的职业发展打下坚实基础。

（二）行业变革对高职数字营销人才培养内容的影响

行业变革对高职数字营销人才培养内容的影响主要体现在以下几方面：

一是课程设置更加贴近行业实际。随着数字营销技术的不断更新和营销理念的变革，高职院校需要及时调整课程设置，引入新的课程内容，如社交媒体营销、搜索引擎优化、大数据分析等，以适应行业发展的需求。

二是注重培养学生的数字营销技能。高职院校需要加强实践教学环节，通过案例分析、模拟操作、项目实践等方式，提高学生的数字营销技能水平，使他们能够熟练掌握各种数字营销工具和方法。

三是强调学生的职业素养和综合能力。行业变革对从业人员的职业素养和综合能力提出了更高的要求。高职院校在人才培养过程中，需要注重培养学生的团队协作能力、沟通能力、创新思维等，提高他们的综合素质，使他们能够更好地适应行业的发展变化。

（三）行业变革对高职数字营销人才培养质量的提升

行业变革不仅推动了高职数字营销人才培养模式和内容的创新，还促进了人才培养质量的提升。

首先，行业变革带来了更加丰富的实践机会和资源。随着数字营销行业的快速发展，越来越多的企业开始重视数字营销人才的培养和引进。高职院校可以通过与企业合作开展实践教学、实习实训等方式，为学生提供更多的实践机会和资源，帮助他们更好地掌握数字营销技能。

其次，行业变革促进了师资队伍的建设和优化。为了适应数字营销行业的发展需求，高职院校需要加强师资队伍建设，引进和培养具有丰富实践经验和深厚理论素养的专业教师。这些教师不仅可以为学生提供高质量的教学和指导，还可以与企业合作开展科研项目和技术创新，推动数字营销行业的发展。

最后，行业变革还促进了高职数字营销人才培养的国际化。随着全球化的深入发展，数字营销行业也日益呈现出国际化的趋势。高职院校可以通过加强与国际先进教育机构的交流与合作，引进国际先进的数字营销教育理念和技术手段，提高人才培养的国际化水平，培养出更多具有国际视野和竞争力的数字营销人才。

行业变革对高职数字营销人才培养产生了深远的影响。为了适应这种变革，高职院校需要不断创新人才培养模式和内容，提高人才培养质量，培养出更多符合行业需求的数字营销人才。同时，需要加强与企业的合作与交流，引入更多的实践资源和项目，为学生提供更多的实践机会和平台。只有这样，才能推动高职数字营销人才培养工作的不断发展，为数字营销行业的繁荣和国家的经济建设做出更大的贡献。

四、高职数字营销教育资源配置的问题与不足

（一）教育资源投入不足，影响教学质量提升

高职数字营销教育资源配置的首要问题是投入不足。随着数字营销行业的快速发展，对教育资源的需求也在不断增加。然而，目前很多高职院校在数字营销教育方面的投入仍然有限，导致教学设施、教材资料、实践基地等教育资源无法满足教学的实际需求。这直接影响了教学质量和学生的学习效果。由于缺乏先进的教学设备和软件，学生无法接触到最新的数字营销技术和工具，难以跟上行业的发展步伐。同时，缺乏充足的教材和实践案例，也使得教学内容显得单调乏味，难以激发学生的学习兴趣和积极性。

（二）师资力量薄弱，制约教育水平提升

师资力量是高职数字营销教育资源配置的关键因素。然而，目前高职院校在数字营销领域的师资力量普遍较为薄弱。一方面，具有丰富实践经验和深厚理论素养的专业教师数量不足，导致在教学过程中难以提供高质量的教学和指导。另一方面，部分教师的知识结构和技能水平滞后于行业的发展，无法及时将最新的数字营销技术和理念引入教学中，影响了教学的时效性和针对性。此外，高职院校在引进和培养高水平教师方面也存在一定的困难，缺乏有效的激励机制和政策支持，使师资力量难以得到有效提升。

（三）校企合作不够深入，教育资源利用不充分

校企合作是优化高职数字营销教育资源配置的重要途径之一。然而，目前高职院校与数字营销企业的合作还不够深入，存在一些问题。一方面，部分高职院校对校企合作的认识不足，缺乏主动寻求合作的意识和积极性。另一方面，部分数字营销企业对校企合作的参与度不高，缺乏深入合作的意愿和动力。此外，校企合作的模式和机制还不够完善，缺乏有效的合作平台和机制保障，导致合作效果不尽如人意。这些问题使得高职院校无法充分利用企业的实践资源和行业经验，影响了教育资源的有效配置和利用。

第三节 乡村振兴与高职数字营销人才培养的关联性分析

一、乡村振兴对数字营销人才的需求特点

随着乡村振兴战略的深入实施,乡村经济、文化和社会等各方面都迎来了前所未有的发展机遇。在这一背景下,数字营销作为推动乡村发展的重要手段,对人才的需求也呈现出一些新的特点。本节将从以下四方面详细阐述乡村振兴对数字营销人才的需求特点。

(一)具备数字化思维与创新能力的复合型人才

在乡村振兴的大背景下,数字营销人才需要具备数字化思维,能够运用大数据、云计算、人工智能等先进技术对乡村市场进行深入分析,为乡村企业和产品制定有效的营销策略。同时,他们还需要具备创新能力,能够结合乡村特色和文化底蕴,创造出具有吸引力的营销内容和形式,提升乡村品牌的影响力和竞争力。这种复合型人才的需求,体现了乡村振兴对数字营销人才在技术应用和创意创新方面的双重要求。

(二)熟悉乡村市场与文化的本土化人才

乡村市场具有其独特性和复杂性,数字营销人才需要深入了解乡村市场的需求和特点,掌握乡村消费者的心理和行为习惯,以便制定更符合乡村实际的营销策略。此外,他们还需要对乡村文化有深入的了解和认同,能够将乡村文化元素融入营销活动中,提升营销活动的文化内涵和吸引力。这种本土化人才的需求,体现了乡村振兴对数字营销人才在市场洞察和文化融合方面的特殊要求。

(三)具备跨界整合能力的综合型人才

乡村振兴涉及农业、旅游、文化等多个领域,数字营销人才需要具备跨界整合能力,能够将不同领域的资源和优势进行有效整合,形成协同效应。他们需要具备跨领域的知识储备和技能水平,能够根据不同领域的特点和需求,制订个性化的营销策略和方案。这种综合型人才的需求,体现了乡村振兴对数字营销人才在资源整合和跨界合作方面的能力要求。

（四）注重实践经验和持续学习的实践型人才

数字营销是一个实践性很强的领域，乡村振兴背景下的数字营销人才需要具备丰富的实践经验和持续学习的能力。他们需要不断积累实际操作经验，提升解决实际问题的能力。同时，他们还需要保持对新技术和新理念的敏感性，不断学习新知识、新技能，以适应不断变化的乡村市场环境。这种实践型人才的需求，体现了乡村振兴对数字营销人才在实践能力和学习精神方面的期待。

乡村振兴对数字营销人才的需求特点主要体现在数字化思维与创新能力、本土化知识与文化理解、跨界整合能力以及实践经验与持续学习等方面。这些特点要求数字营销人才不仅要具备扎实的专业技能和理论知识，还需要具备深厚的文化素养和敏锐的市场洞察力。为了培养符合这些需求的数字营销人才，高校和培训机构应加强与乡村企业的合作，共同开发具有针对性的课程体系和实践项目，为乡村振兴提供有力的人才支撑。同时，政府和社会各界也应加大对数字营销人才的培养和引进力度，为乡村振兴注入更多的创新活力和发展动力。

二、高职数字营销人才在乡村振兴中的作用

随着信息技术的快速发展，数字营销已成为当今市场营销的重要手段。在乡村振兴的大背景下，高职数字营销人才的作用越发凸显，他们通过运用专业技能和创新思维，为乡村经济的发展注入了新的活力。下文将详细阐述高职数字营销人才在乡村振兴中的重要作用。

（一）推动乡村品牌建设与传播

高职数字营销人才具备专业的品牌策划和推广能力，他们能够通过深入的市场调研和精准的目标定位，为乡村企业和产品打造独特的品牌形象。通过制定有效的营销策略，利用社交媒体、短视频等新媒体平台，高职数字营销人才能够将乡村品牌传播到更广泛的市场，提升乡村品牌的知名度和美誉度。这不仅有助于增加乡村产品的销量，还能推动乡村产业的转型升级，促进乡村经济的持续发展。

（二）促进乡村文化旅游发展

乡村文化旅游是乡村振兴的重要组成部分，高职数字营销人才在这一领域同样发挥着重要作用。他们能够结合乡村的自然风光、历史文化和民俗风情，制定有针对性的旅游推广策略。通过运用数字化手段，如虚拟现实、增强现实等，高职数字营销人才能够为游客提供沉浸式的旅游体验，吸引更多游客前来游览。同时，他们还能通过线上平台推广乡村文化旅游线路和产品，扩大乡村旅游的市场影响力，带动乡村经济的繁荣。

（三）助力乡村电商发展

随着互联网的普及和电子商务的快速发展，乡村电商已成为乡村振兴的新引擎。高职数字营销人才在乡村电商发展中发挥着关键作用。他们熟悉电商平台的运营规则和营销策略，能够帮助乡村企业建立线上销售渠道，拓展市场份额。通过优化产品详情页、提升客户服务质量等方式，高职数字营销人才能够提升乡村电商的用户体验和转化率，推动乡村电商的快速发展。此外，他们还能利用大数据分析等技术手段，为乡村企业提供精准的市场分析和预测，帮助企业制定更加科学的经营决策。

（四）培养乡村数字营销人才队伍

高职数字营销人才不仅能够在实践中发挥重要作用，还能通过教育和培训等方式，为乡村培养更多的数字营销人才。他们可以参与乡村学校的职业教育和培训工作，向学生传授数字营销的基础知识和实践技能，激发他们的创新精神和创业意识。通过培养更多的乡村数字营销人才，能够为乡村经济的长远发展提供有力的人才保障。

（五）引领乡村创新营销理念

高职数字营销人才往往具备前沿的营销理念和创新的营销思维，他们能够将最新的数字营销技术和趋势引入乡村，引领乡村企业和农户转变传统的营销观念，树立创新营销意识。通过引入新的营销理念和模式，高职数字营销人才能够帮助乡村企业和农户更好地适应市场需求的变化，提升产品的竞争力和市场占有率。

（六）搭建城乡信息交流平台

高职数字营销人才利用自身的专业技能和资源优势，可以搭建起城乡之间的信息交流平台。通过这一平台，乡村的优质产品和文化资源得以向城市展示和推广，同时城市的消费信息和市场需求也能及时反馈到乡村。这种信息的双向流通有助于打破城乡之间的信息壁垒，促进城乡之间的经济文化交流与合作。

高职数字营销人才在乡村振兴中发挥着不可或缺的作用。他们通过推动乡村品牌建设与传播、促进乡村文化旅游发展、助力乡村电商发展、培养乡村数字营销人才队伍、引领乡村创新营销理念以及搭建城乡信息交流平台等方式，为乡村经济的繁荣和发展注入了新的活力和动力。因此，我们应该高度重视高职数字营销人才的培养和引进工作，为乡村振兴提供有力的人才支持。

三、乡村振兴背景下高职数字营销人才培养的重要性

随着乡村振兴战略的深入实施,乡村经济、文化和社会等各方面的发展都迎来了新的机遇和挑战。在这一背景下,高职数字营销人才的培养显得尤为重要。他们不仅能为乡村经济的转型升级提供智力支持,还能为乡村文化的传播和乡村旅游的发展贡献力量。以下将从三方面详细阐述乡村振兴背景下高职数字营销人才培养的重要性。

(一)促进乡村经济转型升级的关键力量

随着信息技术的快速发展,数字营销已成为推动经济发展的重要引擎。在乡村振兴的背景下,高职数字营销人才通过运用先进的数字技术和创新的营销理念,能够推动乡村经济的转型升级。他们能够帮助乡村企业打造独特的品牌形象,提升产品的附加值和市场竞争力;通过精准的市场分析和定位,高职数字营销人才能够为乡村企业制定有效的营销策略,拓展销售渠道,实现销售增长;同时,他们还能通过数字技术的运用,优化乡村产业结构,推动乡村产业的融合发展。因此,高职数字营销人才是乡村经济转型升级的关键力量,他们的培养对于推动乡村经济的发展具有重要意义。

(二)推动乡村文化传播与品牌建设的重要载体

乡村文化是乡村振兴的灵魂,而高职数字营销人才则是推动乡村文化传播与品牌建设的重要载体。他们通过深入了解乡村文化的内涵和特色,能够将其融入数字营销活动中,通过创意设计和创新传播方式,让乡村文化焕发出新的活力。同时,高职数字营销人才还能利用新媒体平台,将乡村文化传播到更广泛的地域和人群,提升乡村文化的知名度和影响力。通过他们的努力,乡村文化不仅能够得到更好地传承和保护,还能成为推动乡村经济发展的重要资源。因此,高职数字营销人才的培养对于推动乡村文化传播与品牌建设具有重要意义。

(三)提升乡村旅游品质与效益的有力支撑

乡村旅游是乡村振兴的重要组成部分,而高职数字营销人才则是提升乡村旅游品质与效益的有力支撑。他们通过运用数字营销手段,能够为乡村旅游制订精准的营销策略和推广方案,吸引更多游客前来游览。同时,高职数字营销人才还能通过优化旅游产品和服务,提升游客的旅游体验满意度,增加游客的忠诚度和回头率。此外,他们还能利用大数据、人工智能等技术手段,对乡村旅游市场进行深度分析和预测,为乡村旅游的发展提供科学依据和决策支持。因此,高职数字营销人才的培养对于提升乡村旅游品质与效益具有重要意义。

除了上述三方面的重要性，高职数字营销人才培养在乡村振兴中还具有以下深远影响：

首先，高职数字营销人才能够助力乡村企业走向市场化和国际化。随着全球化的深入发展，乡村企业面临着更加激烈的市场竞争。高职数字营销人才通过掌握国际市场营销的最新动态和趋势，能够帮助乡村企业拓展海外市场，实现国际化发展。

其次，高职数字营销人才的培养有助于提升乡村居民的数字化素养和技能水平。在数字时代，掌握数字技术和营销技能对于个人职业发展具有重要意义。通过培养高职数字营销人才，可以带动乡村居民提升数字化素养和技能水平，增强他们的就业创业能力。

最后，高职数字营销人才的培养还能够推动乡村教育的现代化发展。随着信息技术的普及和应用，乡村教育也需要与时俱进，加强数字化教育资源的建设和应用。通过培养高职数字营销人才，可以推动乡村教育的现代化发展，提升乡村教育的质量和水平。

高职数字营销人才在乡村振兴中发挥着不可替代的作用。他们通过促进乡村经济转型升级、推动乡村文化传播与品牌建设、提升乡村旅游品质与效益等方式，为乡村振兴提供了有力的人才保障和智力支持。因此，我们应该高度重视高职数字营销人才的培养工作，为乡村振兴注入新的活力和动力。

四、高职数字营销人才培养与乡村振兴的互动机制

高职数字营销人才培养与乡村振兴之间存在着密切的互动关系，两者相互促进、共同发展。高职数字营销人才通过运用专业技能和创新思维，为乡村振兴提供智力支持和人才保障；而乡村振兴的深入推进，也为高职数字营销人才的培养提供了广阔的实践舞台和发展空间。以下将从三方面详细阐述高职数字营销人才培养与乡村振兴的互动机制。

（一）人才供给与需求对接机制

高职数字营销人才培养的首要任务是满足乡村振兴对人才的需求。乡村振兴需要一批具备数字化思维、创新能力、本土化知识和实践经验的高素质数字营销人才，而高职院校则是培养这类人才的重要基地。通过深入分析乡村振兴的人才需求，高职院校可以针对性地调整专业设置、优化课程体系、加强实践教学，确保培养出的数字营销人才能够紧密对接乡村振兴的实际需求。同时，高职院校还可以与乡村企业建立紧密的合作关系，共同开展人才培养、项目研发等活动，实现人才供给与需求的精准对接。

（二）资源共享与优势互补机制

高职数字营销人才培养与乡村振兴之间的互动还体现在资源共享和优势互补方面。高职院校拥有丰富的教育资源，包括优秀的师资、先进的教学设施、丰富的实践教学经验等，这些资源可以为乡村振兴提供有力支持。同时，乡村振兴的实践舞台也为高职院校提供了宝贵的实践教学基地和案例素材，有助于提升教学质量和效果。通过建立资源共享和优势互补的机制，高职院校和乡村可以实现互利共赢，共同推动数字营销人才培养和乡村振兴的发展。

（三）创新驱动与协同发展机制

创新是推动高职数字营销人才培养和乡村振兴协同发展的关键动力。高职院校应积极探索数字营销人才培养的新模式、新方法，注重培养学生的创新思维和实践能力，推动人才培养质量的不断提升。同时，乡村振兴也需要不断创新发展思路和模式，通过引入新技术、新业态、新模式等，推动乡村经济的转型升级和文化旅游的繁荣发展。通过创新驱动，高职数字营销人才培养和乡村振兴可以实现协同发展，相互促进、共同提升。

除了上述三方面的互动机制，高职数字营销人才培养与乡村振兴之间的互动还体现在以下几方面：

首先，高职数字营销人才通过参与乡村企业的实际项目，能够深入了解乡村市场的特点和需求，为乡村企业提供订制化的数字营销方案。同时，他们还可以将最新的数字营销技术和理念引入乡村，推动乡村企业的数字化转型和升级。这种实践性的互动有助于提升高职数字营销人才的实践能力和解决问题的能力，同时为乡村企业带来了实实在在的经济效益。

其次，高职数字营销人才在参与乡村振兴的过程中，可以积极传播乡村文化，提升乡村品牌的知名度和美誉度。他们通过运用新媒体平台，将乡村的美景、美食、民俗等文化传播到更广泛的地域和人群，吸引更多游客前来游览和消费。这种文化性的互动不仅有助于推动乡村旅游的发展，还能增强乡村居民的文化自信和归属感。

最后，高职数字营销人才培养与乡村振兴之间的互动还体现在社会服务的层面。高职院校可以组织数字营销专业的师生开展乡村志愿服务活动，为乡村居民提供数字营销知识和技能培训，帮助他们提升数字化素养和技能水平。同时，高职院校还可以与乡村社区合作开展数字营销项目，为乡村社区提供数字化服务，推动乡村社区的现代化发展。这种社会性的互动有助于增进高职院校与乡村社区之间的联系和合作，推动双方共同发展。

高职数字营销人才培养与乡村振兴之间存在着紧密的互动关系。通过人才供给与需求对接、资源共享与优势互补、创新驱动与协同发展等机制,两者相互促进、共同发展。未来,随着乡村振兴战略的深入实施和高职教育的不断创新发展,这种互动关系将更加紧密和深入,为推动乡村全面振兴和高职院校的内涵式发展提供强大的动力和支撑。

第四节 高职数字营销人才培养在乡村振兴中的作用

一、促进乡村产业升级与数字化转型

乡村产业升级与数字化转型是乡村振兴战略的重要组成部分,对于推动乡村经济持续健康发展具有重要意义。高职数字营销人才在这一进程中发挥着至关重要的作用,他们通过运用专业知识和技能,为乡村产业升级和数字化转型提供了有力的支持和保障。

(一)高职数字营销人才助力乡村产业升级

乡村产业升级是指通过引入新技术、新工艺、新业态等方式,提升乡村产业的附加值和市场竞争力。高职数字营销人才具备丰富的市场营销知识和实践经验,能够为乡村企业提供市场分析和营销策略制定等方面的支持。他们通过深入调研市场需求和消费者行为,帮助乡村企业找准市场定位,制定有针对性的营销策略,提升产品的知名度和美誉度。同时,高职数字营销人才还能通过运用数字技术手段,优化生产流程,提高生产效率,降低生产成本,为乡村产业升级提供有力的技术支撑。

此外,高职数字营销人才还能通过推动乡村产业的融合发展,促进产业升级。他们可以帮助乡村企业拓展产业链,实现一、二、三产业的深度融合,推动乡村产业向高端化、智能化、绿色化方向发展。通过引导乡村企业加强品牌建设和文化创新,提升乡村产业的附加值和文化内涵,使乡村产业在激烈的市场竞争中脱颖而出。

(二)高职数字营销人才推动乡村数字化转型

数字化转型是乡村产业升级的重要途径,通过引入数字技术、建设数字平台、优化数字服务等方式,提升乡村产业的数字化水平。高职数字营销人才在乡村数字化转型中发挥着关键作用。他们熟悉数字技术的最新发展和应用趋势,能够为乡村企业提供数字化解决方案和技术支持。通过建设数字营销平台、开展数字营销活动等方式，高职数字营销人才能够帮助乡村企业拓展线上市场，提升产品的线上销售额。同时，他们还能通过数据分析、用户画像等手段，精准把握市场需求和消费者行为，为乡村企业提供个性化的数字营销服务。

在推动乡村数字化转型的过程中，高职数字营销人才还注重培养乡村居民的数字化素养和技能水平。他们通过开展数字营销培训、普及数字技术知识等方式，帮助乡村居民提升数字化应用能力，使他们能够更好地适应数字化时代的需求。这不仅有助于提升乡村产业的数字化水平，还能为乡村经济的持续发展注入新的活力。

（三）高职数字营销人才促进乡村产业链的优化与整合

乡村产业链的优化与整合是实现产业升级和数字化转型的关键环节。高职数字营销人才通过运用数字技术和市场营销理念，能够促进乡村产业链上下游企业之间的紧密合作与协同发展。他们可以帮助乡村企业建立稳定的供应链和销售渠道，实现资源的优化配置和高效利用。同时，高职数字营销人才还能通过推动乡村产业链的横向联合与纵向延伸，形成产业链的集群效应和规模效应，提升整个乡村产业链的竞争力。

在促进乡村产业链优化与整合的过程中，高职数字营销人才还注重引入外部优质资源，推动乡村产业与外部市场的深度融合。他们可以通过搭建合作平台、开展交流合作等方式，吸引更多的外部资金、技术、人才等资源流入乡村，为乡村产业的升级和数字化转型提供有力的外部支持。

高职数字营销人才在促进乡村产业升级与数字化转型中发挥着不可或缺的作用。他们通过助力乡村产业升级、推动乡村数字化转型以及促进乡村产业链的优化与整合等方式，为乡村经济的持续健康发展提供了有力的支持和保障。未来，随着数字技术的不断发展和应用，高职数字营销人才在乡村产业升级与数字化转型中的作用将更加凸显，他们将继续为乡村振兴贡献智慧和力量。

二、提升乡村市场竞争力与品牌形象

在乡村振兴的大背景下，提升乡村市场竞争力与品牌形象成为推动乡村经济发展的重要举措。高职数字营销人才凭借其专业技能和创新能力，在提升乡村市场竞争力与品牌形象方面发挥着举足轻重的作用。以下将从三方面详细阐述高职数字营销人才如何助力乡村提升市场竞争力与品牌形象。

（一）运用数字营销策略提升乡村市场竞争力

乡村企业在面临市场竞争时，往往因为缺乏有效的营销策略而难以脱颖而出。高职数字营销人才具备丰富的数字营销知识和实践经验，能够为乡村企业制定针对性的数字营销策略，提升市场竞争力。他们通过深入研究目标市场、分析竞争对手、挖掘消费者需求等方式，为乡村企业提供精准的市场定位和产品定位。同时，高职数字营销人才还能利用搜索引擎优化（SEO）、社交媒体营销（SMM）、内容营销等手段，提升乡村企业的网络曝光度和知名度，吸引更多潜在客户。

此外，高职数字营销人才还注重通过数据分析和用户反馈来优化营销策略。他们通过对营销活动的数据进行收集、整理和分析，了解营销活动的效果和存在的问题，进而调整策略，提升营销效果。这种以数据为驱动的营销方式，使得乡村企业能够更加精准地把握市场动态和消费者需求，从而提升市场竞争力。

（二）打造乡村品牌形象提升市场认可度

品牌形象是乡村企业在市场竞争中的重要资产。高职数字营销人才通过运用品牌传播策略，帮助乡村企业打造独特的品牌形象，提升市场认可度。他们通过对乡村企业的文化、产品、服务等方面进行深入挖掘和提炼，形成具有特色的品牌故事和品牌理念。同时，高职数字营销人才还能利用视觉识别系统（VI系统）等设计手段，为乡村企业设计具有辨识度的品牌标识和视觉形象，增强品牌的视觉冲击力。

在品牌推广方面，高职数字营销人才善于利用新媒体平台进行品牌传播。他们通过社交媒体平台，发布品牌信息、传播品牌故事、开展品牌活动，与消费者进行互动和沟通，增强消费者对品牌的认知和好感度。此外，高职数字营销人才还能通过合作推广、口碑营销等方式，扩大品牌的影响力，提升品牌的知名度和美誉度。

（三）创新乡村营销方式提升市场竞争力

传统的营销方式已经难以满足现代消费者的需求，高职数字营销人才通过创新营销方式，为乡村企业带来全新的市场竞争力。他们善于运用虚拟现实（VR）、增强现实（AR）、人工智能（AI）等新技术手段，为消费者带来沉浸式的购物体验和互动式的营销体验。这种创新的营销方式不仅能够吸引消费者的眼球，还能提升消费者的参与度和购买意愿。

同时，高职数字营销人才还注重整合线上线下资源，打造全方位的营销体系。他们通过线上平台吸引流量和潜在客户，线下门店提供体验和服务，实现线上线下的无缝对接和互动。这种O2O的营销模式能够充分发挥线上线下的优势，提升乡村企业的市场覆盖率和客户满意度。

高职数字营销人才在提升乡村市场竞争力与品牌形象方面发挥着重要作用。他们通过运用数字营销策略、打造乡村品牌形象、创新营销方式等手段，为乡村企业提供了有力的支持和帮助。随着数字技术的不断发展和应用，高职数字营销人才的作用将更加凸显，他们将继续为乡村经济的振兴和发展贡献智慧和力量。同时，乡村企业也应积极拥抱数字技术，加强与高职数字营销人才的合作与交流，共同推动乡村经济的繁荣与发展。

三、推动乡村创新创业活动与发展

乡村创新创业活动是推动乡村振兴的重要动力，也是实现乡村经济转型升级和可持续发展的关键所在。高职数字营销人才作为乡村创新创业的重要力量，通过其专业技能和创新思维，为乡村创新创业活动提供了有力的支持和推动。以下将从三方面详细阐述高职数字营销人才如何推动乡村创新创业活动与发展。

（一）提供创新创业教育与培训支持

高职数字营销人才具备丰富的市场营销和创新创业知识，能够为乡村创新创业者提供系统的教育和培训支持。通过开设创新创业课程、举办创新创业讲座、组织创新创业实践等方式，高职数字营销人才可以帮助乡村创新创业者了解创新创业的基本理念、方法和技巧，激发其创新创业的热情和信心。同时，高职数字营销人才还能为乡村创新创业者提供个性化的指导和咨询，帮助他们解决在创新创业过程中遇到的问题和困难，提升其创新创业的成功率。

此外，高职数字营销人才还能与乡村学校、培训机构等合作，共同推动乡村创新创业教育的普及和发展。通过建设创新创业实训基地、搭建创新创业服务平台等方式，为乡村创新创业者提供更加便捷、高效的教育和培训资源，推动乡村创新创业活动的蓬勃开展。

（二）引导数字技术与乡村产业融合创新

高职数字营销人才熟悉数字技术的最新发展和应用趋势，能够引导数字技术与乡村产业的融合创新，推动乡村创新创业活动的深入发展。他们通过引入大数据分析、云计算、人工智能等先进技术，帮助乡村企业优化生产流程、提升产品质量、降低运营成本，实现产业升级和效益提升。同时，高职数字营销人才还能结合乡村特色资源，开发具有市场竞争力的数字化产品和服务，满足消费者的多元化需求，拓展乡村市场的广度和深度。

在引导数字技术与乡村产业融合创新的过程中，高职数字营销人才还注重培养乡村创新创业者的数字素养和创新思维。他们通过举办数字技能培训班、开展数字创新竞赛等方式，提升乡村创新创业者的数字技术应用能力和创新意识，为乡村创新创业活动注入新的活力和动力。

（三）搭建创新创业平台与资源对接

高职数字营销人才能够积极搭建乡村创新创业平台，为乡村创新创业者提供展示成果、交流经验、对接资源的舞台。通过建设乡村电商平台、创新创业孵化基地等，高职数字营销人才可以帮助乡村创新创业者拓展销售渠道、降低创业风险、提高创业成功率。同时，他们还能与政府部门、投资机构、行业协会等建立紧密的合作关系，为乡村创新创业者提供政策扶持、资金支持、市场信息等方面的帮助和支持。

在资源对接方面，高职数字营销人才能够充分发挥其专业优势和人脉资源，为乡村创新创业者提供人才、技术、市场等多方面的资源支持。他们可以通过举办创新创业大赛、开展项目路演等方式，吸引更多的优秀人才和优质项目落地乡村，推动乡村创新创业活动的繁荣发展。

此外，高职数字营销人才还能通过搭建跨境电商平台等方式，帮助乡村企业拓展国际市场，提升乡村产品的国际竞争力。他们可以利用自身的国际化视野和跨境电商经验，为乡村企业提供海外市场分析、营销策略制定、品牌推广等方面的支持和服务，推动乡村经济的全球化发展。

高职数字营销人才在推动乡村创新创业活动与发展方面发挥着举足轻重的作用。他们通过提供创新创业教育与培训支持、引导数字技术与乡村产业融合创新、搭建创新创业平台与资源对接等方式，为乡村创新创业活动提供了有力的支持和保障。未来，随着数字技术的不断发展和应用，高职数字营销人才的作用将更加凸显，他们将继续为乡村创新创业活动的繁荣发展贡献智慧和力量。同时，乡村地区也应积极引进和培养高职数字营销人才，加强人才队伍建设，为乡村创新创业活动提供更加坚实的人才保障。

四、助力乡村文化的传播与旅游推广

乡村文化作为中华传统文化的重要组成部分，具有深厚的历史底蕴和独特的魅力。高职数字营销人才凭借其专业技能和创新思维，在助力乡村文化传播和旅游推广方面发挥着不可替代的作用。以下将从五方面详细阐述高职数字营销人才如何助力乡村文化的传播与旅游推广。

（一）挖掘乡村文化内涵，打造特色文化品牌

高职数字营销人才深入乡村，通过实地调研和访谈等方式，挖掘乡村文化的内涵和价值。他们结合乡村的历史、民俗、传统手工艺等元素，打造具有地域特色和文化底蕴的文化品牌。这些品牌不仅体现了乡村文化的独特性，也提升了乡村文化的知名度和影响力。

同时，高职数字营销人才还注重将乡村文化与现代审美相结合，通过创意设计、包装设计等方式，使乡村文化产品更具时尚感和吸引力。他们利用自身的专业知识和创意能力，为乡村文化产品注入新的活力和生命力。

（二）运用数字技术手段，拓宽文化传播渠道

高职数字营销人才熟悉各种数字技术手段，能够将这些技术应用于乡村文化的传播和推广中。他们利用社交媒体、短视频平台等新媒体渠道，发布乡村文化的相关内容，吸引更多人的关注和参与。通过制作精美的图片、视频和音频等多媒体内容，高职数字营销人才将乡村文化的魅力展现得淋漓尽致。

此外，高职数字营销人才还善于利用虚拟现实（VR）、增强现实（AR）等先进技术，为游客提供沉浸式的乡村文化体验。通过模拟乡村的自然风光、民俗活动等场景，让游客仿佛置身于乡村之中，感受乡村文化的独特魅力。

（三）策划文化旅游活动，提升乡村旅游吸引力

高职数字营销人才具备丰富的活动策划和执行经验，能够为乡村旅游的推广提供有力的支持。他们结合乡村文化的特色和资源，策划各种文化旅游活动，如民俗节庆、文化展览、手工艺体验等，吸引游客前来参观和体验。

同时，高职数字营销人才还注重与旅游机构、景区等合作，共同推广乡村旅游线路和产品。他们通过制定优惠政策、开展联合营销等方式，吸引更多游客前来乡村旅游，提升乡村旅游的知名度和美誉度。

（四）优化乡村旅游服务，提升游客满意度

高职数字营销人才关注游客的需求和体验，通过优化乡村旅游服务，提升游客的满意度。他们利用数字技术提升乡村旅游的便捷性和舒适性，如开发乡村旅游 APP、提供智能导游服务等，让游客在旅游过程中享受更加便捷和舒适的服务。

此外，高职数字营销人才还注重提升乡村旅游的服务质量。他们通过培训乡村旅游从业人员、制定服务标准等方式，提升乡村旅游的服务水平和专业素养，为游客提供更加优质、专业的服务。

（五）加强乡村文化的国际传播，提升国际影响力

高职数字营销人才具备国际化的视野和跨文化交流的能力，能够助力乡村文化走向国际舞台。他们利用自身的外语能力和国际营销经验，将乡村文化翻译成多种语言，通过国际媒体平台、文化交流活动等渠道进行传播和推广。

同时，高职数字营销人才还注重与国际旅游机构、文化机构等建立合作关系，共同推动乡村文化的国际交流和合作。他们通过举办国际文化旅游节、参与国际旅游展览等方式，吸引国际游客前来乡村旅游，提升乡村文化的国际知名度和影响力。

高职数字营销人才在助力乡村文化的传播与旅游推广方面发挥着重要的作用。他们通过挖掘乡村文化内涵、运用数字技术手段、策划文化旅游活动、优化乡村旅游服务以及加强乡村文化的国际传播等方式，为乡村文化的传承和发展注入了新的活力和动力。随着数字技术的不断发展和应用，高职数字营销人才的作用将更加凸显，他们将继续为乡村文化的传播与旅游推广贡献智慧和力量。同时，乡村地区也应积极引进和培养高职数字营销人才，加强人才队伍建设，为乡村文化的传播与旅游推广提供更加坚实的人才保障。

第五节　高职数字营销人才培养的新机遇与新要求

一、当代高职数字营销人才培养的新机遇

当下，高职数字营销人才培养面临着前所未有的新机遇。随着科技的进步和市场的变革，数字营销行业不断发展壮大，对专业人才的需求也日益旺盛。以下将从五方面详细阐述新时代高职数字营销人才培养的新机遇。

（一）市场需求旺盛，就业前景广阔

随着互联网和数字技术的普及，数字营销行业迅速发展，成为企业推广产品和服务的重要手段。同时，随着消费者对个性化、精准化营销的需求增加，数字营销人才的需求也呈现出爆发式增长。这为高职数字营销人才提供了广阔的就业前景和发展空间。

（二）政策支持力度加大，人才培养环境优化

国家高度重视数字营销人才的培养和发展，出台了一系列政策措施，为高职数字营销人才的培养提供了有力支持。此外，各级政府和高校也积极推动数字营销专业的建设和发展，为人才培养提供了良好的环境和资源。

（三）产学研用深度融合，人才培养质量提升

产学研用深度融合成为高职数字营销人才培养的重要趋势。高校与企业、行业协会等合作，共同制定人才培养方案、开发课程资源、建设实训基地等，实现资源共享和优势互补。这种深度融合的模式有助于提升人才培养的质量和水平，使高职数字营销人才更好地适应市场需求和行业发展。

（四）数字技术不断创新，人才培养内容更新

随着大数据、人工智能、云计算等数字技术的不断创新和发展，数字营销的方法和手段也在不断更新和升级。这为高职数字营销人才的培养提供了丰富的内容和素材，使人才培养更加贴近实际、更加具有前瞻性。

（五）国际交流与合作加强，人才培养国际化水平提升

随着全球化的深入发展，数字营销行业的国际交流与合作日益加强。高职数字营销人才培养也应积极融入国际视野，加强与国际先进教育理念和实践经验的交流与学习。通过参与国际项目、开展国际合作等方式，提升高职数字营销人才培养的国际化水平，培养具有全球视野和跨文化交际能力的人才。

当下经济发展为高职数字营销人才培养带来了前所未有的新机遇。市场需求旺盛、政策支持力度加大、产学研用深度融合、数字技术不断创新以及国际交流与合作加强等因素共同为高职数字营销人才的培养提供了良好的环境和条件。高校应抓住这些机遇，加强数字营销专业的建设和发展，培养更多高素质、高技能的数字营销人才，为推动我国数字营销行业的持续健康发展做出积极贡献。

二、乡村振兴对高职数字营销人才的新要求

随着乡村振兴战略的深入实施，乡村经济、文化、社会等各方面都迎来了新的发展机遇。作为推动乡村发展的重要力量，高职数字营销人才在乡村振兴中扮演着举足轻重的角色。然而，随着乡村市场的不断扩大和消费者需求的日益多样化，高职数字营销人才也面临着新的挑战和更高的要求。以下将从三方面详细阐述乡村振兴对高职数字营销人才的新要求。

（一）深入理解乡村市场，精准把握消费者需求

高职数字营销人才需要深入了解乡村市场的特点和发展趋势，包括乡村消费者的消费习惯、购买能力、需求偏好等。只有精准把握乡村消费者的需求，才能制定出更

加符合市场需求的营销策略和推广方案。同时，高职数字营销人才还需要关注乡村市场的变化和趋势，及时调整和优化营销策略，以适应市场的快速发展。

在深入理解乡村市场的基础上，高职数字营销人才还需要具备市场分析能力，能够对乡村市场进行细分和定位，发现市场机会和潜在需求。通过数据分析、市场调研等手段，高职数字营销人才可以为乡村企业提供有针对性的营销建议，帮助企业更好地满足消费者需求，提升市场竞争力。

（二）创新数字营销策略，提升乡村品牌影响力

在乡村振兴的过程中，品牌建设是提升乡村经济竞争力和文化软实力的重要手段。高职数字营销人才需要运用数字技术和创新思维，为乡村品牌的建设和推广提供有力支持。

一方面，高职数字营销人才需要掌握各种数字营销手段，如社交媒体营销、搜索引擎优化、内容营销等，通过这些手段将乡村品牌传播到更广泛的目标受众中。同时，他们还需要结合乡村文化的特点，创造出具有地方特色的营销内容和形式，提升乡村品牌的辨识度和吸引力。

另一方面，高职数字营销人才还需要注重品牌形象的塑造和维护。他们需要关注乡村品牌的声誉管理，及时应对各种危机事件和负面舆情，维护品牌的良好形象。通过持续的品牌建设和推广，高职数字营销人才可以帮助乡村企业提升品牌知名度和美誉度，增强市场竞争力。

（三）强化跨界合作，推动乡村产业融合发展

乡村振兴需要各方力量的共同参与和协同合作。高职数字营销人才需要强化跨界合作意识，积极寻求与农业、旅游、文化等相关产业的合作机会，推动乡村产业的融合发展。

通过跨界合作，高职数字营销人才可以将数字营销的理念和技术引入其他产业领域，为乡村产业的转型升级提供新的动力。例如，他们可以与农业企业合作，推动农产品的网络营销和品牌建设；与旅游企业合作，打造具有地方特色的旅游产品和服务；与文化机构合作，推广乡村文化和非物质文化遗产等。

同时，高职数字营销人才还需要注重资源整合和共享。他们可以利用自身的专业优势和资源网络，搭建起乡村产业之间的合作平台，促进各方资源的有效对接和共享。通过资源整合和共享，可以实现乡村产业的协同发展，提升整个乡村经济的竞争力和可持续发展能力。

乡村振兴对高职数字营销人才提出了更高的要求。高职数字营销人才需要深入理解乡村市场、创新数字营销策略、强化跨界合作，以更好地适应乡村振兴的发展需求。

同时，高职数字营销人才还需要不断提升自身的专业素养和综合能力，包括市场分析能力、创新能力、团队协作能力等，以更好地应对市场的挑战和机遇。

面对这些新要求，高职院校应加强对数字营销人才的培养力度，优化课程设置和教学内容，强化实践教学和校企合作，为乡村振兴提供有力的人才保障。同时，政府和社会各界也应积极支持和参与高职数字营销人才的培养工作，共同推动乡村振兴的深入发展。

未来，随着数字技术的不断发展和应用，高职数字营销人才在乡村振兴中的作用将更加凸显。他们将继续发挥自身的专业优势和创新精神，为乡村经济的繁荣和文化的发展贡献智慧和力量。

三、高职数字营销教育模式的创新与发展

当下，高职数字营销教育模式的创新与发展对于培养适应市场需求的高素质数字营销人才具有重要意义。随着技术的不断进步和市场的快速变化，传统的教育模式已难以满足现代数字营销行业对人才的需求。因此，对高职数字营销教育模式进行创新与发展，既是时代的要求，也是教育发展的必然趋势。

（一）教育理念创新：以市场需求为导向，注重学生能力培养

高职数字营销教育模式的创新首先体现在教育理念上。传统的教育理念往往注重知识的传授，而忽视了学生能力的培养。然而，在数字营销领域，实践能力和创新思维至关重要。因此，高职数字营销教育应以市场需求为导向，注重培养学生的实践能力、创新能力和团队协作能力。

具体而言，高职数字营销教育应加强与企业的合作，了解市场需求和行业动态，将市场需求融入课程设置和教学内容中。同时，通过实践教学、案例分析、项目合作等方式，提升学生的实践能力，使他们能够在实践中掌握数字营销的核心技能。此外，还应注重培养学生的创新思维，鼓励他们敢于尝试新的营销方法和手段，以适应市场的快速变化。

（二）课程设置优化：构建数字化课程体系，强化实践教学环节

高职数字营销教育模式的创新还需要在课程设置上进行优化。传统的课程设置往往过于注重理论知识的传授，而忽视了实践教学的重要性。然而，在数字营销领域，实践经验和技能掌握同样重要。因此，高职数字营销教育应构建数字化课程体系，强化实践教学环节。

数字化课程体系的构建包括引入数字化教学资源、开发在线课程、建设虚拟实验室等。通过数字化教学资源的应用，可以为学生提供更加丰富、便捷的学习体验。在

线课程的开发可以使学习更加灵活、自主，满足学生个性化的学习需求。虚拟实验室的建设则可以模拟真实的数字营销环境，让学生在实践中学习和掌握技能。

同时，高职数字营销教育还应加强实践教学环节的设计和实施。通过校企合作、实习实训、项目合作等方式，让学生在实际的数字营销环境中进行实践操作，提升他们的实践能力和职业素养。

（三）教学方法创新：运用现代技术手段，提升教学效果

教学方法的创新也是高职数字营销教育模式发展的重要方面。传统的教学方法往往以讲授为主，缺乏互动性和实践性。然而，在数字营销领域，教学方法的多样性和灵活性至关重要。因此，高职数字营销教育应运用现代技术手段，创新教学方法，提升教学效果。

一方面，可以利用在线教学平台、多媒体教学工具等现代技术手段，开展线上教学、混合式教学等新型教学模式。这些教学模式可以打破时间和空间的限制，使学习更加灵活、高效。同时，通过线上互动、实时反馈等方式，增强师生之间的交流和互动，提升学生的学习积极性和参与度。

另一方面，可以采用案例教学、情景模拟、角色扮演等教学方法，让学生在模拟的数字营销环境中进行实践操作和问题解决。这些教学方法可以帮助学生更好地理解数字营销的理论知识，提升他们的实践能力和创新思维。

此外，高职数字营销教育还应注重与行业前沿技术的结合。随着大数据、人工智能、云计算等技术的不断发展，数字营销行业也在不断变革。因此，高职数字营销教育应及时引入这些前沿技术，将其融入教学内容和教学方法中，使学生能够掌握最新的数字营销技能和方法。

高职数字营销教育模式的创新与发展需要从教育理念、课程设置和教学方法等多方面进行综合考虑。通过以市场需求为导向的教育理念创新、构建数字化课程体系并强化实践教学环节以及运用现代技术手段创新教学方法等措施的实施，可以培养出更多具备实践能力、创新能力和团队协作能力的高素质数字营销人才，为乡村振兴和经济社会发展提供有力的人才支撑。

四、高职数字营销人才培养的路径优化与探索

在当代，高职数字营销人才培养面临着前所未有的机遇与挑战。为了适应数字营销行业的快速发展和变化，优化与探索高职数字营销人才培养的路径显得尤为重要。本部分将从以下几方面对高职数字营销人才培养的路径进行优化与探索。

（一）加强产学研用深度融合，构建人才培养共同体

高职数字营销人才培养应注重产学研用的深度融合，构建由政府、企业、高校和行业组织共同参与的人才培养共同体。政府应出台相关政策，提供资金支持和税收优惠，鼓励企业参与高职数字营销人才培养。企业应提供实习实训机会，参与课程设置和教材编写，与高校共同开展科研项目和成果转化。高校应加强与企业的合作，了解行业需求和趋势，调整专业设置和课程结构，提升教学质量和效果。行业组织应发挥桥梁纽带作用，推动行业内的交流与合作，促进高职数字营销人才的职业发展。

通过产学研用深度融合，可以实现资源共享和优势互补，提升高职数字营销人才培养的质量和水平。同时，这种共同体模式也有助于推动数字营销行业的创新发展，提升整个行业的竞争力和影响力。

（二）完善课程体系建设，注重实践与创新能力的培养

高职数字营销人才培养应完善课程体系建设，注重实践与创新能力的培养。首先，应根据市场需求和行业趋势，调整和优化课程设置，增加与数字营销相关的前沿课程和实践课程。其次，应注重理论与实践的结合，通过案例分析、项目实训等方式，让学生在实践中掌握数字营销的核心技能和方法。最后，还应注重创新能力的培养，鼓励学生参与科研项目、创新创业等活动，培养他们的创新思维和创业精神。

在完善课程体系建设的同时，还应加强师资队伍建设。高校应引进具有丰富实践经验和创新能力的数字营销人才，充实教师队伍。同时，应加强对现有教师的培训和提升，提高他们的专业素养和教学水平。

（三）创新教学方法与手段，提升教学效果与学习体验

高职数字营销人才培养应创新教学方法与手段，提升教学效果与学习体验。首先，应充分利用现代信息技术，开展线上线下相结合的混合式教学，打破时间和空间的限制，提高教学的灵活性和便捷性。其次，应注重互动式教学，通过小组讨论、角色扮演、模拟演练等方式，激发学生的学习兴趣和积极性，提高他们的参与度和获得感。最后，还应注重个性化教学，根据学生的学习特点和需求，提供定制化的学习方案和资源，促进他们的全面发展。

在创新教学方法与手段的同时，应加强对学生学习效果的评估和反馈。通过建立科学的评估体系，定期对学生的学习成果进行检测和反馈，帮助他们及时发现问题并改进学习方法，提高学习效果和学习质量。

（四）拓宽国际视野，加强国际交流与合作

在全球化的背景下，高职数字营销人才培养应拓宽国际视野，加强国际交流与合作。首先，应引进国际先进的数字营销理念和教学方法，借鉴国外优秀的教学资源和经验，提升我国高职数字营销人才培养的国际化水平。其次，应加强与国外高校和企业的合作与交流，开展师生互访、联合培养、科研合作等活动，推动高职数字营销人才的国际化发展。最后，还应鼓励学生参与国际性的数字营销竞赛和实践活动，提升他们的国际竞争力和跨文化交际能力。

通过拓宽国际视野和加强国际交流与合作，可以为我国高职数字营销人才培养注入新的活力和动力，推动人才培养质量的不断提升。同时，有助于提升我国数字营销行业的国际影响力和竞争力，为我国经济社会的持续健康发展做出积极贡献。

高职数字营销人才培养的路径优化与探索是一个复杂而系统的工程，需要政府、企业、高校和行业组织等多方面的共同努力和协作。通过加强产学研用深度融合、完善课程体系建设、创新教学方法与手段以及拓宽国际视野等措施的实施，可以不断提升高职数字营销人才培养的质量和水平，为推动我国数字营销行业的快速发展和经济社会的繁荣做出积极贡献。

第二章 高职数字营销人才培养的理论基础

第一节 数字营销的基本概念与原理

一、数字营销的定义与内涵

随着信息技术的迅猛发展和互联网的普及,数字营销已成为当今商业领域中不可或缺的一部分。作为一种全新的营销方式,数字营销以其高效、精准、互动的特点,正逐渐改变着传统营销的模式和格局。本部分将详细探讨数字营销的定义及其内涵的丰富性,以期对数字营销有更深入的理解。

(一)数字营销的定义

数字营销,顾名思义,是指利用数字技术进行的营销活动。具体来说,它是指通过互联网、移动设备、社交媒体等数字化渠道,以数据为基础,运用各种数字技术和手段,对目标市场进行精准定位,实现品牌传播、产品推广、客户关系管理等营销目标的过程。

数字营销的核心在于数据驱动和精准营销。通过对大量数据的收集、分析和挖掘,企业可以深入了解消费者的需求和行为特征,从而制定更加精准的营销策略。同时,数字营销还强调与消费者的互动和沟通,通过社交媒体、在线客服等渠道,实现与消费者的实时互动和反馈,提升消费者的参与感和忠诚度。

(二)数字营销内涵的丰富性

1. 多元化的营销渠道

数字营销涵盖了众多数字化的营销渠道,如搜索引擎、社交媒体、电子邮件、移动应用等。这些渠道各具特色,可以根据企业的营销目标和受众特点进行选择和组合。

例如，搜索引擎营销可以通过优化网站排名和关键词广告来吸引潜在客户；社交媒体营销则可以利用社交媒体平台的互动性和传播性，扩大品牌知名度和影响力。

2. 个性化的营销策略

数字营销强调对消费者的个性化需求进行满足。通过对消费者的数据进行分析和挖掘，企业可以了解消费者的兴趣、偏好、购买习惯等信息，从而制定个性化的营销策略。例如，根据消费者的浏览记录和购买历史，推送相关的产品信息和优惠活动；或者根据消费者的地理位置和时间因素，提供定制化的服务体验。

3. 实时化的营销反馈

数字营销具有实时化的特点，可以实时监测和分析营销活动的效果。通过数据监控和分析工具，企业可以了解营销活动的曝光量、点击率、转化率等关键指标，从而及时调整和优化营销策略。这种实时反馈的机制使得数字营销更加灵活和高效，能够更好地适应市场的变化和消费者的需求。

4. 互动性的营销体验

数字营销注重与消费者的互动和沟通。通过社交媒体、在线客服等渠道，企业可以与消费者进行实时互动，解答疑问、收集反馈、提供服务等。这种互动性的营销体验不仅增强了消费者对品牌的认知和信任，还提高了消费者的参与度和忠诚度。同时，互动营销还可以帮助企业更好地了解消费者的需求和反馈，为产品的改进和创新提供有力的支持。

5. 整合性的营销体系

数字营销是一个整合性的营销体系，它将各种营销手段和渠道进行有机结合，形成一个统一的营销体系。这种整合性的营销体系可以充分发挥各种营销手段的优势，实现营销效果的最大化。例如，通过搜索引擎营销吸引潜在客户，再通过社交媒体营销进行品牌传播和客户关系管理，最终实现销售转化和客户留存。

数字营销的定义与内涵丰富多样，它涵盖了多元化的营销渠道、个性化的营销策略、实时化的营销反馈、互动性的营销体验以及整合性的营销体系等方面。这些特点使得数字营销成为一种高效、精准、互动的新型营销方式，为企业在激烈的市场竞争中赢得优势提供了有力的支持。随着数字技术的不断发展和创新，数字营销的内涵还将不断丰富和完善，为企业带来更多的商业价值和机遇。

二、数字营销的基本原理与框架

数字营销作为现代营销领域的重要组成部分，其基本原理与框架的构建对于指导企业实践、提升营销效果具有重要意义。本部分将详细阐述数字营销的基本原理，并构建其框架体系，以便更好地理解和应用数字营销。

（一）数字营销的基本原理

1. 数据驱动原理

数字营销的核心在于数据驱动，通过对消费者数据的收集、整理和分析，挖掘消费者的需求和行为模式，从而指导营销策略的制定和执行。数据驱动原理要求企业在数字营销过程中注重数据的收集、分析和应用，以实现精准营销和效果最大化。

2. 用户体验原理

在数字营销中，用户体验是至关重要的。良好的用户体验能够提升消费者对品牌的认知和信任，进而促进购买行为的发生。因此，数字营销应遵循用户体验原理，注重网站设计、内容呈现、交互方式等方面的优化，以提供便捷、舒适、有趣的用户体验。

3. 互动传播原理

数字营销具有高度的互动性，企业可以通过社交媒体、在线论坛等渠道与消费者进行实时互动，传递品牌信息、解答疑问、收集反馈。互动传播原理要求企业积极利用数字渠道与消费者建立联系，实现信息的快速传播和有效沟通。

4. 整合营销原理

数字营销不是孤立的，而是需要与其他营销手段相互配合，形成整合营销的效果。整合营销原理要求企业在数字营销过程中，结合传统媒体、线下活动等其他营销手段，形成多渠道、多形式的营销组合，以实现营销效果的最大化。

（二）数字营销的框架体系

1. 战略层：明确目标与定位

数字营销的战略层主要关注企业的营销目标和品牌定位。企业需要明确自身的营销目标，如提升品牌知名度、增加销售额等，并根据目标制定相应的营销策略。同时，企业还需要明确自身在市场中的定位，了解目标受众的需求和特征，以便更好地制定针对性的营销方案。

2. 策略层：制定营销策略与组合

在战略层的基础上，策略层需要制定具体的数字营销策略和组合。这包括选择合适的数字营销渠道、制定内容营销策略、运用数据分析工具等。企业需要根据自身的实际情况和市场环境，灵活运用各种数字营销手段，形成具有针对性的营销策略组合。

3. 战术层：实施营销活动与优化

战术层是数字营销的具体执行层面。在这一层面，企业需要制订详细的营销计划，包括活动的时间安排、人员分工、预算分配等。同时，企业还需要对营销活动进行持续优化，通过数据分析、用户反馈等方式，不断改进营销策略和效果。

4.技术层：提供技术支持与保障

技术层是数字营销的基础支撑。企业需要建立稳定的数字营销平台，包括网站、社交媒体账号等，并确保平台的正常运行和安全性。此外，企业还需要运用先进的技术手段，如大数据分析、人工智能等，提升数字营销的效率和精准度。

5.评估层：评估营销效果与调整

评估层是数字营销的反馈机制。企业需要对数字营销活动的效果进行定期评估，包括营销活动的曝光量、转化率、用户满意度等指标。通过评估结果，企业可以了解数字营销的效果和不足，及时调整营销策略和组合，以实现更好的营销效果。

（三）数字营销框架的应用与实践

在实际应用中，企业可以根据自身的实际情况和市场环境，灵活运用数字营销的框架体系。首先，企业需要明确自身的营销目标和定位，制定针对性的营销策略。其次，企业需要根据目标受众的特征和需求，选择合适的数字营销渠道和手段。在实施营销活动的过程中，企业需要注重用户体验和互动传播，提升消费者对品牌的认知和信任。同时，企业还需要建立稳定的数字营销平台，运用先进的技术手段提升营销效率和精准度。最后，企业需要对数字营销的效果进行定期评估和调整，以实现营销效果的最大化。

数字营销的基本原理与框架体系为企业的数字营销实践提供了有力的指导。通过遵循数据驱动、用户体验、互动传播和整合营销等基本原理，构建清晰的框架体系，并在实际应用中灵活运用，企业可以更有效地实施数字营销活动，提升品牌知名度和市场竞争力。

三、数字营销与传统营销的比较

随着科技的飞速发展和互联网的普及，数字营销和传统营销作为两种主要的营销方式，各自具有独特的特点和优势。下面，我们将从多个维度对这两种营销方式进行深入的比较和分析。

（一）传播范围与速度

传统营销的传播方式主要依赖于实体广告位、人力推广等，其传播范围相对有限，且传播速度较慢。传统营销往往针对特定区域或客户群，需要耗费大量时间和资源来实现营销目标。

相比之下，数字营销的传播范围更为广泛，通过互联网和移动设备等数字渠道，可以实现全球范围内的营销推广。数字营销的传播速度也更快，信息可以迅速传递至目标受众，大大提高了营销效率。

（二）受众定位与互动性

传统营销在受众定位方面往往较为模糊，难以精确把握目标客户的需求和喜好。同时，传统营销与受众的互动方式相对单一，缺乏及时有效的反馈机制。

数字营销则通过大数据分析和人工智能等技术手段，对目标客户进行精准定位和细分。数字营销还具备高度的互动性，通过社交媒体、在线客服等渠道，企业可以与受众进行实时互动，了解受众需求，优化产品和服务。

（三）成本投入与效果评估

传统营销通常需要投入大量的广告费用和人力资源，如制作广告、租赁广告位、发放传单等，成本相对较高。而且，传统营销的效果评估往往难以量化和精准，难以准确衡量广告曝光、影响力和转化率等指标。

数字营销则通过自有媒体和社交媒体等低成本渠道进行推广，降低了营销成本。同时，数字营销的效果可以通过数据分析和反馈进行量化和评估，使得营销成本和效果的控制更加精确。

（四）营销创新与发展趋势

传统营销受限于传播渠道和技术手段，创新空间相对较小。随着市场的不断变化和消费者需求的日益多样化，传统营销逐渐暴露出局限性。

数字营销则具有更大的创新空间和发展潜力。随着新技术的不断涌现，如人工智能、大数据、虚拟现实等，数字营销的手段和形式也在不断创新和丰富。这些新技术为数字营销提供了更多可能性，使得企业能够更好地满足消费者需求，提升营销效果。

此外，数字营销还呈现出以下几个发展趋势：

个性化营销：随着消费者对个性化需求的不断增加，数字营销将更加注重对消费者的个性化服务和体验。企业可以通过数据分析和人工智能技术，对消费者进行精准画像，实现个性化推荐和定制服务。

跨界合作与资源整合：数字营销将更加注重跨界合作和资源整合，通过与其他产业或品牌的合作，实现资源共享和优势互补，提升营销效果。

社交媒体与内容营销：社交媒体和内容营销在数字营销中的地位将越来越重要。通过社交媒体平台，企业可以与消费者建立更紧密的联系，通过有趣、有用的内容吸引和留住消费者。

数字营销与传统营销在传播范围与速度、受众定位与互动性、成本投入与效果评估以及营销创新与发展趋势等方面存在显著的差异。随着科技的不断进步和市场的不断变化，数字营销正逐渐成为主流营销方式，为企业带来更多机遇和挑战。然而，这并不意味着传统营销将完全被淘汰，两者在某些方面仍具有互补性。因此，企业在选择营销方式时，应根据自身实际情况和市场环境进行综合考虑，灵活运用数字营销和传统营销手段，实现最佳的营销效果。

四、数字营销的最新发展趋势

数字营销，作为当今商业领域中至关重要的战略组成部分，其发展趋势持续引领着市场的前进方向。以下是对数字营销最新发展趋势的深入探讨，旨在帮助企业更好地把握市场脉搏，实现营销目标。

（一）人工智能与自动化技术的深度融合

随着人工智能技术的快速发展，其在数字营销领域的应用日益广泛。人工智能可以实现对大量用户数据的精准分析，帮助企业预测市场趋势，从而制定更加精准的营销策略。此外，自动化技术也在数字营销中发挥着越来越重要的作用，如智能客服系统、自动化邮件营销等，这些技术的应用不仅可以提高营销效率，还可以降低企业的人力成本。

（二）元宇宙营销崭露头角

元宇宙作为一个虚拟、三维、持久的数字世界，为营销人员提供了全新的创意空间。企业可以在元宇宙中构建独特的品牌体验，与用户进行更深度的互动。通过虚拟现实技术，用户可以沉浸在品牌打造的虚拟场景中，感受前所未有的营销体验。此外，元宇宙中的数字资产，如非同质化代币（NFT），也将成为企业营销的新宠。

（三）数据驱动营销成为核心

在数字化时代，数据已经成为企业决策的重要依据。数字营销也不例外，数据驱动营销已经成为其发展的核心趋势。通过对用户行为数据的收集和分析，企业可以更好地了解消费者的需求和行为脉络，从而制定更加精准的营销策略。同时，数据还可以帮助企业优化营销流程，提高营销效率。

（四）全域营销的崛起

全域营销是指企业通过多种渠道和平台，实现全方位、全触点的营销覆盖。在数字化时代，消费者的购买决策过程日益复杂，他们需要通过多种渠道获取信息、进行比较和决策。因此，全域营销成为企业提升品牌知名度和吸引潜在客户的重要手段。通过整合线上线下资源，打通各个营销环节，企业可以构建更加完整的营销闭环，提升营销效果。

(五)视频营销与直播电商的持续增长

随着网络技术的不断发展和普及,视频已经成为人们获取信息和娱乐的重要渠道。视频营销通过生动、直观的视频内容,吸引消费者的注意力,传递品牌信息。同时,直播电商作为一种新兴的购物方式,也受到了越来越多消费者的青睐。企业可以通过直播形式展示产品特点、解答消费者疑问,实现销售转化。

(六)社交媒体营销与网络影响力的扩大

社交媒体平台作为连接企业与消费者的桥梁,其重要性日益凸显。企业可以通过社交媒体平台发布产品信息、进行品牌宣传、与消费者互动等,扩大品牌知名度和影响力。同时,网络影响者(如网红、意见领袖等)也在数字营销中发挥着越来越重要的作用。他们通过分享自己的使用经验、推荐产品等方式,帮助企业吸引潜在客户。

(七)跨平台整合营销的重要性凸显

在数字化时代,消费者在不同平台上的活动越来越频繁,跨平台整合营销的重要性也日益凸显。企业需要在多个平台上进行营销布局,确保品牌信息的一致性和连贯性。通过整合不同平台的资源,企业可以实现对目标客户的精准触达和高效转化。

(八)营销个性化与用户体验的提升

随着消费者对个性化需求的不断增加,个性化营销已经成为数字营销的重要趋势。企业可以通过数据分析和智能算法,为每位消费者量身定制个性化的营销内容和推荐。同时,提升用户体验也是数字营销的重要方向。通过优化网站设计、提高页面加载速度、简化购买流程等方式,企业可以提升消费者的购物体验,增强其对品牌的忠诚度。

数字营销的最新发展趋势涵盖了人工智能与自动化技术的深度融合、元宇宙营销的崭露头角、数据驱动营销的核心地位、全域营销的崛起、视频营销与直播电商的持续增长、社交媒体营销与网络影响力的扩大、跨平台整合营销的重要性以及营销个性化与用户体验的提升等方面。这些趋势将引领数字营销行业的未来发展,帮助企业更好地把握市场机遇,实现营销目标。

第二节 数字营销人才的核心素养与技能要求

一、数字营销人才的核心素养概述

随着信息技术的飞速发展,数字营销已经成为当今商业领域中不可或缺的一部分。数字营销人才作为推动这一领域发展的关键力量,其核心素养的培养和发展显得尤为重要。本部分将详细阐述数字营销人才的核心素养,包括创新思维、数据分析能力、技术应用能力、市场洞察力、团队协作与沟通能力以及持续学习能力六方面。

(一)创新思维

在数字营销领域,创新是驱动业务增长的核心动力。数字营销人才需要具备创新思维,能够不断尝试新的营销策略和手段,以适应不断变化的市场环境。他们应该具备敏锐的洞察力,能够发现市场中的新机遇,并敢于挑战传统观念,提出创新的解决方案。此外,创新思维还要求数字营销人才具备跨界思维,能够将不同领域的知识和技术融合在一起,创造出更具竞争力的营销方案。

(二)数据分析能力

数据分析是数字营销人才必备的核心素养之一。在数字营销过程中,大量的数据需要被收集、整理和分析,以指导营销策略的制定和执行。数字营销人才需要具备扎实的数据分析基础,能够熟练运用各种数据分析工具和方法,对数据进行深入挖掘和解读。他们应该能够从数据中发现问题、提炼规律,为决策提供有力支持。同时,数据分析能力还包括对数据的敏感性和洞察力,能够准确捕捉市场变化和消费者需求的变化趋势。

(三)技术应用能力

数字营销领域涉及众多的技术手段和平台,如搜索引擎优化、社交媒体营销、电子邮件营销等。数字营销人才需要掌握这些技术手段的基本操作和应用方法,能够灵活运用各种数字营销工具进行营销推广。此外,随着技术的不断发展,新的营销手段和技术也不断涌现,数字营销人才需要具备持续学习的能力,不断跟进和掌握新技术,以保持竞争优势。

(四)市场洞察力

市场洞察力是数字营销人才不可或缺的核心素养。他们需要对市场趋势、竞争态势和消费者需求有深刻的理解和敏锐的洞察力。通过深入研究市场数据、分析竞争对手的营销策略以及了解消费者的购买行为和偏好,数字营销人才能够准确把握市场动态,为企业制定有效的营销策略提供有力支持。同时,市场洞察力还要求他们具备敏锐的市场触觉,能够及时发现市场中的新机遇和挑战,为企业的发展提供战略建议。

(五)团队协作与沟通能力

数字营销往往涉及多个部门和团队的协同作战,因此,数字营销人才需要具备良好的团队协作和沟通能力。他们应该能够与团队成员建立良好的合作关系,共同制定和执行营销策略。同时,他们还需要具备出色的沟通能力,能够清晰地向团队成员传达自己的想法和意图,确保营销策略的顺利实施。此外,数字营销人才还需要具备跨部门沟通的能力,能够与其他部门保持有效的沟通和协调,确保营销活动的顺利进行。

(六)持续学习能力

数字营销领域的技术和策略不断更新换代,数字营销人才需要具备持续学习的能力,以适应不断变化的市场环境。他们应该保持对新技术和新知识的关注,不断更新自己的知识体系,提升自己的专业素养。同时,持续学习能力还要求他们具备自我驱动和自我管理的能力,能够主动寻求学习机会,不断提升自己的竞争力。

数字营销人才的核心素养包括创新思维、数据分析能力、技术应用能力、市场洞察力、团队协作与沟通能力以及持续学习能力等多方面。这些素养的培养和发展对于数字营销人才在职业生涯中的成长和成功至关重要。因此,企业和个人应该注重对这些素养的培养和提升,以应对数字营销领域的挑战和机遇。

二、数据分析能力与应用技能要求

在数字营销领域,数据分析能力无疑是核心技能之一。它不仅是制定营销策略的基础,也是评估和优化营销效果的关键。数据分析能力的提升和应用技能的深化,对数字营销人才来说,具有极其重要的意义。

(一)数据分析能力

数据分析能力是指数字营销人才从海量数据中提取有价值信息,进而洞察市场趋势、消费者行为以及营销策略效果的能力。具体来说,数据分析能力包括以下几方面:

1. 数据收集与整合

数字营销人才需要了解并掌握各种数据收集工具和方法，能够从不同来源获取相关数据，并对这些数据进行有效整合，形成完整的数据集。

2. 数据清洗与预处理

原始数据往往存在噪声、缺失值等问题，需要进行清洗和预处理。数字营销人才需要掌握数据清洗的技巧，确保数据的准确性和可靠性。

3. 数据分析与挖掘

通过运用统计学、机器学习等方法，对数据进行深入分析，挖掘出数据背后的规律和趋势。这要求数字营销人才具备扎实的数学基础和编程能力。

4. 数据可视化

将分析结果以图表、报告等形式呈现出来，使得数据更加直观易懂。数字营销人才需要掌握数据可视化工具的使用技巧，提高报告的可读性。

（二）应用技能要求

数据分析能力的提升离不开应用技能的深化。数字营销人才在应用数据分析技能时，需要掌握以下几方面的技能：

1. 营销指标分析

熟悉并掌握各类营销指标，如转化率、点击率、用户留存率等，能够根据业务需求选择合适的指标进行分析，评估营销策略的效果。

2. 用户行为分析

通过对用户行为数据的分析，了解用户的兴趣偏好、购买习惯等，为精准营销提供依据。数字营销人才需要掌握用户画像构建的方法，以及如何利用用户行为数据进行个性化推荐。

3. 竞争对手分析

通过对竞争对手的数据进行分析，了解竞品的营销策略、市场定位等，为企业制定差异化营销策略提供参考。

4. 营销效果评估与优化

通过对比不同营销渠道、不同营销活动的效果，评估营销策略的有效性，并根据分析结果调整和优化策略。这要求数字营销人才具备敏锐的洞察力和分析能力，能够及时发现并解决问题。

5. 工具应用技能

数字营销人才需要熟练掌握各种数据分析工具，如 Excel、SQL、Python 等，能够高效地进行数据处理和分析。此外，还需要了解并掌握各种数字营销平台的数据分析工具，以便更好地跟踪和分析营销活动的效果。

（三）持续学习与实践

数据分析能力与应用技能并非一蹴而就，需要数字营销人才通过持续学习和实践来不断提升。以下是一些建议：

1. 关注行业动态

数字营销领域的技术和策略不断更新，数字营销人才需要保持对行业动态的关注，了解最新的数据分析方法和应用案例。

2. 参加专业培训

参加专业培训课程或研讨会，学习先进的数据分析理念和技术，拓宽视野并提升自己的专业素养。

3. 积累项目经验

通过参与实际项目，将理论知识应用于实践中，不断积累经验并提升自己的应用技能。

4. 建立学习网络

与同行建立联系，分享学习心得和经验，共同提升数据分析能力与应用技能。

数据分析能力与应用技能是数字营销人才的核心素养之一。通过掌握数据分析技能、深化应用技能以及持续学习与实践，数字营销人才可以更好地应对市场挑战，为企业创造更大的价值。同时，随着数据科学和数字技术的不断发展，数字营销人才还需保持敏锐的洞察力和创新精神，不断探索新的数据分析和应用方法，以适应不断变化的市场需求。

三、创新能力与市场敏感度培养

在数字营销领域，创新能力和市场敏感度是不可或缺的核心素养。创新能力帮助营销人员打破传统思维束缚，提出新颖、独特的营销策略；而市场敏感度则使他们能够敏锐地捕捉市场动态，把握消费者需求变化。因此，培养数字营销人才的创新能力和市场敏感度至关重要。

（一）创新能力培养

创新能力是数字营销人才在激烈的市场竞争中脱颖而出的关键。为了培养这一能力，数字营销人才需要关注以下几方面：

1. 拓宽思维视野

打破思维定式，积极寻求新的视角和思路。通过关注不同领域的信息，了解行业发展趋势，激发创新思维。

2. 鼓励尝试与失败

创新往往伴随着风险，数字营销人才需要具备勇于尝试的精神。即使面临失败，也要从中吸取教训，不断调整和优化策略。

3. 跨界合作与交流

与其他领域的专家、学者或企业合作，共同探索新的营销方法和手段。通过跨界交流，汲取不同领域的创新灵感，提升创新能力。

4. 不断学习与创新理论

关注创新理论的发展，学习并掌握创新方法。将创新理论应用于实际工作中，不断提升创新能力。

（二）市场敏感度培养

市场敏感度是数字营销人才洞察市场变化、把握消费者需求的基础。为了培养这一能力，数字营销人才需要注重以下几方面：

1. 关注市场动态

时刻关注行业新闻、市场趋势以及竞争对手的动态。通过收集和分析市场信息，了解市场的变化和发展趋势。

2. 深入了解消费者

通过市场调研、用户访谈等方式，深入了解消费者的需求、偏好和行为特点。关注消费者的声音，从消费者的角度思考问题，提升市场敏感度。

3. 培养敏锐的观察力

在日常生活中，留意身边的消费者行为、市场现象等，从中发现市场的细微变化。通过观察，挖掘潜在的市场机会和需求。

4. 实践经验积累

通过参与实际项目、营销活动等方式，积累市场实践经验。在实践中不断总结经验和教训，提升自己的市场敏感度。

（三）创新与市场敏感度的融合应用

创新能力和市场敏感度的培养不是孤立的，它们需要在实际工作中相互融合、相互促进。数字营销人才应该将创新能力应用于市场敏感度的提升中，通过创新手段和方法来更好地洞察市场变化；同时，市场敏感度的提升也为创新提供了更多的灵感和方向。

此外，企业也应为数字营销人才提供良好的创新氛围和市场敏感度的培养环境。例如，设立创新奖励机制，鼓励员工提出创新性的营销方案；组织市场研讨会、分享会等活动，提升员工的市场敏感度和洞察力。

创新能力和市场敏感度的培养是数字营销人才成长的关键。通过拓宽思维视野、鼓励尝试与失败、跨界合作与交流以及关注市场动态、深入了解消费者、培养敏锐的观察力等方式，数字营销人才可以不断提升自己的创新能力和市场敏感度，为企业创造更大的价值。同时，企业也应重视数字营销人才的创新能力和市场敏感度的培养，为他们提供良好的成长环境和支持。

四、沟通与团队协作能力的提升

在数字营销领域，沟通与团队协作能力是数字营销人才不可或缺的核心素养。优秀的沟通和协作能力不仅有助于数字营销人才与团队成员建立良好的关系，形成有效的合力，更能确保营销活动的顺利执行，推动企业的快速发展。因此，提升沟通与团队协作能力对数字营销人才来说至关重要。

（一）提升沟通能力

沟通能力是团队协作的基础，数字营销人才需要掌握有效的沟通技巧，以便更好地与团队成员、客户以及合作伙伴进行交流。

首先，数字营销人才应学会倾听。倾听是沟通的前提，只有真正了解对方的需求和想法，才能做出恰当的回应。在倾听过程中，要保持耐心和专注，避免打断对方或急于表达自己的观点。

其次，数字营销人才应学会表达。清晰、准确、有条理的表达能够让他人更好地理解自己的意图。在表达时，要注意使用简洁明了的语言，避免使用过于复杂或专业的术语。同时，要注意语气和语调的控制，保持平和、友善的态度。

此外，数字营销人才还应学会使用非语言沟通方式。例如，通过肢体语言、面部表情以及眼神交流等方式来传达自己的情感和态度。这些非语言沟通方式往往能够增强沟通的效果，使对方更加信任和理解自己。

（二）增强团队协作意识

团队协作能力是数字营销人才实现共同目标的关键。一个优秀的数字营销人才应该具备强烈的团队协作意识，能够积极参与团队活动，为团队的成功贡献自己的力量。

首先，数字营销人才需要树立全局观念。要时刻关注团队的整体利益，将个人的目标与团队的目标相结合，共同推动团队的发展。在面对团队内部的矛盾和冲突时，要学会换位思考，以大局为重，寻求最佳的解决方案。

其次，数字营销人才应积极参与团队活动。通过参加团队会议、讨论和培训等活动，不仅可以加深与团队成员之间的了解和信任，还能提升自己的专业素养和综合能力。

在参与团队活动的过程中，要积极发言、分享经验、提出建议，为团队的发展贡献自己的智慧。

此外，数字营销人才还应关注团队文化的建设。团队文化是推动团队凝聚力和向心力的重要因素。数字营销人才应积极参与团队文化的塑造和传播，倡导积极向上的价值观和行为准则，为团队营造和谐、积极的工作氛围。

（三）沟通与团队协作能力的实践应用

提升沟通与团队协作能力不仅需要理论知识的学习，更需要在实际工作中的实践应用。数字营销人才应通过以下途径不断锻炼自己的沟通和协作能力：

首先，主动承担团队任务。在团队项目中，数字营销人才应主动承担任务并尽力完成。通过与团队成员的协同工作，不断提升自己的沟通和协作水平。

其次，积极寻求反馈和建议。在与团队成员和客户交流的过程中，数字营销人才应主动寻求反馈和建议，以便及时发现自己的不足并加以改进。同时，要学会接受他人的批评和建议，以开放的心态面对自己的不足。

此外，数字营销人才还应注重与其他部门的沟通和协作。在跨部门合作中，要充分了解其他部门的需求和关注点，积极协调资源、解决问题，确保营销活动的顺利执行。

提升沟通与团队协作能力对数字营销人才来说具有重要意义。通过掌握有效的沟通技巧、增强团队协作意识以及在实际工作中的实践应用，数字营销人才可以不断提升自己的沟通和协作能力，为企业的发展贡献更大的力量。同时，企业也应重视数字营销人才的沟通和协作能力的培养和提升，为他们提供更多的培训和实践机会，帮助他们不断成长和进步。

第三节 高职教育的育人理念与模式创新

一、高职教育的育人理念与目标

高职教育作为现代教育体系中的重要组成部分，承载着为社会培养高素质、高技能人才的重要使命。其育人理念与目标，不仅反映了教育的本质要求，也体现了时代发展的需求。本部分将详细阐述高职教育的育人理念与目标，并对其进行深入探讨。

（一）高职教育的育人理念

高职教育的育人理念，是其教育活动的灵魂和指导思想，它贯穿于整个教育过程，影响着教育的质量和效果。在新时代背景下，高职教育的育人理念主要体现在以下几方面：

1. 以人为本，注重学生全面发展

高职教育的育人理念始终坚持以学生为中心，关注学生的全面发展。它强调在传授知识的同时，更要注重培养学生的实践能力、创新精神和团队协作能力。通过构建多元化的课程体系和实践教学体系，使学生在掌握专业知识的同时，能提升个人素养和综合能力。

2. 产教融合，强调实践与应用

高职教育注重将教育与产业相结合，通过产教融合、校企合作等方式，实现教育资源的优化配置和共享。它强调实践教学的重要性，使学生在校期间就能接触到实际的工作环境，了解行业发展的最新动态，从而提升其就业竞争力和适应能力。

3. 终身教育，注重可持续发展

高职教育的育人理念还体现在对终身教育的重视上。它认为教育是一个持续不断的过程，不仅要在学校期间接受教育，更要在未来的职业生涯中不断学习、不断进步。因此，高职教育注重培养学生的自主学习能力和终身学习的意识，为其未来的可持续发展奠定坚实的基础。

（二）高职教育的育人目标

高职教育的育人目标是其教育活动的具体指向和追求，它反映了社会对高职教育的期望和要求。在新时代背景下，高职教育的育人目标主要包括以下几方面：

1. 培养具备高素质的职业技能人才

高职教育的首要目标是培养具备高素质的职业技能人才。这要求学生在掌握扎实的专业知识的同时，要具备良好的职业素养和实践能力。通过系统的专业学习和实践训练，使学生能够胜任相关职业岗位的工作要求，为社会的发展贡献自己的力量。

2. 培养具有创新精神和创业能力的人才

在知识经济时代，创新精神和创业能力成为人才培养的重要方向。高职教育注重培养学生的创新思维和创业意识，通过开设创新创业课程、组织创新创业实践等活动，激发学生的创新潜能和创业热情。同时，积极与企业合作，为学生提供创业实践平台和资源支持，帮助他们实现创业梦想。

3. 培养具有国际视野和跨文化交流能力的人才

随着全球化的深入发展，国际视野和跨文化交流能力成为人才培养的重要素质。

高职教育注重培养学生的外语能力和跨文化交流能力，通过开设国际化课程、组织国际交流项目等方式，使学生了解不同文化背景下的职业需求和发展趋势。同时，积极与企业合作，为学生提供国际实习和就业机会，帮助他们拓展国际视野和提升职业竞争力。

（三）高职教育的育人理念与目标的实践与探索

为了实现高职教育的育人理念与目标，高职院校需要不断探索和实践新的教育方法和手段。具体而言，可以从以下几方面进行实践与探索：

1. 优化课程体系，强化实践教学环节

高职院校应根据行业发展和企业需求，不断优化课程体系，加强实践教学环节。通过构建模块化、项目化的课程体系，使学生在掌握专业知识的同时，也能提升实践能力和解决问题的能力。同时，应加强与企业的合作，共同开发实践教学项目，为学生提供更多的实践机会和资源支持。

2. 加强师资队伍建设，提升教学质量

高职院校应重视师资队伍建设，引进和培养一批具有丰富实践经验和教学能力的优秀教师。通过加强教师培训、开展教学竞赛等方式，提升教师的教学水平和质量。同时，应建立激励机制，鼓励教师积极参与教学改革和创新实践，为实现高职教育的育人理念与目标提供有力保障。

3. 推进校企合作，实现资源共享与优势互补

校企合作是实现高职教育育人理念与目标的重要途径。高职院校应积极与企业建立紧密的合作关系，共同开展人才培养、科学研究等活动。通过资源共享和优势互补，实现教育资源的优化配置和高效利用。同时，应加强与企业的沟通与交流，了解企业的需求和反馈，为人才培养提供更加精准和有效的支持。

高职教育的育人理念与目标体现了教育的本质要求和时代发展的需求。高职院校应始终坚持以人为本、全面发展的育人理念，明确培养高素质职业技能人才、具有创新精神和创业能力的人才以及具有国际视野和跨文化交流能力的人才等育人目标，并通过优化课程体系、加强师资队伍建设、推进校企合作等方式来实现这些目标。只有这样，高职教育才能为社会培养出更多优秀的人才，为国家的繁荣富强做出更大的贡献。

二、数字营销专业的教学模式创新

随着数字化技术的迅猛发展，数字营销领域对人才的需求日益旺盛，对专业教育的要求也越来越高。传统的数字营销教学模式已难以适应新时代的需求，教学模式的创新成了数字营销专业教育的重要课题。本节将从以下几方面探讨数字营销专业的教学模式创新。

（一）引入项目制教学，提升学生实践能力

传统的数字营销教学往往以理论知识传授为主，缺乏实践操作环节，导致学生难以将所学知识应用于实际工作中。为了改变这一现状，我们可以引入项目制教学，让学生在实践项目中学习和掌握数字营销技能。

具体而言，教师可以根据行业需求和实际案例，设计具有针对性的项目任务，并引导学生分组完成。在项目执行过程中，学生需要运用所学知识进行市场调研、策略制定、实施执行等环节，通过实际操作加深对数字营销理论的理解。同时，项目制教学还能培养学生的团队协作能力、沟通能力和解决问题的能力，为其未来的职业发展奠定坚实的基础。

（二）融合线上线下教学，构建多元化学习平台

数字化技术的发展为教学提供了更多的可能性，线上线下融合教学成了数字营销专业教学模式创新的重要方向。通过线上线下融合教学，我们可以打破传统课堂的时空限制，为学生提供更加灵活、便捷的学习方式。

在线上教学方面，我们可以利用在线教育平台、慕课等资源，为学生提供丰富的数字营销课程和学习资料。学生可以根据自己的学习进度和兴趣进行自主学习，同时可以通过在线讨论、作业提交等方式与教师和其他同学进行互动交流。

在线下教学方面，我们可以组织课堂讲授、案例分析、实践操作等活动，为学生提供更加深入、系统的学习体验。同时，线下教学还可以加强师生之间的面对面交流和互动，有助于教师更好地了解学生的学习情况和需求，从而进行有针对性的指导和帮助。

通过线上线下融合教学，我们可以构建一个多元化、立体化的学习平台，满足学生不同层次、不同需求的学习要求，提高教学效果和学习体验。

（三）加强校企合作，实现资源共享与优势互补

校企合作是数字营销专业教学模式创新的又一重要途径。通过校企合作，我们可以实现资源共享和优势互补，为学生提供更加贴近实际、更加具有针对性的教学服务。

具体而言，我们可以与数字营销企业建立紧密的合作关系，共同开展课程开发、实践教学、人才培养等活动。企业可以为学校提供行业前沿的技术和案例，帮助学校更新教学内容和方式；学校则可以为企业提供人才支持和智力支持，帮助企业解决实际问题和提升竞争力。

同时，我们还可以通过校企合作建立实践基地或实习平台，为学生提供更多的实践机会和就业渠道。学生在企业实践中可以接触到真实的业务场景和客户需求，从而

更好地理解和应用所学知识。此外，企业还可以为学生提供实习和就业机会，帮助他们顺利实现从学校到职场的过渡。

通过校企合作，我们可以将数字营销专业教育与市场需求紧密结合，实现教育与产业的良性互动和共同发展。

数字营销专业教学模式创新是一个系统工程，需要我们从多方面入手进行探索和实践。通过引入项目制教学、融合线上线下教学、加强校企合作等方式，我们可以构建一个更加符合时代需求、更加具有实效性的数字营销专业教学模式，为培养高素质的数字营销人才提供有力保障。

在未来的数字营销专业教学中，我们还应注重培养学生的创新思维和跨界能力。随着技术的不断进步和市场的不断变化，数字营销领域需要不断推陈出新，具备创新思维的人才将更具竞争力。同时，数字营销也涉及多个领域的交叉融合，具备跨界能力的人才将更能适应市场的多元化需求。因此，我们在教学模式创新中应注重培养学生的这些能力，为他们未来的职业发展奠定坚实的基础。

此外，我们还应关注数字营销行业的最新动态和发展趋势，不断更新教学内容和方式，确保教育与社会需求保持同步。同时，我们还应加强与国际先进教育理念的交流和借鉴，吸收国际先进的教学方法和手段，提升数字营销专业教育的国际化水平。

总之，数字营销专业教学模式创新是一个持续不断的过程，需要我们不断探索和实践。通过不断创新和完善教学模式，我们可以为数字营销领域培养出更多高素质、高技能的人才，推动数字营销行业的健康发展。

三、实践教学与理论教学的结合

在数字营销专业教育中，实践教学与理论教学的结合是提升教育质量和培养学生综合素质的关键所在。这两者相辅相成，共同构成了数字营销专业教育的完整体系。本节将详细探讨实践教学与理论教学结合的重要性、具体策略及其在教学实践中的应用。

（一）实践教学与理论教学结合的重要性

实践教学与理论教学是数字营销专业教育的两个重要方面，它们各自具有独特的作用，但又相互依存、相互促进。

理论教学为学生提供了扎实的专业基础知识和理论体系，帮助他们建立起对数字营销领域的全面认识。通过理论学习，学生可以掌握数字营销的基本概念、原理和方法，为后续的实践操作提供理论指导。

实践教学则是将理论知识应用于实际操作的重要环节。通过实践操作，学生可以亲身体验数字营销的实际工作流程，加深对理论知识的理解，提升实际操作能力。实践教学还能培养学生的创新思维、团队协作能力和解决问题的能力，为其未来的职业发展奠定坚实的基础。

因此，实践教学与理论教学的结合对于提升数字营销专业教育的质量至关重要。只有将两者紧密结合，才能培养出既具备扎实理论基础又具备实际操作能力的数字营销人才。

（二）实践教学与理论教学结合的策略

为了实现实践教学与理论教学的有效结合，我们需要采取一系列具体的策略。

首先，构建"理实一体"的教学体系。在课程设置上，应注重理论与实践的相互渗透和融合。理论课程应包含实践案例的分析和讨论，实践课程则应在理论指导下进行设计和实施。同时，应设置综合性的实践项目，让学生在实践中综合运用所学知识，提升解决实际问题的能力。

其次，加强师资队伍建设。教师是实现实践教学与理论教学结合的关键力量。我们应加强对教师的培训和引进力度，提升教师的理论素养和实践能力。同时，应鼓励教师参与企业实践项目，积累实践经验，为教学提供有力支持。

此外，建立校企合作机制也是实现实践教学与理论教学结合的重要途径。通过与企业合作，我们可以共同开发实践课程、建设实践基地、开展实践项目等，为学生提供更多的实践机会和资源支持。同时，企业还可以为我们提供行业前沿的信息和技术支持，帮助我们更新教学内容和方式，保持与行业的同步发展。

（三）实践教学与理论教学结合在教学实践中的应用

在数字营销专业的教学实践中，我们已经开始积极探索实践教学与理论教学结合的具体应用。

例如，在《数字营销策划》课程中，我们采用了案例分析的教学方法。通过引入真实的数字营销案例，让学生在分析案例的过程中理解营销策划的原理和方法。同时，我们还要求学生根据所学知识自行设计数字营销策划方案，并进行实践操作。这种教学方式既锻炼了学生的理论分析能力，又提升了他们的实际操作能力。

另外，在《网络营销实战》课程中，我们组织了模拟网络营销竞赛活动。学生需要在教师的指导下，分组进行网络营销策划和实施。通过竞赛活动，学生不仅能够将所学知识应用于实际操作中，还能在团队协作中提升沟通和协作能力。同时，竞赛活动还为学生提供了一个展示自己才华的平台，激发了他们的学习热情和积极性。

这些教学实践证明，实践教学与理论教学的结合可以有效地提升数字营销专业教育的质量和效果。通过构建"理实一体"的教学体系、加强师资队伍建设、建立校企合作机制等策略的应用，我们可以进一步推动实践教学与理论教学的深度融合，为培养高素质的数字营销人才提供有力保障。

实践教学与理论教学的结合是数字营销专业教育的重要方向。通过构建"理实一体"的教学体系、加强师资队伍建设、建立校企合作机制等策略的应用，我们可以实现两者之间的有效融合，提升教育的质量和效果。在未来的教学实践中，我们应继续探索和完善这一结合模式，为培养更多优秀的数字营销人才做出更大的贡献。

四、高职教育与行业需求的对接

在快速变化的时代背景下，高职教育与行业需求的对接显得尤为重要。这不仅关系到高职教育的质量和效果，也直接影响到学生的就业和职业发展。因此，深入探讨高职教育与行业需求的对接问题，对于推动高职教育的改革与发展具有重要意义。

（一）高职教育与行业需求的对接现状

当前，高职教育与行业需求的对接在一定程度上已经取得了一些成果。许多高职院校开始注重与企业的合作，开展校企合作项目，共同培养学生的实践能力和职业素养。同时，一些高职院校还积极引进企业的先进技术和管理经验，更新教学内容和方式，以适应行业的发展需求。

然而，高职教育与行业需求的对接仍存在一些问题。一方面，一些高职院校对于行业发展的敏感度和洞察力不够，教学内容和方式滞后于行业的发展。另一方面，一些企业在与高职院校的合作中缺乏积极性，导致校企合作难以深入开展。此外，高职教育与行业需求的对接还需要在政策、资金等方面得到更多的支持和保障。

（二）加强高职教育与行业需求的对接策略

为了加强高职教育与行业需求的对接，我们可以从以下几方面入手：

1. 提高高职院校对行业发展的敏感度和洞察力

高职院校应密切关注行业的发展动态和趋势，及时调整专业设置和教学内容，确保教育内容与行业需求保持同步。同时，高职院校还应加强与行业协会、企业等机构的联系和沟通，了解行业对人才的需求和期望，为人才培养提供更加精准的指导。

2. 深化校企合作，共同推进人才培养

高职院校应与企业建立紧密的合作关系，共同开展人才培养项目。通过校企合作，学生可以更好地了解企业的实际需求和工作流程，提升实践能力和职业素养。同时，企业也可以从高职院校获得优秀的人才资源和技术支持，实现双方的互利共赢。

3. 加强师资队伍建设，提升教师的实践能力和职业素养

高职院校应加强对教师的培训和引进力度，提升教师的理论素养和实践能力。同

时，应鼓励教师参与企业的实践项目和技术研发工作，积累实践经验，为教学提供更加有力的支持。

4.优化课程设置和教学内容，注重培养学生的实践能力和创新精神

高职院校应根据行业的需求和发展趋势，优化课程设置和教学内容，注重培养学生的实践能力和创新精神。通过案例教学、项目教学等方式，让学生在实践中学习和掌握知识技能，提升解决问题的能力。

（三）高职教育与行业需求对接的实践案例

为了更好地说明高职教育与行业需求的对接问题，我们可以举一些实践案例。例如，某高职院校与一家电子商务企业合作开展了校企合作项目。在该项目中，学生不仅可以在校内学习电子商务的理论知识，还可以在企业实习中接触到真实的业务场景和工作流程。通过这种校企合作的方式，学生不仅提升了实践能力，还增强了对企业的了解和认知。

另外，还有一些高职院校通过引入企业的先进技术和管理经验，实现了教学内容的更新和升级。例如，某高职院校的计算机专业引入了人工智能和大数据等前沿技术，开设了相关课程和项目，培养了一批具有创新精神和实践能力的人才。这些人才在毕业后迅速融入了相关行业的工作中，为行业的发展做出了积极贡献。

（四）高职教育与行业需求对接的未来展望

展望未来，高职教育与行业需求的对接将呈现出更加紧密和深入的趋势。随着行业的发展和变化，高职教育将更加注重对行业需求的分析和预测，及时调整教育内容和方式。同时，随着技术的进步和创新，高职教育也将更加注重培养学生的实践能力和创新精神，以适应行业的发展需求。

此外，政府和社会也将为高职教育与行业需求的对接提供更多的支持和保障。政府将出台相关政策，鼓励高职院校与企业开展深度合作，推动校企合作的深入开展。社会也将为高职教育提供更多的资源和平台，促进高职教育与行业的融合发展。

总之，高职教育与行业需求的对接是一个长期而复杂的过程，需要政府、企业、高职院校等多方面的共同努力。只有通过不断的探索和实践，才能实现高职教育与行业需求的紧密对接，为社会的发展和进步做出更大的贡献。

第三章 乡村振兴背景下的数字营销环境分析

第一节 乡村市场的数字营销现状与发展趋势

一、乡村市场数字营销的发展现状

在信息化和数字化浪潮的推动下,乡村市场数字营销的发展日益受到关注。数字营销作为一种新型的市场营销方式,正逐渐改变着乡村市场的传统营销格局,为乡村经济的发展注入了新的活力。本节将从乡村市场数字营销的发展现状出发,分析当前的发展特点、存在问题及未来趋势,以期为乡村市场数字营销的发展提供有益的参考。

(一)乡村市场数字营销的发展特点

1. 数字化程度不断提高

随着互联网的普及和智能手机的普及,乡村地区的数字化程度不断提高。越来越多的乡村居民开始使用互联网和智能手机进行购物、娱乐和信息获取,这为乡村市场数字营销的发展提供了广阔的空间。许多乡村企业开始利用网络平台进行产品推广和销售,通过社交媒体进行品牌宣传,实现了与消费者的直接互动。

2. 营销手段多样化

乡村市场数字营销的手段日益多样化,包括搜索引擎优化、社交媒体营销、内容营销、电子邮件营销等。这些手段的运用使得乡村企业能够更加精准地定位目标消费者,提高营销效果。同时,乡村市场数字营销也注重创新,通过短视频、直播等新型营销方式吸引消费者的眼球,提高品牌的知名度和美誉度。

3. 营销效果显著提升

数字营销以其精准性、实时性和互动性等特点,使乡村市场的营销效果得到了显著提升。通过数据分析,乡村企业可以更加准确地了解消费者的需求和偏好,制定更加精准的营销策略。同时，数字营销也可以实时跟踪和分析营销效果，及时调整策略，提高营销效率。

（二）乡村市场数字营销存在的问题

1. 基础设施薄弱

尽管乡村地区的数字化程度有所提高，但相较于城市地区，乡村地区的基础设施仍然薄弱。部分乡村地区的网络覆盖率和网络速度仍不能满足数字营销的需求，制约了数字营销在乡村市场的发展。

2. 人才匮乏

乡村市场数字营销的发展需要大量具备数字营销知识和技能的人才。然而，由于乡村地区的经济发展水平相对较低，吸引和留住数字营销人才存在一定的困难。这导致乡村企业在数字营销方面缺乏专业的指导和支持，难以有效地开展数字营销活动。

3. 消费者认知度不高

尽管数字营销在乡村市场已经取得了一定的成果，但部分乡村消费者对数字营销的认知度仍然不高。他们可能更习惯于传统的购物方式和营销手段，对数字营销的新颖性和便利性缺乏了解和认可。这在一定程度上限制了数字营销在乡村市场的推广和应用。

（三）乡村市场数字营销的未来趋势

1. 基础设施不断完善

随着国家对乡村地区信息化建设的投入不断加大，乡村地区的网络基础设施将得到进一步完善。这将为乡村市场数字营销的发展提供更加坚实的基础。

2. 人才队伍不断壮大

随着乡村经济的发展和数字化转型的推进，越来越多的数字营销人才将涌向乡村地区。同时，乡村企业也将加大对数字营销人才的培养和引进力度，提升数字营销的专业水平。

3. 消费者认知度不断提升

随着数字营销在乡村市场的不断推广和应用，乡村消费者对数字营销的认知度将不断提升。他们将逐渐适应并接受这种新型的营销方式，享受数字营销带来的便利和优惠。

（四）总结与展望

乡村市场数字营销的发展呈现出数字化程度不断提高、营销手段多样化、营销效果显著提升等特点。然而，基础设施薄弱、人才匮乏和消费者认知度不高等问题仍然存在。未来，随着基础设施的完善、人才队伍的壮大和消费者认知度的提升，乡村市场数字营销将迎来更加广阔的发展前景。我们期待乡村企业能够抓住机遇，积极拥抱数字营销，推动乡村经济的繁荣与发展。

二、乡村市场数字营销的主要特点

乡村市场数字营销作为新时代背景下市场营销的新趋势，在推动乡村经济发展、提升农产品品牌价值、增加农民收入等方面发挥着日益重要的作用。相较于城市市场的数字营销，乡村市场数字营销具有其独特的特点。下面，我们将从五方面对乡村市场数字营销的主要特点进行详细阐述。

（一）地域性与文化性的紧密结合

乡村市场数字营销的首要特点是地域性与文化性的紧密结合。乡村地区拥有独特的地域特色和文化底蕴，这些元素在数字营销中得到了充分体现。乡村企业通过挖掘当地的自然风光、人文历史、民俗风情等独特资源，将其融入数字营销内容中，打造具有地域特色的品牌形象。同时，乡村市场数字营销还注重传承和弘扬乡村文化，通过讲述乡村故事、传播乡村价值观等方式，增强消费者对乡村品牌的认同感和归属感。

例如，一些乡村地区的旅游景区通过制作精美的宣传视频，展示当地的自然风光和人文景观，吸引了大量游客前来观光旅游。同时，一些农产品企业也注重挖掘产品的地域特色和文化内涵，通过包装设计、广告宣传等方式，提升产品的附加值和市场竞争力。

（二）社群营销与口碑传播的重要性

在乡村市场数字营销中，社群营销与口碑传播具有尤为重要的地位。乡村地区的人际关系相对紧密，邻里之间的交流和互动频繁，这使得社群营销成了一种高效且低成本的营销方式。乡村企业通过建立社交媒体群组，将目标消费者聚集在一起，进行产品推广、信息发布和互动交流。同时，乡村市场数字营销还注重口碑传播的力量，通过优质的产品和服务赢得消费者的信任和好评，进而带动更多潜在消费者的关注和购买。

例如，一些乡村地区的电商平台通过邀请当地的网红、意见领袖等人物进行产品推荐和分享，利用其影响力和粉丝效应，扩大产品的知名度和销售量。此外，一些乡村企业还通过举办线上线下活动、开展优惠促销等方式，激发消费者的购买热情，提升品牌的美誉度和忠诚度。

(三)注重情感营销与体验营销

乡村市场数字营销的另一个特点是注重情感营销与体验营销。乡村地区的消费者往往更加注重情感共鸣和体验感受,因此,乡村企业在数字营销中需要更加注重情感化和体验化的策略。通过讲述乡村故事、展现乡村风情等方式,引发消费者的情感共鸣,增强其对品牌的认同感和归属感。同时,乡村市场数字营销还注重提供优质的购物体验和服务体验,通过线上线下相结合的方式,让消费者在购物过程中感受到品牌的用心和关怀。

例如,一些乡村地区的农家乐通过提供舒适的住宿环境、美味的农家菜肴和丰富的乡村体验活动,让游客在享受乡村风光的同时,感受到家的温馨和舒适。这种情感化和体验化的营销策略不仅提升了消费者的满意度和忠诚度,还为乡村企业带来了更多的口碑传播和业务发展机会。

(四)线上线下融合发展的趋势

随着互联网的普及和电子商务的发展,乡村市场数字营销呈现出线上线下融合发展的趋势。乡村企业不仅通过线上平台进行产品推广和销售,还注重线下实体店的建设和服务提升。通过线上线下相结合的方式,为消费者提供更加便捷、丰富的购物体验。同时,乡村市场数字营销还注重利用大数据、人工智能等先进技术进行精准营销和智能化服务,提升营销效果和客户满意度。

例如,一些乡村地区的农产品电商平台通过线上展示和线下体验相结合的方式,让消费者在购买农产品前能够充分了解产品的品质和特点。同时,这些电商平台还利用大数据分析消费者的购买行为和偏好,为其推荐更加符合需求的产品和服务。这种线上线下融合发展的模式不仅提升了乡村企业的市场竞争力,还为乡村经济的发展注入了新的活力。

(五)创新与可持续性并重的策略

在乡村市场数字营销中,创新与可持续性并重的策略也是其重要特点之一。乡村企业需要在保持传统乡村文化特色的基础上,不断创新数字营销手段和内容,以适应市场变化和消费者需求的变化。同时,乡村市场数字营销还需要注重可持续性发展,通过环保、节能、减排等方式,降低营销活动的对环境的影响,实现经济效益和社会效益的双赢。

例如,一些乡村地区的旅游企业开始尝试利用虚拟现实(VR)和增强现实(AR)技术,为游客提供更加沉浸式的乡村旅游体验。这种创新性的营销手段不仅吸引了更多年轻消费者的关注，还提升了乡村旅游的品牌形象和知名度。同时，这些企业还注重在旅游活动中推广环保理念，鼓励游客参与环保活动，实现旅游业的可持续发展。

乡村市场数字营销具有地域性与文化性的紧密结合、社群营销与口碑传播的重要性、注重情感营销与体验营销、线上线下融合发展的趋势以及创新与可持续性并重的策略等特点。这些特点使得乡村市场数字营销在推动乡村经济发展、提升农产品品牌价值、增加农民收入等方面发挥着独特的作用。随着技术的不断进步和市场的不断发展，乡村市场数字营销的特点和优势将更加明显，为乡村经济的繁荣和发展注入新的动力。

三、乡村市场数字营销的发展趋势预测

随着信息技术的飞速发展和乡村经济的日益繁荣，乡村市场数字营销正面临着前所未有的发展机遇。本节将结合当前市场状况和技术动态，对乡村市场数字营销的发展趋势进行预测，以期为相关企业和从业者提供有益的参考。

（一）移动互联网普及率持续提升，推动数字营销深入发展

随着移动互联网技术的不断进步和智能手机的普及，乡村地区的移动互联网用户数量将持续增长。这将为乡村市场数字营销提供更加广阔的空间和潜力。乡村企业可以通过移动应用、微信公众号、小程序等渠道，将产品和服务直接推送给消费者，实现精准营销和个性化服务。同时，随着5G、物联网等技术的普及和应用，乡村市场的数字营销将更加智能化和高效化，为消费者带来更加便捷和丰富的购物体验。

（二）社交媒体营销成为主流，短视频和直播营销备受青睐

在乡村市场，社交媒体已经成为人们日常生活的重要组成部分。乡村企业可以通过社交媒体平台，如微信、微博、抖音等，与消费者进行互动和交流，建立品牌形象和口碑。特别是短视频和直播营销，因其直观、生动、互动性强的特点，将成为乡村市场数字营销的重要手段。乡村企业可以通过制作精美的短视频和直播内容，展示产品的特点和优势，吸引消费者的关注和购买。

（三）数据驱动营销成为关键，大数据分析助力精准营销

随着大数据技术的不断发展和应用，数据驱动营销将成为乡村市场数字营销的核心竞争力。乡村企业可以通过收集和分析消费者的购物行为、偏好、需求等数据，制订更加精准的营销策略和方案。同时，大数据分析还可以帮助企业优化产品设计和生产流程，提高产品质量和降低成本。这将使乡村企业在激烈的市场竞争中脱颖而出，实现可持续发展。

（四）跨界合作与资源整合成为趋势，打造乡村营销生态圈

在数字营销领域，跨界合作与资源整合已经成为一种趋势。乡村企业可以通过与其他行业、品牌或机构的合作，共享资源、互通有无，实现共赢发展。例如，乡村农产品可以与电商平台合作，通过线上销售拓展市场；乡村旅游可以与文化机构合作，共同打造具有地域特色的旅游项目。通过跨界合作与资源整合，乡村企业可以形成更加完善的营销生态圈，提升品牌影响力和市场竞争力。

（五）绿色营销与可持续发展理念深入人心，引领乡村市场数字营销新风尚

随着环保意识的不断提高和可持续发展理念的深入人心，绿色营销将成为乡村市场数字营销的重要方向。乡村企业可以通过推广环保产品、采用环保包装、开展环保活动等方式，践行绿色营销理念。同时，企业还可以利用数字营销手段，宣传环保知识和理念，引导消费者形成绿色消费习惯。这将有助于提升乡村企业的社会责任感和品牌形象，实现经济效益和社会效益的双赢。

乡村市场数字营销的发展趋势将呈现移动互联网普及率持续提升、社交媒体营销成为主流、数据驱动营销成为关键、跨界合作与资源整合成为趋势以及绿色营销与可持续发展理念深入人心等特点。乡村企业应紧跟时代潮流，积极拥抱数字营销新趋势，不断创新和优化营销策略和手段，以适应市场变化和消费者需求的变化。同时，政府和社会各界也应加大对乡村市场数字营销的支持和引导力度，推动乡村经济的繁荣和发展。

四、乡村市场数字营销的挑战与机遇

乡村市场数字营销作为新时代营销领域的重要分支，既面临着一系列挑战，也蕴含着丰富的机遇。本节将从多个维度探讨乡村市场数字营销的挑战与机遇，以期为相关企业和从业者提供有益的参考。

（一）挑战：基础设施与人才短缺限制数字营销发展

乡村地区在数字营销方面面临的首要挑战是基础设施的不完善。相较于城市地区，乡村地区的互联网普及率、网络速度等方面仍有较大差距，这制约了数字营销活动的开展。此外，乡村市场数字营销的人才储备也相对不足。由于缺乏专业的数字营销人才，乡村企业在营销策略制定、执行和评估等方面往往力不从心，难以取得理想的效果。

针对这些挑战，乡村地区需要加大基础设施建设力度，提升网络覆盖率和速度，为数字营销提供良好的硬件环境。同时，还应加强数字营销人才的培养和引进，通过举办培训、开展合作等方式，提升乡村企业的数字营销能力。

（二）挑战：消费者认知与接受度有待提高

乡村市场的消费者对数字营销的认知和接受度相对较低。由于信息获取渠道有限，部分乡村消费者对数字营销的概念和方式了解不足，对其效果持怀疑态度。这导致乡村企业在开展数字营销活动时，难以获得消费者的信任和认可，影响了营销效果。

为了提升乡村消费者对数字营销的认知和接受度，乡村企业需要加强数字营销的宣传和推广，通过线上线下相结合的方式，向消费者普及数字营销的知识和优势。同时，应注重与消费者的互动和沟通，了解他们的需求和偏好，制定更加贴近消费者的营销策略。

（三）机遇：政策扶持与市场潜力巨大

随着国家对乡村振兴战略的深入实施，乡村市场数字营销迎来了前所未有的发展机遇。政府出台了一系列扶持政策，鼓励乡村企业开展数字营销活动，提升市场竞争力。同时，乡村市场本身也蕴含着巨大的潜力。随着乡村经济的发展和居民收入水平的提高，乡村消费者的购买力不断增强，对优质产品和服务的需求日益旺盛。这为乡村市场数字营销提供了广阔的发展空间。

乡村企业应抓住政策扶持和市场潜力巨大的机遇，积极开展数字营销活动。可以通过建设官方网站、开通社交媒体账号等方式，扩大品牌知名度和影响力；利用大数据分析消费者需求和行为，制定精准营销策略；开展线上线下相结合的促销活动，吸引更多消费者关注和购买。

（四）机遇：技术创新与模式创新带来新可能

数字营销领域的技术创新和模式创新为乡村市场带来了新的机遇。随着人工智能、大数据、云计算等技术的不断发展，数字营销的手段和方式也在不断创新。乡村企业可以借助这些先进技术，实现营销活动的智能化、精准化和个性化。同时，乡村市场数字营销还可以借鉴城市市场的成功经验，结合乡村地区的实际情况，探索出适合乡村市场的数字营销模式。

乡村企业应积极拥抱技术创新和模式创新，不断尝试新的数字营销手段和方式。可以运用人工智能技术进行消费者画像和精准推荐；利用大数据技术进行市场分析和预测；借助云计算技术提升数据处理和存储能力。此外，还可以探索跨界合作、社群营销等新型营销模式，为乡村市场数字营销注入新的活力。

乡村市场数字营销既面临着基础设施与人才短缺、消费者认知与接受度有待提高等挑战，也拥有政策扶持与市场潜力巨大、技术创新与模式创新带来新可能等机遇。乡村企业应客观分析自身情况和市场环境，制定合适的数字营销策略，积极应对挑战并抓住机遇，以实现可持续发展。同时，政府和社会各界也应加大对乡村市场数字营销的支持力度，共同推动乡村经济的繁荣和发展。

第二节 乡村消费者的数字营销行为特征

一、乡村消费者数字营销行为的基本特征

随着信息技术的迅猛发展和乡村地区经济的不断崛起，乡村消费者的数字营销行为逐渐呈现出独特的基本特征。这些特征不仅反映了乡村消费者的消费习惯、信息获取方式以及购买决策过程，也为乡村市场的数字营销提供了重要的参考依据。

（一）传统观念与现代技术的融合

乡村消费者数字营销行为的一个显著特征是传统观念与现代技术的融合。尽管乡村地区在经济发展和信息传播方面相对滞后，但乡村消费者对于数字技术的接受度正在不断提高。他们既保持着传统的消费观念和习惯，如注重口碑、依赖熟人推荐等，又积极尝试使用现代技术来辅助自己的消费决策。例如，通过社交媒体了解产品信息、在线搜索比价、参与电商平台的促销活动等。这种传统与现代相结合的消费行为模式，使得乡村市场的数字营销需要兼顾传统营销方式和现代技术手段，以实现最佳效果。

（二）信息获取渠道的多元化与局限性并存

乡村消费者在数字营销行为中表现出的另一个特征是信息获取渠道的多元化与局限性并存。随着智能手机的普及和移动互联网的发展，乡村消费者可以通过多种渠道获取产品信息，如社交媒体、电商平台、短视频平台等。然而，由于乡村地区的网络基础设施相对薄弱，信息传播的速度和范围有限，导致部分乡村消费者在信息获取方面仍存在一定的局限性。此外，乡村消费者的信息素养普遍较低，对于数字技术的运用能力和信息筛选能力相对较弱，这也限制了他们在数字营销中的信息获取和利用效率。

（三）购买决策的谨慎性与从众性

乡村消费者在数字营销行为中表现出的谨慎性与从众性也是其重要特征之一。由于乡村消费者的经济条件相对有限，他们在购买决策时往往更加谨慎，注重产品的性价比和实用性。在数字营销中，他们更倾向于通过多种渠道比较不同产品的价格、性

能和服务，以做出更加明智的购买决策。同时，乡村消费者在购买决策中往往受到周围人的影响较大，他们更容易受到亲朋好友、邻居等熟人推荐的影响，从而在购买时表现出一定的从众性。这种谨慎性与从众性并存的消费行为模式，要求乡村市场的数字营销需要更加注重口碑传播和熟人推荐的力量，以提高营销效果。

（四）对优惠活动的热衷与参与度

乡村消费者对优惠活动的热衷与参与度也是其数字营销行为的重要特征。由于乡村消费者的经济条件相对有限，他们对价格因素更加敏感，因此在数字营销中，优惠活动往往能够吸引他们的注意力并激发他们的购买欲望。无论是线上还是线下的促销活动，如满减、折扣、赠品等，都能有效激发乡村消费者的购买热情。同时，乡村消费者也积极参与各种互动营销活动，如分享、点赞、评论等，以获取更多的优惠和福利。这种对优惠活动的热衷与参与度，使得乡村市场的数字营销可以通过设置丰富多样的优惠活动来吸引和留住消费者，提高营销效果。

乡村消费者数字营销行为的基本特征表现为传统观念与现代技术的融合、信息获取渠道的多元化与局限性并存、购买决策的谨慎性与从众性以及对优惠活动的热衷与参与度。这些特征不仅揭示了乡村消费者的消费习惯和购买决策过程，也为乡村市场的数字营销提供了重要的参考依据。在制定数字营销策略时，乡村企业应充分考虑这些特征，结合乡村市场的实际情况，制定符合乡村消费者需求和行为特点的营销策略，以实现更好的营销效果。同时，政府和社会各界也应加强对乡村消费者数字素养的培养和提升，帮助他们更好地适应和利用数字技术，推动乡村市场的繁荣和发展。

二、乡村消费者信息获取与决策过程

乡村消费者在数字营销环境中进行信息获取与决策的过程，是一个复杂且多层次的互动过程。这一过程不仅受到消费者自身因素（如年龄、教育水平、经济状况等）的影响，还受到外部环境（如信息传播渠道、产品特性、社会舆论等）的制约。以下将详细探讨乡村消费者信息获取与决策过程的特点及影响因素。

（一）信息获取的多元化渠道与特点

在数字营销时代，乡村消费者获取信息的渠道日益多元化。他们可以通过电视、广播、报纸等传统媒体了解市场动态和产品信息，也可以通过手机、电脑等终端设备，利用互联网、社交媒体、短视频平台等新兴媒体获取更加丰富和及时的信息。这些渠道各具特色，为乡村消费者提供了多样化的信息获取方式。

然而，乡村消费者在信息获取方面也存在一定的局限性。由于地理位置偏远、网络基础设施不完善等原因，部分乡村地区的消费者在信息获取上可能存在一定的滞后性和不全面性。此外，乡村消费者的信息素养普遍较低，对于如何有效筛选和利用信息的能力相对较弱，这也影响了他们信息获取的效率和准确性。

（二）决策过程的理性与感性交织

乡村消费者在决策过程中往往表现出理性与感性交织的特点。一方面，他们注重产品的实用性、性价比和口碑评价等理性因素，会通过多方比较和权衡来做出决策。另一方面，他们也容易受到情感因素的影响，如亲友推荐、品牌情感认同等，这些因素在决策过程中也起着重要作用。

此外，乡村消费者的决策过程还受到社会文化和习俗的影响。在一些乡村地区，传统的消费观念和习俗仍然占据主导地位，如节俭消费、重视人情往来等，这些因素也会对消费者的决策产生深远影响。

（三）信息筛选与利用的影响因素

在数字营销环境中，乡村消费者面临着海量的信息，如何有效筛选和利用这些信息成为他们决策过程中的重要环节。信息筛选与利用的效果受到多种因素的影响。

首先，消费者的个人因素（如年龄、教育水平、经济状况等）会对信息筛选和利用产生显著影响。例如，年轻、受过良好教育的消费者可能更擅长利用互联网等新兴媒体获取信息，而年长或教育水平较低的消费者则可能更依赖于传统媒体或亲友推荐。

其次，产品特性和品牌形象也是影响信息筛选和利用的重要因素。消费者往往更倾向于选择那些口碑良好、品质可靠的产品和品牌，因此在信息筛选过程中会更加关注这些方面的信息。

最后，社会舆论和媒体宣传也会对消费者的信息筛选和利用产生影响。正面的舆论和宣传能够提升消费者对产品的认知和信任度，而负面的舆论则可能导致消费者对产品产生疑虑或抵触情绪。

乡村消费者在数字营销环境中的信息获取与决策过程是一个复杂且多层次的互动过程。为了更有效地满足乡村消费者的需求并提升营销效果，企业应深入了解乡村消费者的信息获取渠道和决策特点，制定有针对性的营销策略。同时，政府和社会各界也应加强乡村地区的网络基础设施建设和信息素养提升工作，为乡村消费者提供更加便捷和高效的信息获取渠道和决策支持。

三、乡村消费者对数字营销活动的接受度

在数字化浪潮的推动下，数字营销活动在乡村市场的普及与应用日益广泛。乡村消费者对数字营销活动的接受度不仅关乎营销活动的成败，也是乡村市场数字化转型的重要衡量指标。以下将从不同维度深入探讨乡村消费者对数字营销活动的接受度。

（一）乡村消费者对数字营销活动的认知与态度

乡村消费者对数字营销活动的认知程度是影响其接受度的首要因素。多数乡村消费者对于数字营销这一概念可能并不陌生，但对其具体形式、运作机制及优势等方面的了解可能并不深入。因此，企业在开展数字营销活动时，首先需要加强对乡村消费者的宣传教育，提高他们对数字营销的认知水平。

在态度方面，乡村消费者对于数字营销活动的接受度呈现出多样化的特点。一方面，随着智能手机和移动互联网的普及，越来越多的乡村消费者开始尝试并接受数字营销活动，如线上购物、参与社交媒体互动等。另一方面，由于传统消费观念和习惯的影响，部分乡村消费者对于数字营销活动仍持谨慎或观望态度。

（二）影响乡村消费者接受度的关键因素

影响乡村消费者接受数字营销活动的关键因素主要包括以下几方面：

1. 网络基础设施的完善程度

网络信号的稳定性和覆盖范围直接影响乡村消费者参与数字营销活动的体验。若网络信号不稳定或覆盖范围有限，将降低乡村消费者参与数字营销活动的意愿和频率。

2. 消费者的数字素养

乡村消费者的数字素养水平直接决定了他们能否有效参与数字营销活动。数字素养包括基本的信息获取、筛选、判断和处理能力，以及使用数字工具和平台的能力。数字素养较低的消费者在面对复杂的数字营销活动时可能会感到困惑或无助，从而影响其接受度。

3. 数字营销活动的质量和创新性

数字营销活动的质量和创新性也是影响乡村消费者接受度的重要因素。高质量的数字营销活动能够吸引消费者的注意力并激发他们的兴趣，而创新的营销形式和内容则能够提升消费者的参与度和满意度。

4. 乡村消费者的需求和偏好

乡村消费者的需求和偏好是决定其是否接受数字营销活动的根本因素。只有当数字营销活动能够满足乡村消费者的实际需求并符合他们的消费偏好时，才能获得消费者的认可和支持。

（三）提升乡村消费者接受度的策略与建议

针对乡村消费者对数字营销活动接受度的现状及其影响因素，以下提出几点策略与建议：

1.加强网络基础设施建设

政府和企业应加大投入，完善乡村地区的网络基础设施，提高网络信号的稳定性和覆盖范围，为乡村消费者参与数字营销活动提供良好的网络环境。

2.提升乡村消费者的数字素养

通过举办培训班、开展宣传活动等方式，提高乡村消费者的数字素养水平，帮助他们更好地理解和参与数字营销活动。

3.创新数字营销形式和内容

企业应结合乡村消费者的特点和需求，创新数字营销的形式和内容，打造具有乡村特色的营销活动，以吸引更多乡村消费者的关注和参与。

4.关注乡村消费者的需求和反馈

企业应密切关注乡村消费者的需求和反馈，及时调整和优化数字营销策略，确保营销活动能够真正满足乡村消费者的需求并提升他们的满意度。

乡村消费者对数字营销活动的接受度是一个复杂多元的问题，涉及多方面的因素。只有通过深入了解乡村消费者的需求和特点，制定有针对性的营销策略，并不断优化和完善数字营销活动的形式和内容，才能提升乡村消费者对数字营销活动的接受度，推动乡村市场的数字化转型和发展。

四、乡村消费者数字营销行为的影响因素

乡村消费者数字营销行为的影响因素是一个复杂且多维度的议题，涵盖了经济、社会、文化、技术等多方面。这些因素相互作用，共同塑造了乡村消费者在数字营销环境中的行为模式和决策过程。以下将详细探讨这些影响因素及其作用机制。

（一）经济因素

经济因素是影响乡村消费者数字营销行为的基础和核心。首先，乡村消费者的收入水平直接决定了其购买力和消费能力，进而影响了他们对数字营销活动的参与程度和购买决策。在收入水平较低的乡村地区，消费者可能更加注重价格因素，更倾向于选择性价比高的产品或服务。

其次，乡村地区的经济发展水平和产业结构也会影响数字营销的效果。经济较为发达的乡村地区，消费者对于新兴事物和数字技术的接受度可能更高，数字营销活动的开展也更为顺利。相反，在经济发展滞后的地区，数字营销可能面临更多的挑战和限制。

（二）社会与文化因素

社会和文化因素在乡村消费者数字营销行为中发挥着重要作用。乡村社会的传统习俗、价值观念、人际关系等都会影响消费者的消费观念和购买行为。例如，一些乡村地区可能更加注重人情往来和面子消费，这在数字营销中可能表现为对礼品、赠品等促销方式的偏好。

同时，乡村消费者的文化水平和教育背景也会影响其对数字营销活动的理解和接受程度。文化水平较高的消费者可能更容易理解和使用数字技术，从而更积极地参与数字营销活动。

（三）技术因素

技术因素是推动乡村消费者数字营销行为变革的关键力量。随着互联网、移动互联网、大数据、人工智能等技术的快速发展，乡村地区的数字营销环境也在不断改善和优化。这些技术的普及和应用为乡村消费者提供了更加便捷、高效的购物体验和信息获取方式。

然而，技术因素也可能带来一些挑战。例如，部分乡村地区的网络基础设施仍然薄弱，导致消费者在使用数字技术时可能面临信号不稳定、速度慢等问题。此外，一些乡村消费者对数字技术的使用能力和信任度有限，这也可能制约他们在数字营销中的参与度。

（四）营销策略与消费者心理

营销策略的制定和实施对于引导乡村消费者数字营销行为具有重要影响。有效的营销策略能够针对乡村消费者的需求和特点，提供符合其期望的产品和服务，从而激发其购买欲望和参与度。例如，通过精准定位、个性化推荐等方式，可以更好地满足乡村消费者的个性化需求；通过优惠促销、积分奖励等方式，可以吸引更多消费者参与数字营销活动。

此外，消费者心理也是影响数字营销行为的重要因素。乡村消费者在数字营销环境中的心理变化，如认知、情感、态度等，都会对其行为产生影响。因此，深入了解乡村消费者的心理特点和变化规律，对于制定有效的数字营销策略具有重要意义。

（五）市场竞争与品牌影响

市场竞争的激烈程度也会影响乡村消费者的数字营销行为。在高度竞争的市场中，消费者面临更多的选择，他们的购买决策会更加谨慎和理性。因此，品牌的影响力和口碑在乡村消费者的数字营销行为中显得尤为重要。具有良好品牌形象和口碑的企业更容易获得乡村消费者的信任和认可,从而提高其数字营销活动的成功率和效果。

同时,市场竞争也促使企业不断创新数字营销策略和手段,以吸引和留住消费者。企业需要通过差异化的产品和服务、独特的营销创意等方式,在市场中脱颖而出,赢得乡村消费者的青睐。

乡村消费者数字营销行为的影响因素是多方面的,包括经济、社会与文化、技术、营销策略与消费者心理以及市场竞争与品牌影响等。这些因素相互作用,共同影响着乡村消费者在数字营销环境中的行为模式和决策过程。因此,企业在开展数字营销活动时,需要充分考虑这些影响因素,制定有针对性的营销策略,以更好地满足乡村消费者的需求和期望,提高营销效果和市场份额。

第三节 乡村数字营销环境的优势与劣势分析

一、乡村数字营销环境的优势分析

随着信息技术的快速发展,数字营销在乡村地区的应用日益广泛。乡村数字营销环境的优势不仅体现在其广阔的市场潜力和独特的消费特点上,还体现在其与城市市场的互补性以及政策支持的力度上。以下将详细分析乡村数字营销环境的三大优势。

(一)市场潜力巨大,消费群体独特

乡村地区拥有庞大的潜在消费群体,其市场规模不容小觑。随着农村经济的发展和农民收入的提高,乡村消费者的购买力不断增强,对品质优良、价格适中的商品和服务需求日益增长。此外,乡村消费群体的消费习惯、需求和偏好也呈现出独特的特点,这为数字营销提供了广阔的空间和可能性。

在数字营销中,企业可以通过精准定位、个性化推荐等方式,更好地满足乡村消费者的需求。例如,针对乡村消费者的实用主义倾向,可以推出性价比高的产品;针对乡村地区的文化特色,可以设计具有地方特色的营销活动。这些举措不仅能够提升企业的销售额,还能够增强品牌在乡村市场的知名度和美誉度。

(二)与城市市场形成互补,拓展营销渠道

乡村数字营销环境与城市市场形成了一定的互补性。一方面,乡村市场的消费者对于新颖、便捷的数字营销方式具有较高的接受度,这为企业在乡村地区开展数字营

销活动提供了良好的基础。另一方面，乡村市场的消费者需求与城市市场存在一定的差异，这为企业提供了差异化营销的机会。

通过数字营销，企业可以打破地域限制，将产品和服务拓展到乡村市场。例如，利用电商平台进行线上销售，可以覆盖更广泛的乡村地区；通过社交媒体进行品牌推广，可以迅速提升品牌在乡村市场的知名度。这些数字营销渠道不仅为企业带来了更多的销售机会，还为企业与乡村消费者建立了更紧密的联系。

（三）政策支持力度大，推动数字营销发展

近年来，国家对于乡村地区的经济发展给予了高度重视，出台了一系列支持政策。这些政策不仅为乡村经济的发展提供了有力保障，也为数字营销在乡村地区的推广提供了良好的外部环境。

政策支持的力度主要体现在以下三方面：首先，国家对农村电商发展给予了大力扶持，推动了乡村地区网络基础设施的完善和优化；其次，政府通过税收优惠、资金支持等措施，鼓励企业在乡村地区开展数字营销活动；最后，政府还加强了乡村地区的消费者权益保护，为数字营销的发展提供了稳定的市场环境。

在政策支持的推动下，乡村数字营销环境得到了显著改善。网络基础设施的完善使得乡村消费者能够更方便地接入互联网，享受数字营销带来的便利；企业的积极参与使得乡村市场充满了活力和机遇；消费者权益的保护则增强了乡村消费者对数字营销的信任度和满意度。

乡村数字营销环境具有市场潜力巨大、与城市市场形成互补以及政策支持力度大等优势。这些优势为企业在乡村地区开展数字营销活动提供了有力的支持和保障。然而，也需要注意到乡村数字营销环境还存在一些挑战和不足，如网络基础设施的完善程度、消费者的数字素养等。因此，企业在利用乡村数字营销环境优势的同时，需要关注并解决这些问题，以更好地推动数字营销在乡村地区的发展。

二、乡村数字营销环境的劣势分析

尽管乡村数字营销环境具备诸多优势，但在实际操作中也存在一些不容忽视的劣势。这些劣势可能源自基础设施的不完善、消费者认知的局限、人才短缺以及市场竞争的复杂性等多方面。以下将详细分析这些劣势及其对乡村数字营销的影响。

（一）基础设施不完善，限制数字营销发展

乡村地区的基础设施建设相对滞后，尤其是在网络覆盖和信号稳定性方面，这直接影响了数字营销在乡村市场的推广和应用。一些偏远地区的乡村消费者可能由于网

络信号不佳或缺乏稳定的网络连接,而无法顺畅地参与数字营销活动。这种基础设施的局限性不仅影响了消费者的购物体验,也限制了数字营销手段的创新和拓展。

此外,乡村地区的物流配送体系也相对薄弱,导致电商等数字营销渠道的物流成本高、配送时间长。这不仅增加了企业的经营成本,也降低了消费者的购物便利性,从而影响了数字营销在乡村市场的竞争力。

(二)消费者认知局限,影响数字营销接受度

乡村消费者对数字营销的认知程度相对较低,部分消费者可能对其持怀疑或抵触态度。这主要源于他们对新技术的陌生感以及对网络安全和隐私保护的担忧。由于缺乏相关的教育和培训,一些乡村消费者可能不知道如何有效地利用数字营销工具进行购物和信息获取,从而限制了数字营销在乡村市场的普及程度。

此外,乡村消费者的消费观念和习惯也影响了他们对数字营销的接受度。一些消费者可能更倾向于传统的购物方式和支付手段,对数字营销的新颖性和便利性缺乏足够的认识和了解。

(三)人才短缺,制约数字营销创新

乡村地区在数字营销领域的人才储备相对不足,这制约了数字营销的创新和发展。由于乡村地区的经济发展水平相对较低,吸引和留住数字营销人才的难度较大。这导致乡村市场的数字营销活动往往缺乏专业的策划和执行团队,难以形成有效的营销策略和推广手段。

同时,乡村地区的数字营销人才培训和教育体系也相对滞后,缺乏针对乡村市场的专业培训和指导。这使得乡村消费者在参与数字营销活动时缺乏必要的指导和支持,难以充分发挥数字营销的优势和潜力。

(四)市场竞争激烈,数字营销面临挑战

乡村市场的数字营销竞争日益激烈,企业面临着来自同行的压力和挑战。为了在市场中脱颖而出,企业需要投入更多的资源和精力来制定和实施数字营销策略。然而,由于乡村市场的特殊性,企业在制定营销策略时需要充分考虑消费者的需求和习惯,以及市场的竞争状况。这使得数字营销的难度和成本相对较高。

此外,随着数字营销在乡村市场的普及,越来越多的企业开始涌入这一领域,加剧了市场竞争的激烈程度。这可能导致一些企业在数字营销活动中采取不正当手段,如虚假宣传、恶意竞争等,进一步增加了市场的复杂性和不确定性。

乡村数字营销环境在基础设施、消费者认知、人才储备及市场竞争等方面存在诸多劣势。这些劣势不仅限制了数字营销在乡村市场的推广和应用,也增加了企业在乡

村市场开展数字营销活动的难度和成本。为了克服这些劣势，政府、企业和社会各界需要共同努力，加强基础设施建设、提升消费者认知、培养专业人才以及规范市场竞争秩序，为乡村数字营销的发展创造更加有利的条件。

三、乡村数字营销环境的优化策略

针对乡村数字营销环境存在的劣势，我们需要采取一系列优化策略，以推动乡村数字营销的健康、快速发展。以下将从提升基础设施水平、加强消费者教育、培养专业人才及创新营销策略四方面进行详细阐述。

（一）提升基础设施水平，强化数字营销基础

基础设施的完善是数字营销发展的基石。针对乡村地区网络覆盖不全、信号不稳定的问题，政府和企业应加大投资力度，推进乡村地区的信息网络建设，提升网络速度和稳定性。同时，完善乡村地区的物流配送体系，降低物流成本，提高配送效率，为数字营销提供有力的物流保障。

此外，还应加强乡村地区的公共场所网络建设，如图书馆、文化活动中心等，为乡村消费者提供更加便捷的上网条件。通过这些举措，可以显著提升乡村地区的网络基础设施水平，为数字营销的发展奠定坚实基础。

（二）加强消费者教育，提升数字营销接受度

针对乡村消费者对数字营销认知不足的问题，政府、企业和社会组织应联合开展数字营销知识普及活动，提升乡村消费者的数字素养和网络安全意识。通过举办培训班、发放宣传资料、开展线上线下互动等方式，向乡村消费者传授数字营销的基本知识和操作技能，帮助他们更好地理解和接受数字营销。

同时，应加强乡村消费者的权益保护，建立健全数字营销监管机制，打击虚假宣传、恶意竞争等不法行为，为乡村消费者创造一个安全、可信赖的数字营销环境。

（三）培养专业人才，推动数字营销创新

人才是数字营销发展的关键。针对乡村地区数字营销人才短缺的问题，政府和企业应采取有效措施吸引和培养专业人才。一方面，可以通过政策扶持和资金支持等方式，鼓励高校毕业生和专业人才到乡村地区从事数字营销工作；另一方面，加强与高校、培训机构等的合作，开展针对乡村市场的数字营销人才培训项目，提升现有从业人员的专业水平和创新能力。

此外，还可以通过建立数字营销交流平台、举办行业研讨会等方式，促进乡村地区数字营销人才的交流与合作，推动数字营销的创新与发展。

(四)创新营销策略,提升数字营销效果

针对乡村市场的特点和需求,企业应制定具有针对性的数字营销策略。首先,要深入了解乡村消费者的需求和习惯,通过市场调研和数据分析等方式,精准定位目标消费群体,制订符合其需求的营销方案。其次,要充分利用社交媒体、短视频等新媒体平台,开展有针对性的宣传和推广活动,提高品牌在乡村市场的知名度和影响力。同时,结合乡村地区的文化特色和传统节日等,开展具有地方特色的营销活动,增强消费者的参与感和归属感。

此外,还可以通过与当地政府、社会组织等合作,共同开展数字营销公益活动,提升数字营销的社会效益和公信力。通过这些创新营销策略的实施,可以有效提升数字营销在乡村市场的效果和竞争力。

优化乡村数字营销环境需要从提升基础设施水平、加强消费者教育、培养专业人才以及创新营销策略等多方面入手。只有政府、企业和社会各界共同努力,形成合力,才能推动乡村数字营销的健康、快速发展,为乡村经济的繁荣和乡村振兴贡献力量。

四、乡村数字营销环境的案例研究

随着数字技术的不断发展,乡村数字营销环境正逐渐成为推动乡村经济发展的新动力。以下将通过三个具体案例,深入分析乡村数字营销在实践中的应用及其取得的成效,以期为乡村数字营销的发展提供有益的借鉴和启示。

(一)案例一:电商平台助力农产品上行

在某乡村地区,当地政府积极引进电商平台,通过线上销售的方式,将当地的特色农产品推向全国市场。政府与企业合作,共同打造了一个集农产品展示、交易、物流于一体的电商平台。平台不仅提供了丰富的农产品信息,还通过精准营销和品牌推广,吸引了大量消费者的关注。

在这个案例中,电商平台发挥了重要作用。首先,平台通过优化搜索引擎和推荐算法,使得消费者能够更方便地找到和购买到当地的特色农产品。其次,平台还提供了多种营销工具,如优惠券、满减活动等,进一步激发了消费者的购买欲望。此外,平台还建立了完善的物流体系,确保农产品能够及时、安全地送达消费者手中。

通过电商平台的助力,该乡村地区的农产品销售额得到了显著提升,农民的收入也得到了明显增加。同时,电商平台还带动了当地物流、包装等相关产业的发展,为乡村经济的多元化发展注入了新的活力。

（二）案例二：社交媒体营销提升乡村旅游知名度

另一个乡村地区则充分利用社交媒体平台，开展乡村旅游营销活动。当地政府与旅游企业合作，通过社交媒体平台，发布乡村旅游资源、旅游攻略、旅游活动等信息，吸引游客前来体验。

在社交媒体营销中，该乡村地区注重内容的创意性和互动性。他们制作了一系列精美的图片和视频，展示了乡村的自然风光、人文景观和特色美食等。同时，他们还开展了线上互动活动，如旅游摄影大赛、乡村故事征集等，鼓励游客积极参与并分享自己的旅游体验。

通过这些社交媒体营销活动，该乡村地区的旅游知名度得到了显著提升。越来越多的游客被乡村的美丽风光和独特文化所吸引，前来体验乡村旅游。这不仅带动了当地旅游业的繁荣，也为农民提供了更多的就业机会和收入来源。

（三）案例三：农村电商服务站促进乡村经济发展

在某贫困乡村地区，政府建立了农村电商服务站，通过为农民提供电商培训、产品上线、物流配送等一站式服务，帮助农民将农产品销售到全国市场。

农村电商服务站不仅提供了基础的电商设施和服务，还注重培养农民的电商意识和技能。服务站的工作人员定期为农民开展电商培训，教授他们如何拍摄产品照片、编写产品描述、进行在线交易等技能。同时，服务站还与多家电商平台合作，为农民提供产品上线和推广的支持。

通过农村电商服务站的帮助，越来越多的农民开始尝试电商销售，他们的农产品也开始走出乡村，走向更广阔的市场。这不仅提高了农民的收入水平，也促进了乡村经济的多元化发展。同时，电商销售还带动了乡村物流、包装等相关产业的发展，为乡村经济的持续增长提供了有力支撑。

（四）案例总结与启示

通过对以上三个案例的分析，我们可以看到乡村数字营销在推动乡村经济发展中的重要作用。电商平台、社交媒体和农村电商服务站等数字营销手段的应用，不仅提升了农产品的知名度和销售额，也带动了乡村旅游等相关产业的发展，为农民提供了更多的就业机会和收入来源。

这些案例还给我们带来了深刻的启示：首先，政府应加大对乡村数字营销的支持力度，提供政策扶持和资金支持，推动乡村数字营销环境的不断完善；其次，企业应积极探索适合乡村市场的数字营销策略和手段，注重内容的创意性和互动性，提高营销效果；最后，农民也应积极学习和掌握数字营销技能，利用数字营销平台拓展销售渠道，提高收入水平。

总之，乡村数字营销环境具有广阔的发展前景和巨大的潜力。通过不断优化数字营销环境、提升数字营销效果，我们可以更好地推动乡村经济的发展和繁荣，为实现乡村振兴战略目标贡献力量。

第四节 乡村数字营销环境的机遇与挑战

一、乡村数字营销环境的机遇分析

随着数字技术的迅猛发展，乡村数字营销环境正面临着前所未有的机遇。数字营销以其独特的优势，为乡村经济的发展提供了广阔的空间和无限的可能。以下将从市场需求、政策支持、技术创新等方面，对乡村数字营销环境的机遇进行深入分析。

（一）市场需求旺盛，数字营销潜力巨大

随着人们生活水平的提高和消费观念的转变，乡村消费者对高品质、个性化产品的需求日益增长。这为乡村数字营销提供了巨大的市场空间。通过数字营销手段，乡村企业可以更加精准地把握消费者需求，提供符合市场需求的产品和服务。同时，数字营销还可以帮助乡村企业打破地域限制，拓展销售渠道，实现产品的全国乃至全球销售。

此外，乡村旅游市场的兴起也为乡村数字营销带来了新的机遇。越来越多的城市居民向往乡村的宁静与自然，愿意前往乡村体验不同的生活方式。乡村企业可以通过数字营销手段，展示乡村的独特魅力，吸引更多游客前来旅游观光，带动乡村经济的发展。

（二）政策支持有力，数字营销环境不断优化

近年来，国家出台了一系列支持乡村经济发展的政策，为乡村数字营销提供了有力的政策保障。政府加大了对乡村基础设施建设的投入，提升了乡村地区的网络覆盖率和信息化水平，为数字营销的发展奠定了坚实基础。同时，政府还出台了一系列税收减免、资金扶持等优惠政策，鼓励乡村企业积极开展数字营销活动，推动乡村经济的数字化转型。

此外，政府还加强了对乡村数字营销市场的监管和规范，打击虚假宣传、恶意竞争等不法行为，维护了市场的公平竞争秩序。这为乡村数字营销的健康、有序发展提供了有力保障。

（三）技术创新不断，数字营销手段日益丰富

随着大数据、人工智能、云计算等技术的快速发展，数字营销手段不断创新和丰富。这些新技术为乡村数字营销提供了更加精准、高效的营销工具和方法。

首先，大数据技术可以帮助乡村企业更加深入地了解消费者需求和行为习惯，实现精准营销。通过对消费者数据的挖掘和分析，企业可以制定更加精准的营销策略，提高营销效果。

其次，人工智能技术的应用也为乡村数字营销带来了新的突破。例如，智能客服可以实时解答消费者的问题，提高客户满意度；智能推荐系统可以根据消费者的购买历史和浏览行为，为其推荐合适的产品，提高转化率。

此外，云计算技术为乡村企业提供了更加便捷、高效的数据存储和处理方式。企业可以将数据存储在云端，实现数据的实时共享和协同工作，提高工作效率。

这些技术创新不仅提升了乡村数字营销的效果和效率，还为乡村企业带来了更多的商业机会和发展空间。

乡村数字营销环境面临着市场需求旺盛、政策支持有力、技术创新不断等多重机遇。乡村企业应积极抓住这些机遇，充分利用数字营销手段，推动乡村经济的发展和繁荣。同时，政府和社会各界也应加大对乡村数字营销的支持力度，共同推动乡村数字营销环境的优化和发展。

在抓住机遇的同时，乡村企业还需注意防范风险，确保数字营销活动的合规性和可持续性。例如，在收集和使用消费者数据时，应遵守相关法律法规，保护消费者的隐私权益；在开展数字营销活动时，应注重诚信经营，避免虚假宣传和恶意竞争等行为。

此外，乡村企业还应加强与其他企业的合作与交流，共同探索数字营销的新模式和新方法。通过合作与交流，企业可以共享资源、互通有无，实现互利共赢，共同推动乡村数字营销环境的健康发展。

总之，乡村数字营销环境的机遇与挑战并存。乡村企业应积极拥抱数字营销，抓住机遇、应对挑战，实现乡村经济的数字化转型和升级发展。

二、乡村数字营销环境的主要挑战

乡村数字营销环境在带来巨大机遇的同时，也面临着诸多挑战。这些挑战来自多方面，包括基础设施、人才储备、消费者认知及市场竞争等。以下将对乡村数字营销环境的主要挑战进行详细分析。

(一)基础设施薄弱,制约数字营销发展

乡村地区的基础设施建设相对滞后,网络覆盖不全、信号不稳定等问题仍然普遍存在。这直接影响了乡村数字营销的开展和推广。一方面,网络不畅导致乡村消费者难以顺畅地接收和使用数字营销信息,降低了数字营销的触达率和效果;另一方面,乡村企业的网络营销活动也受到了限制,无法充分利用数字营销手段进行产品推广和销售。

此外,乡村地区的物流配送体系也相对薄弱,物流成本高、配送时间长等问题制约了乡村电商的发展。这不仅影响了乡村消费者的购物体验,也增加了乡村企业的运营成本和市场风险。

(二)人才储备不足,制约数字营销创新

乡村数字营销的发展需要大量具备专业技能和创新思维的人才支持。然而,目前乡村地区的人才储备相对不足,尤其是缺乏既懂农业又懂数字营销的专业人才。这导致乡村企业在开展数字营销活动时,往往缺乏有效的策划和执行能力,难以制定出符合市场需求和消费者心理的营销策略。

同时,乡村地区的教育体系和培训机构在数字营销方面的教育和培训也相对滞后,无法满足企业对人才的需求。这进一步加剧了乡村数字营销人才短缺的问题,制约了数字营销的创新和发展。

(三)消费者认知有限,影响数字营销效果

乡村消费者对数字营销的认知相对有限,对新兴的数字营销手段和技术缺乏了解和信任。这导致乡村消费者在面对数字营销信息时,往往持怀疑态度,难以形成有效的购买决策。

此外,由于乡村消费者的文化水平和消费习惯等因素的影响,他们对数字营销信息的接受程度和偏好也存在差异。这使得乡村企业在制定数字营销策略时,需要更加深入地了解消费者的需求和习惯,以制定出更加符合市场需求的营销策略。

(四)市场竞争激烈,数字营销投入风险加大

随着数字营销在乡村地区的普及和发展,市场竞争也日益激烈。越来越多的乡村企业开始尝试数字营销,希望通过网络营销手段提升品牌知名度和销售额。然而,由于市场竞争的加剧,数字营销的投入风险也随之加大。

一方面,乡村企业需要投入大量的资金和资源来开展数字营销活动,包括网站建设、广告投放、数据分析等。然而,由于市场竞争激烈,这些投入并不一定能带来预

期的回报。另一方面，数字营销的效果往往受到多种因素的影响，如消费者需求、市场变化等。这些因素的不确定性也增加了数字营销投入的风险。

（五）法律法规不健全，数字营销环境有待规范

在乡村数字营销环境中，法律法规的健全程度直接影响着市场的公平性和规范性。目前，尽管国家已经出台了一系列与电商和数字营销相关的法律法规，但在乡村地区的实施和监管仍存在诸多不足。这导致一些不法分子利用法律漏洞进行欺诈、虚假宣传等违法行为，严重损害了乡村消费者的权益和市场的公平竞争秩序。

此外，随着数字技术的快速发展，新的数字营销手段和方式不断涌现，这也对法律法规的制定和实施提出了新的挑战。如何及时完善法律法规，以适应数字营销环境的新变化，是当前亟待解决的问题。

乡村数字营销环境在基础设施、人才储备、消费者认知、市场竞争以及法律法规等方面都面临着诸多挑战。这些挑战需要政府、企业和社会各界共同努力，通过加强基础设施建设、培养专业人才、提升消费者认知、规范市场竞争以及完善法律法规等措施，共同推动乡村数字营销环境的健康发展。

三、应对乡村数字营销环境挑战的策略

乡村数字营销环境在带来机遇的同时，也伴随着诸多挑战。为了有效应对这些挑战，需要政府、企业和社会各界共同努力，采取一系列有针对性的策略。以下将从基础设施建设、人才培养、消费者教育、市场竞争规范以及法律法规完善等方面，详细探讨应对乡村数字营销环境挑战的策略。

（一）加强基础设施建设，提升乡村数字营销能力

针对乡村地区基础设施薄弱的问题，政府应加大投入力度，推动乡村网络、物流等基础设施的完善。具体而言，可以通过以下措施加强基础设施建设：

1.扩大网络覆盖范围，提升网络速度和稳定性

政府应加大对乡村地区网络建设的支持力度，推动电信运营商加强网络基础设施建设，确保乡村地区能够享受到稳定、高速的网络服务。

2.完善物流配送体系，降低物流成本

政府可以引导物流企业加强乡村地区的配送网络建设，优化物流路线，降低物流成本，提高配送效率。同时，可以推动农村电商与物流企业的深度合作，共同打造高效、便捷的乡村物流配送体系。

（二）重视人才培养和引进，增强乡村数字营销创新力

针对乡村数字营销人才短缺的问题，应重视人才培养和引进工作。具体策略如下：

1. 加强乡村数字营销人才的教育和培训

政府可以联合高校、培训机构等，开展针对乡村地区的数字营销人才培养计划，为乡村企业输送具备专业技能和创新思维的人才。

2. 吸引外部人才到乡村地区发展

政府可以通过制定优惠政策、提供创业支持等方式，吸引外部数字营销人才到乡村地区发展，为乡村数字营销注入新的活力和创意。

（三）加强消费者教育，提升乡村数字营销接受度

针对乡村消费者对数字营销认知有限的问题，应加强消费者教育，提升其对数字营销的接受度和信任度。具体策略包括：

1. 开展数字营销知识普及活动

政府可以联合相关部门和社会组织，开展数字营销知识普及活动，向乡村消费者介绍数字营销的基本概念、优势和风险等，提高其对数字营销的认知水平。

2. 引导乡村消费者正确使用数字营销信息

政府可以通过媒体宣传、案例分析等方式，引导乡村消费者正确识别和使用数字营销信息，避免受到欺诈和虚假宣传的侵害。

（四）规范市场竞争秩序，降低数字营销投入风险

针对市场竞争激烈、数字营销投入风险加大的问题，应规范市场竞争秩序，降低数字营销投入风险。具体策略如下：

1. 建立公平竞争的市场环境

政府应加强对乡村数字营销市场的监管力度，打击不正当竞争和违法行为，维护市场的公平竞争秩序。

2. 提供数字营销风险评估和预警机制

政府可以联合相关机构，建立数字营销风险评估和预警机制，为乡村企业提供风险评估和预警服务，帮助其降低数字营销投入风险。

（五）完善法律法规体系，保障乡村数字营销健康发展

针对法律法规不健全的问题，应完善法律法规体系，为乡村数字营销提供有力保障。具体策略包括：

1. 制定和完善乡村数字营销相关法律法规

政府应针对乡村数字营销的特点和需求，制定和完善相关法律法规，明确各方权益和责任，规范数字营销行为。

2. 加强法律法规的宣传和执行力度

政府应加大对乡村数字营销相关法律法规的宣传力度，提高乡村企业和消费者的法律意识。同时，应加强执法力度，对违法行为进行严厉打击，维护市场的稳定和秩序。

应对乡村数字营销环境挑战的策略是一个系统工程，需要政府、企业和社会各界共同努力。通过加强基础设施建设、人才培养和引进、消费者教育、市场竞争规范以及法律法规完善等措施的综合运用，我们可以有效应对乡村数字营销环境的挑战，推动乡村数字营销的健康发展，为乡村经济的繁荣做出积极贡献。

在实施这些策略的过程中，我们还应注意以下几点：首先，要保持政策的连续性和稳定性，为乡村数字营销的发展提供长期稳定的支持；其次，要注重创新和实践相结合，不断探索适应乡村地区特点的数字营销新模式和新方法；最后，要加强跨部门、跨地区的合作与协调，形成合力推动乡村数字营销环境的优化和发展。

随着数字技术的不断发展和普及，乡村数字营销环境的挑战和机遇将并存。我们应以开放、包容、创新的态度应对这些挑战，充分利用数字技术为乡村经济发展注入新的活力和动力。相信在政府、企业和社会各界的共同努力下，乡村数字营销将迎来更加广阔的发展前景和更加美好的未来。

四、乡村数字营销环境的未来展望

随着数字技术的不断进步和乡村经济的蓬勃发展，乡村数字营销环境将迎来更加广阔的未来发展前景。本节将从技术创新、市场融合、政策支持和可持续发展等方面，对乡村数字营销环境的未来进行展望。

（一）技术创新驱动乡村数字营销升级

技术创新是推动乡村数字营销升级的核心动力。未来，随着人工智能、大数据、物联网等技术的不断突破和应用，乡村数字营销将实现更加精准、高效和智能的转型。

首先，人工智能技术将在乡村数字营销中发挥重要作用。通过机器学习和自然语言处理等技术，乡村企业可以实现对消费者需求的精准洞察和预测，为消费者提供更加个性化的产品和服务。同时，智能客服和智能推荐系统也将帮助乡村企业提升客户服务质量和销售效率。

其次，大数据技术将为乡村数字营销提供更加丰富的数据资源和分析手段。通过对消费者行为、市场趋势等数据的深入挖掘和分析，乡村企业可以制定更加科学的营销策略，提高营销效果和投入产出比。

此外，物联网技术也将助力乡村数字营销实现线上线下融合。通过物联网设备对农产品生产、加工、销售等环节的实时监控和数据采集，乡村企业可以建立起完整的供应链管理体系，提高产品质量和追溯能力，增强消费者对产品的信任和认可。

（二）市场融合推动乡村数字营销多元化发展

未来，乡村数字营销将与城市市场、国际市场等实现更加紧密的融合，推动乡村经济的多元化发展。

一方面，随着城乡一体化进程的加速推进，乡村数字营销将更好地融入城市市场体系。乡村企业可以通过电商平台、社交媒体等渠道，将优质农产品和特色旅游产品推向城市市场，满足城市居民对高品质生活的需求。同时，城市市场的消费趋势和时尚元素也将为乡村数字营销带来新的创意和灵感。

另一方面，乡村数字营销也将积极拓展国际市场。通过跨境电商、国际合作等方式，乡村企业可以将产品和服务推向全球市场，提升品牌知名度和国际竞争力。同时，乡村数字营销还可以借鉴国际先进经验和技术，不断提升自身的创新能力和专业水平。

（三）政策支持助力乡村数字营销蓬勃发展

未来，政府将继续加大对乡村数字营销的支持力度，为乡村企业提供更加优惠的政策和更加完善的服务。

首先，政府将进一步完善乡村数字营销的基础设施建设。加大对乡村地区网络、物流等基础设施的投入力度，提升乡村数字营销的硬件条件。同时，政府还将推动乡村数字营销与农村电商、乡村旅游等产业的深度融合，形成产业协同发展的新格局。

其次，政府将出台更加优惠的税收政策、资金扶持等措施，鼓励乡村企业积极开展数字营销活动。通过减免税费、提供资金支持等方式，降低乡村企业的运营成本和市场风险，激发其创新活力和发展动力。

此外，政府还将加强乡村数字营销人才培养和引进工作。通过高校、培训机构等渠道，培养一批既懂农业又懂数字营销的专业人才，为乡村数字营销提供有力的人才保障。同时，政府还将吸引外部人才到乡村地区发展，为乡村数字营销注入新的活力和创意。

（四）可持续发展引领乡村数字营销绿色转型

随着全球对可持续发展的日益关注，乡村数字营销也将向着绿色、环保、可持续的方向发展。

首先，乡村数字营销将更加注重环保和可持续发展理念。在产品设计、包装、运输等环节，乡村企业将采用更加环保的材料和技术，减少对环境的影响。同时，乡村数字营销还将倡导绿色消费理念，引导消费者关注产品的环保性能和可持续性。

其次，乡村数字营销将推动农业产业的绿色转型。通过推广生态农业、有机农业等绿色农业模式，乡村企业可以提高农产品的品质和附加值，增强市场竞争力。同时，乡村数字营销还可以帮助农民了解市场需求和消费者偏好，引导他们调整种植结构和生产方式，实现农业的绿色化和可持续发展。

此外，乡村数字营销还将与乡村旅游、乡村文化等产业相结合，推动乡村经济的多元化和可持续发展。通过打造具有地方特色的乡村旅游产品和文化体验项目，乡村数字营销可以吸引更多游客前来游览和消费，带动乡村经济的繁荣和发展。

乡村数字营销环境的未来展望充满了无限可能。在技术创新、市场融合、政策支持和可持续发展等多重因素的推动下，乡村数字营销将迎来更加广阔的发展空间和更加美好的未来。我们期待看到更多的乡村企业通过数字营销实现品牌的崛起和经济的腾飞，为乡村经济的繁荣和可持续发展贡献力量。

第五节　乡村数字营销环境的优化策略与建议

一、提升乡村数字营销基础设施建设

随着数字化时代的到来，乡村数字营销在推动乡村经济发展中的作用日益凸显。然而，当前乡村地区的数字营销基础设施建设尚显薄弱，这成为制约乡村数字营销发展的重要因素。因此，提升乡村数字营销基础设施建设成为了当前亟待解决的问题。

（一）加强乡村地区网络覆盖与提速

网络是数字营销的基础，而乡村地区的网络覆盖和速度普遍不足，这直接影响了数字营销的效果。因此，加强乡村地区的网络覆盖和提速是提升乡村数字营销基础设施的首要任务。

首先，政府应加大对乡村地区网络建设的投入力度，推动电信运营商在乡村地区增设基站，扩大网络覆盖范围。同时，鼓励电信运营商采用新技术，如5G技术，提升乡村地区的网络速度，确保乡村居民能够享受到高速、稳定的网络服务。

其次，政府还可以与电信运营商合作，推出针对乡村地区的优惠套餐和资费政策，降低乡村居民使用网络的成本，提高网络普及率。

（二）完善乡村物流配送体系

物流配送是数字营销的重要环节，而乡村地区的物流配送体系相对滞后，这制约了乡村数字营销的发展。因此，完善乡村物流配送体系是提升乡村数字营销基础设施的关键一环。

一方面，政府应加大对乡村物流配送体系建设的支持力度，推动物流企业在乡村地区建立配送站点，优化配送路线，提高配送效率。同时，鼓励物流企业采用新技术，如智能物流、无人机配送等，降低配送成本，提升配送服务质量。

另一方面，政府还可以与电商平台合作，推动乡村电商的发展，通过电商平台整合乡村地区的农产品资源，实现农产品的线上销售和配送，带动乡村经济的发展。

（三）推进乡村数字营销服务平台建设

数字营销服务平台是乡村企业进行数字营销的重要工具，而当前乡村地区的数字营销服务平台建设相对滞后，缺乏专业的数字营销服务。因此，推进乡村数字营销服务平台建设是提升乡村数字营销基础设施的重要举措。

首先，政府应引导和支持乡村企业建立数字营销服务平台，提供数字营销咨询、策划、执行等一站式服务。同时，鼓励乡村企业利用平台开展线上推广、品牌建设等活动，提升企业的知名度和影响力。

其次，政府还可以与高校、研究机构等合作，共同研发适用于乡村地区的数字营销技术和工具，推动乡村数字营销的创新发展。

此外，政府还可以组织培训活动，提升乡村企业和居民的数字营销素养和技能水平，帮助他们更好地利用数字营销服务平台开展数字营销活动。

（四）强化乡村数字营销安全保障措施

随着数字营销的普及和发展，网络安全问题也日益凸显。乡村地区由于网络基础设施薄弱、安全意识不强等原因，更容易受到网络攻击和信息安全威胁。因此，强化乡村数字营销安全保障措施是提升乡村数字营销基础设施的必然要求。

政府应加强对乡村数字营销安全的监管和管理，建立健全网络安全法律法规体系，明确各方责任和义务。同时，推动乡村地区建立网络安全防护体系，加强对网络攻击的监测和预警，及时处置网络安全事件。

此外，政府还可以组织网络安全培训和宣传活动，提高乡村企业和居民的网络安全意识和防范能力，共同维护乡村数字营销的安全稳定。

提升乡村数字营销基础设施建设是推动乡村数字营销发展的重要举措。通过加强网络覆盖与提速、完善物流配送体系、推进数字营销服务平台建设以及强化安全保障措施等多方面的努力，我们可以为乡村数字营销的发展提供坚实的基础设施支撑，推动乡村经济的繁荣与发展。同时，这也需要政府、企业和社会各界的共同努力和持续投入，共同推动乡村数字营销事业的蓬勃发展。

二、加强乡村数字营销人才培养与引进

在数字化浪潮下，乡村数字营销作为推动乡村经济发展的重要力量，其人才储备和引进工作显得尤为重要。加强乡村数字营销人才的培养与引进，不仅能够提升乡村数字营销的专业水平，还能够为乡村经济的持续健康发展提供有力的人才保障。

（一）培养乡村本土数字营销人才

乡村数字营销的发展离不开本土人才的支撑。因此，培养乡村本土数字营销人才是首要任务。

首先，政府应加大对乡村教育的投入，优化教育资源配置，提升乡村教育的整体水平。通过开设数字营销相关课程，培养乡村学生对数字营销的兴趣和基本技能，为乡村数字营销的发展储备后备人才。

其次，政府可以联合高校、培训机构等开展数字营销培训项目，针对乡村企业主、电商从业者等人群进行专业培训，提升他们的数字营销素养和实战能力。

此外，政府还可以举办数字营销竞赛、论坛等活动，吸引更多乡村青年参与，激发他们的创新精神和创业热情，为乡村数字营销的发展注入新的活力。

（二）引进外部数字营销人才

除了培养本土人才外，引进外部数字营销人才也是提升乡村数字营销水平的重要途径。

政府可以通过制定优惠政策，吸引外部数字营销人才到乡村地区发展。例如，提供住房补贴、税收优惠等福利，降低他们的生活成本和工作压力，使他们能够安心在乡村地区工作和生活。

同时，政府还可以建立数字营销人才库，与高校、企业等建立合作关系，搭建人才交流平台，为乡村地区引进更多优秀的数字营销人才。

此外，政府还可以鼓励乡村企业与外部数字营销机构进行合作，借助外部机构的专业力量和资源优势，提升乡村数字营销的专业水平和市场竞争力。

（三）构建乡村数字营销人才培训体系

为了持续提升乡村数字营销人才的专业素养和技能水平，构建完善的培训体系至关重要。

首先，需要建立多层次的培训体系，包括基础知识培训、实战技能培训、高级管理培训等，以满足不同层次、不同需求的人才培训需求。

其次，培训内容应紧密结合乡村数字营销的实际需求，注重实用性和可操作性。可以通过案例分析、实战演练等方式，让学员深入了解乡村数字营销的策略和技巧，提高他们解决实际问题的能力。

此外，还可以利用互联网、大数据等先进技术，开展远程教育和在线培训，打破地域限制，让更多的人才能够参与乡村数字营销的培训。

（四）优化乡村数字营销人才发展环境

优化乡村数字营销人才发展环境是吸引和留住人才的关键。

首先，政府应加大对乡村数字营销产业的支持力度，推动产业创新发展，为人才提供更多的发展机会和空间。

其次，建立健全人才激励机制，通过设立奖励基金、提供晋升机会等方式，激发人才的创新精神和工作热情。

同时，加强乡村基础设施建设，提升乡村地区的整体生活品质，为人才提供更好的工作和生活环境。

最后，加强乡村文化建设，营造开放包容、创新进取的文化氛围，为乡村数字营销人才提供精神支持和动力源泉。

加强乡村数字营销人才培养与引进是推动乡村数字营销事业发展的重要举措。通过培养本土人才、引进外部人才、构建培训体系以及优化发展环境等多方面的努力，我们可以为乡村数字营销的发展提供强有力的人才保障，推动乡村经济实现跨越式发展。同时，这也需要政府、企业和社会各界的共同努力和持续投入，共同构建乡村数字营销人才发展的良好生态。

三、推动乡村数字营销创新与技术应用

在数字化时代，乡村数字营销创新与技术应用是推动乡村经济发展的重要动力。通过引入新技术、创新营销策略和模式，乡村数字营销能够提升农产品的市场竞争力，拓宽销售渠道，增加农民收入，进而推动乡村经济的繁荣与发展。

（一）引入新技术提升数字营销效果

随着科技的进步，新技术在数字营销领域的应用日益广泛。乡村数字营销应紧跟时代步伐，积极引入新技术，提升营销效果。

首先，大数据技术的应用可以帮助乡村企业精准定位目标市场，分析消费者需求

和行为，制定个性化的营销策略。通过对海量数据的挖掘和分析，乡村企业可以深入了解消费者的喜好和购买习惯，为消费者提供更加精准的产品和服务。

其次，人工智能技术在乡村数字营销中也有广阔的应用前景。例如，智能客服可以实时解答消费者的咨询，提高客户服务质量；智能推荐系统可以根据消费者的历史购买记录和浏览行为，为其推荐相关产品或服务，提高销售转化率。

此外，物联网技术也可以应用于乡村数字营销中。通过对农产品的生产、加工、运输等环节的实时监控和数据采集，乡村企业可以建立起完整的供应链管理体系，提高产品质量和追溯能力，增强消费者对产品的信任和认可。

（二）创新营销策略与模式

传统的营销策略和模式已经难以满足现代消费者的需求，乡村数字营销需要不断创新，探索新的营销策略和模式。

一方面，乡村企业可以借助社交媒体、短视频等新媒体平台，开展内容营销、互动营销等新型营销活动。通过发布有趣、有启发性的内容，吸引消费者的关注和参与，提高品牌知名度和美誉度。

另一方面，乡村企业还可以尝试跨界合作、共享经济等新型商业模式。例如，与旅游、文化等产业进行跨界合作，推出具有地方特色的旅游产品和文化体验项目；利用共享经济平台，将闲置的农房、土地等资源进行有效利用，增加农民收入。

此外，乡村企业还可以探索数据驱动的精准营销。通过对消费者数据的深入挖掘和分析，制订个性化的营销策略和方案，提高营销效果和投入产出比。

（三）加强乡村数字营销基础设施建设

创新与技术应用需要良好的基础设施作为支撑。因此，加强乡村数字营销基础设施建设是推动乡村数字营销创新与技术应用的重要保障。

政府应加大对乡村地区网络、物流等基础设施的投入力度，提升乡村地区的网络覆盖率和物流配送能力。同时，鼓励和支持乡村企业加强信息化建设，提升数字营销的技术水平和应用能力。

此外，还可以建立乡村数字营销服务平台，为乡村企业提供技术支持、人才培训、市场推广等服务，推动乡村数字营销的创新与发展。

（四）培养乡村数字营销创新氛围

创新需要良好的氛围和文化作为支撑。因此，培养乡村数字营销创新氛围是推动乡村数字营销创新与技术应用的重要一环。

政府和社会各界应加强对乡村数字营销创新的宣传和推广，提高乡村企业和居民对数字营销创新的认识和重视程度。同时，鼓励和支持乡村企业开展数字营销创新实践，探索新的营销策略和模式，形成具有地方特色的数字营销品牌。

此外，还可以举办乡村数字营销创新大赛、论坛等活动，吸引更多的创新人才和机构参与乡村数字营销创新，推动乡村数字营销的创新与发展。

推动乡村数字营销创新与技术应用是推动乡村经济发展的重要举措。通过引入新技术、创新营销策略与模式、加强基础设施建设以及培养创新氛围等多方面的努力，我们可以为乡村数字营销的发展注入新的动力，推动乡村经济实现跨越式发展。同时，这也需要政府、企业和社会各界的共同努力和持续投入，共同推动乡村数字营销事业的蓬勃发展。

四、构建乡村数字营销生态体系与平台

构建乡村数字营销生态体系与平台，是推动乡村经济发展、提升农产品市场竞争力的重要举措。通过整合各方资源，构建完善的生态体系与平台，能够有效促进乡村数字营销的持续发展，为乡村经济注入新的活力。

（一）明确乡村数字营销生态体系的构建目标

在构建乡村数字营销生态体系的过程中，首先需要明确构建目标。这包括提升农产品品牌影响力、扩大农产品销售渠道、增加农民收入等多方面。通过构建生态体系，形成乡村数字营销的合力，推动乡村经济的整体发展。

为实现这些目标，需要深入分析乡村数字营销的现状和存在的问题，明确生态体系构建的重点和方向。同时，结合乡村地区的实际情况，制订切实可行的构建方案，确保生态体系能够真正落地生根。

（二）整合乡村数字营销资源，构建多元化平台

构建乡村数字营销生态体系的核心在于整合各方资源，形成多元化的平台。这包括政府、企业、农户、电商平台等多方力量的共同参与和协作。

政府应发挥引导作用，出台相关政策措施，鼓励和支持乡村数字营销的发展。同时，加强基础设施建设，提升乡村地区的网络覆盖率和物流配送能力，为数字营销提供有力保障。

企业应积极参与乡村数字营销生态体系的构建，发挥自身的技术和市场优势，为乡村地区提供优质的数字营销服务。通过建设电商平台、推广农产品等方式，拓宽农产品的销售渠道，提升农产品的品牌影响力。

农户作为乡村数字营销的主体，应积极参与学习和应用数字营销技能，提升自身

在数字营销中的竞争力。通过电商平台、社交媒体等渠道,宣传和推广自己的农产品,实现增收致富。

此外,还可以通过建设乡村数字营销服务中心、搭建线上线下融合的数字营销平台等方式,为乡村地区提供更加全面、便捷的数字营销服务。

(三)加强乡村数字营销生态体系的协同与创新

构建乡村数字营销生态体系的过程中,协同与创新是不可或缺的关键因素。只有通过各方协同合作,不断创新数字营销策略和模式,才能推动生态体系的持续发展和完善。

政府、企业、农户等各方应加强沟通与协作,形成合力。政府应提供政策支持和引导,协调各方资源,推动生态体系的构建。企业应发挥技术和市场优势,为乡村地区提供数字营销服务和技术支持。农户应积极参与学习和实践,提升自身在数字营销中的能力和水平。

同时,应注重创新数字营销策略和模式。结合乡村地区的特色和优势,开发具有地方特色的数字营销产品和服务。通过引入新技术、应用新媒体等方式,创新数字营销手段和方法,提升数字营销的效果和影响力。

(四)优化乡村数字营销生态体系的运营与管理

构建乡村数字营销生态体系后,如何有效运营和管理成为关键。优化运营与管理机制,能够确保生态体系的稳定运行和持续发展。

首先,需要建立完善的运营管理体系,明确各方职责和权利,确保生态体系的顺畅运行。制定详细的管理制度和规范,对数字营销活动进行监管和评估,确保活动的合规性和有效性。

其次,加强数据监测和分析,为数字营销决策提供科学依据。通过对用户行为、市场趋势等数据的深入挖掘和分析,发现潜在的市场机会和用户需求,为数字营销策略的制定和调整提供有力支持。

同时,注重生态体系的动态调整和优化。根据市场变化和用户需求的变化,及时调整数字营销策略和手段,保持生态体系的活力和竞争力。

此外,还应加强生态体系的风险防范和应对能力。建立完善的风险预警和应对机制,对可能出现的风险进行及时识别和处理,确保生态体系的稳健运行。

构建乡村数字营销生态体系与平台是推动乡村经济发展的重要举措。通过明确构建目标、整合资源、加强协同与创新以及优化运营与管理等多方面的努力,可以形成完善的乡村数字营销生态体系与平台,为乡村经济的发展注入新的动力。同时,这也需要政府、企业和社会各界的共同努力和持续投入,共同推动乡村数字营销事业的蓬勃发展。

第四章 高职数字营销人才培养的课程体系建设

第一节 课程体系建设的指导思想与原则

一、课程体系建设的教育理念与目标

在构建课程体系的过程中,教育理念与目标起着至关重要的导向作用。它们不仅决定了课程的内容与形式,更影响了教育教学的整体效果。因此,深入探讨课程体系建设的教育理念与目标,对于提升教育质量、促进学生全面发展具有重要意义。

(一)课程体系建设的教育理念

教育理念是课程体系建设的灵魂,它贯穿于课程设计的始终,指导着教学实践的开展。在课程体系建设中,我们应秉持以下教育理念:

1. 以学生为中心

学生是教育的主体,课程体系的建设应始终以学生为中心,关注学生的需求、兴趣和发展。通过设计多样化的课程,满足不同学生的个性化需求,激发他们的学习热情和创造力。

2. 注重全面发展

教育不仅是知识的传授,更包括品德、能力、情感等多方面的培养。因此,课程体系应涵盖德、智、体、美等多个领域,促进学生的全面发展。同时,应注重培养学生的创新精神和实践能力,使他们能够适应未来社会的挑战。

3. 强调终身学习

学习是一个持续不断的过程,课程体系的建设应着眼于培养学生的终身学习能力。通过教授学习方法、培养学习习惯等方式,帮助学生建立自主学习的意识,为他们的终身学习打下坚实的基础。

（二）课程体系建设的目标

课程体系建设的目标是教育教学的具体导向，它指引着课程体系的发展方向。在构建课程体系时，我们应明确以下目标：

1. 构建科学合理的课程结构

课程体系应根据学科特点和学生发展规律，构建科学合理的课程结构。包括设置基础课程、拓展课程、实践课程等多个层次，形成相互衔接、相互补充的课程体系。

2. 提高课程质量

课程质量是课程体系建设的核心。通过优化课程内容、改进教学方法、加强师资培训等方式，提高课程的质量和效果。同时，应注重课程的评价与反馈，及时调整和改进课程方案，确保课程目标的实现。

3. 培养学生的综合素质

课程体系应致力于培养学生的综合素质，包括知识、能力、情感等多方面。通过设计富有挑战性的课程任务、开展多样化的实践活动等方式，提升学生的创新精神和实践能力。同时，应注重培养学生的社会责任感和国际视野，使他们成为具有全球竞争力的优秀人才。

4. 促进教育公平

课程体系建设应关注教育公平问题，确保每个学生都能享受到优质的教育资源。通过优化资源配置、加强师资队伍建设、开展教育扶贫等方式，缩小教育差距，促进教育公平的实现。

（三）教育理念与目标在课程体系建设中的融合与实践

在课程体系建设的实践中，教育理念与目标应相互融合、相互促进。一方面，教育理念应贯穿于课程设计的始终，指导着课程目标的制定和课程内容的选择；另一方面，课程目标的实现过程也是对教育理念的践行和检验。

具体而言，我们可以通过以下方式实现教育理念与目标在课程体系建设中的融合与实践：

1. 以教育理念为指导，制定课程目标

在制定课程目标时，应充分考虑学生的需求和发展规律，体现以学生为中心的教育理念。同时，应关注课程的综合性和实践性，培养学生的综合素质和实践能力。

2. 根据课程目标设计课程内容

课程内容应紧扣课程目标，体现学科特点和时代要求。通过优化课程内容结构、更新教学内容等方式，提高课程的针对性和实效性。

3. 采用多样化的教学方法和手段

在教学过程中,应根据课程特点和学生实际,采用多样化的教学方法和手段,激发学生的学习兴趣和积极性。同时,应注重培养学生的自主学习能力和合作精神,提升他们的学习效果和综合素质。

4. 加强课程评价与反馈

通过定期对课程进行评价和反馈,了解课程实施的效果和存在的问题,及时调整和改进课程方案。同时,应关注学生的学习效果和反馈意见,不断优化课程体系建设。

课程体系建设的教育理念与目标是教育教学的核心导向。通过明确教育理念、制定合理目标并在实践中不断融合与改进,我们可以构建出更加科学、合理、有效的课程体系,为培养具有创新精神和实践能力的优秀人才奠定坚实基础。

二、课程体系与行业需求的对接原则

课程体系的建设不应仅局限于传统的学科边界和理论体系,而应积极与行业需求进行对接,以培养适应社会发展、具备实际工作能力的人才为目标。在这一过程中,我们需遵循一系列原则,以确保课程体系的有效性和实用性。

(一)紧密关注行业发展趋势

课程体系的建设应紧密关注行业发展趋势,及时了解新兴产业的崛起和传统产业的转型升级。通过对行业趋势的深入分析,我们可以预测未来的人才需求,从而调整和优化课程体系,确保教育内容与行业需求的紧密对接。

在关注行业趋势的过程中,我们应加强与企业的联系和沟通,深入了解企业的实际需求和发展方向。通过与企业的合作,我们可以共同开发符合行业需求的课程,为学生提供更加实用和有针对性的学习内容。

(二)以市场需求为导向

课程体系的建设应以市场需求为导向,以满足企业对人才的需求为目标。我们应通过市场调研和需求分析,了解各行业对人才的具体要求,包括知识、技能、素质等方面。在此基础上,我们可以有针对性地设计课程内容和教学方式,使学生更好地适应市场需求。

同时,我们还应关注市场的变化和发展趋势,及时调整课程体系,以适应新的市场需求。例如,随着数字化、智能化等技术的快速发展,我们应加强对相关领域的课程建设和人才培养,以满足市场对新兴技术人才的需求。

（三）强化实践能力的培养

课程体系与行业需求的对接，关键在于实践能力的培养。我们应注重实践教学环节的设计和实施，为学生提供更多的实践机会和平台。通过实验教学、实训教学、实习实训等方式，使学生能够将理论知识与实践相结合，提升解决实际问题的能力。

此外，我们还应加强与企业的合作，共同开展实践教学活动。企业可以提供实践场所和项目资源，学校则可以利用自身的师资力量和教学设施，共同培养学生的实践能力。通过校企合作，我们可以实现资源共享和优势互补，提高实践教学的质量和效果。

（四）注重课程体系的灵活性和可调整性

行业需求是不断变化的，因此课程体系也应具备相应的灵活性和可调整性。我们应建立一种动态的课程体系调整机制，根据行业发展的实际情况和市场需求的变化，及时对课程体系进行调整和优化。

在课程体系的调整过程中，我们应保持开放的态度和创新的思维，不断探索新的教学内容和教学方法。同时，我们还应加强与其他高校和机构的交流与合作，共同推动课程体系的改革和创新。

（五）加强师资队伍建设

师资队伍是课程体系与行业需求对接的关键因素。我们应加强对教师的培训和教育，提高他们的专业素养和实践能力。通过组织教师参加行业培训、企业实践等活动，使他们更好地了解行业动态和企业需求，从而更好地指导学生的学习和实践活动。

同时，我们还应积极引进具有行业背景和实践经验的优秀人才，充实师资队伍。这些人才可以为课程体系的建设提供有力的支持和指导，推动课程体系与行业需求的深度融合。

（六）建立有效的反馈机制

为了确保课程体系与行业需求的有效对接，我们还需建立有效的反馈机制。这一机制应包括学生、教师、企业等多方面的参与和反馈。通过定期收集和分析各方面的反馈意见，我们可以了解课程体系在实际运行中的问题和不足，从而及时进行调整和改进。

具体而言，我们可以通过设置课程满意度调查、开展实习实训反馈等活动，收集学生和企业的反馈意见。同时，我们还应定期组织教师进行教学反思和经验分享，促进教师之间的交流与合作。通过这些措施，我们可以不断完善课程体系，提高教育教学质量。

课程体系与行业需求的对接原则是一个复杂而系统的工程，需要我们从多个方面进行考虑和实践。通过紧密关注行业发展趋势、以市场需求为导向、强化实践能力的培养、注重课程体系的灵活性和可调整性、加强师资队伍建设以及建立有效的反馈机制等措施的实施，我们可以推动课程体系与行业需求的深度融合，为培养适应社会发展需求的高素质人才提供有力保障。

三、课程体系建设的创新性与前瞻性

在当今日新月异的时代背景下，课程体系建设不仅需要满足当前的教育需求，更要具备创新性和前瞻性，以应对未来社会的挑战和变革。这种创新性和前瞻性不仅体现在课程内容的更新上，还涉及教学方法、评价方式等多方面。

（一）创新性的体现

创新性是课程体系建设的核心要素之一，它要求我们在传统的基础上不断探索新的教育理念、教学内容和教学方法。具体而言，创新性的体现包括以下几方面：

首先，课程内容的创新。我们应关注新兴领域和交叉学科的发展，将最新的科研成果和行业动态融入课程中，使课程内容更加贴近实际、富有时代感。同时，我们还应注重课程内容的跨学科整合，培养学生的综合素质和创新能力。

其次，教学方法的创新。传统的教学方法往往注重知识的灌输和机械记忆，而现代教学方法则更加注重学生的主体性和实践性。因此，我们应积极探索启发式、讨论式、案例式等教学方法，激发学生的学习兴趣和主动性，提高他们的学习效果和创新能力。

最后，评价方式的创新。传统的评价方式往往以考试成绩为主，忽略了学生的实际能力和素质。因此，我们应建立多元化、综合性的评价方式，包括过程性评价、表现性评价等多种方式，以更全面地评价学生的学习成果和综合素质。

（二）前瞻性的思考

前瞻性则是课程体系建设对未来发展的预见和规划。它要求我们在制定课程体系时，充分考虑未来社会的发展趋势和需求，以确保课程体系的适应性和前瞻性。前瞻性思考的关键在于以下几点：

首先，对未来社会需求的预测。我们应密切关注社会经济的发展趋势和产业结构调整，预测未来对人才的需求方向。在此基础上，我们可以调整和优化课程体系，使其更加符合未来社会的需求。

其次，对新兴技术和领域的关注。随着科技的快速发展，新兴技术和领域不断涌现，如人工智能、大数据、生物科技等。这些领域的发展将深刻影响未来的社会结构和就业市场。因此，我们应加强对这些领域的关注和研究，将其纳入课程体系中，为学生提供更多的学习机会和选择。

最后，对国际视野的培养。在全球化的背景下，具有国际视野和跨文化交流能力的人才越来越受欢迎。因此，我们在课程体系建设中应注重培养学生的国际视野和跨文化交流能力，通过引入国际先进的课程资源和教学方法，提高学生的国际竞争力。

（三）创新性与前瞻性的融合与实践

创新性与前瞻性并不是孤立的，而是需要相互融合、相互促进的。在课程体系建设中，我们应积极探索创新性与前瞻性的融合点，将其贯穿于课程设计的始终。

一方面，我们可以通过引入新的教育理念和技术手段，推动课程内容和教学方法的创新。例如，利用信息化教学手段，开展在线教学、混合式教学等新型教学模式，提高教学效果和学习体验。同时，我们还可以引入项目式学习、研究性学习等学习方式，培养学生的创新能力和实践能力。

另一方面，我们还应关注未来社会的发展趋势和需求，对课程体系进行前瞻性的规划和调整。例如，针对未来社会对人才的需求方向，我们可以加强对学生综合素质和创新能力的培养；针对新兴技术和领域的发展，我们可以增加相关课程的设置和教学内容的更新；针对国际竞争的需要，我们可以加强对学生国际视野和跨文化交流能力的培养等。

（四）课程体系建设创新性与前瞻性的保障措施

为确保课程体系建设的创新性与前瞻性得到有效实施，我们需要采取一系列保障措施。首先，建立健全的课程体系建设机制，包括设立专门的课程体系建设委员会或工作小组，明确职责和任务，确保工作的有序开展。其次，加强师资力量的培养与引进，通过提供培训机会、鼓励教师参与科研项目等方式，提升教师的专业素养和创新能力。同时，积极引进具有创新精神和前瞻性思维的优秀人才，为课程体系建设注入新的活力。

此外，加强与行业、企业的合作与交流也是保障创新性与前瞻性的重要途径。通过与企业合作开展实践教学、共同研发课程等方式，我们可以及时了解行业最新动态和需求，使课程体系更加贴近实际、富有针对性。同时，这种合作也有助于提升学校的知名度和影响力，为未来的发展奠定坚实基础。

最后，建立有效的反馈与评估机制也是必不可少的。通过定期收集学生、教师、企业等各方面的反馈意见，我们可以及时了解课程体系在实际运行中的问题和不足，从而有针对性地进行调整和改进。同时，对课程体系进行定期评估和总结，也可以帮助我们积累经验、发现问题，为未来的创新与发展提供有力支持。

课程体系建设的创新性与前瞻性是现代教育的必然要求。通过不断探索新的教育理念、教学内容和教学方法，以及密切关注未来社会的发展趋势和需求，我们可以构建出既符合当前教育需求又具有前瞻性的课程体系，为培养具有创新精神和实践能力的高素质人才提供有力保障。

四、课程体系建设的可持续性与动态调整

课程体系建设的可持续性与动态调整，是教育发展的内在要求，也是应对时代变革的重要策略。在快速变化的社会环境中，课程体系必须能够持续适应和满足新的需求，保持其活力和生命力。

（一）课程体系建设的可持续性

可持续性强调课程体系的长期稳定发展，它要求我们在建设过程中充分考虑资源、环境、社会等多方面的因素，确保课程体系的健康、持久发展。

首先，课程体系的可持续性需要建立在科学规划的基础上。我们需要根据学校的定位、特色和发展目标，制订符合自身实际的课程体系发展规划。同时，我们还要充分考虑未来的发展趋势和需求，使规划具有前瞻性和可持续性。

其次，课程体系的可持续性需要注重资源的合理利用和环境的保护。我们应充分利用现有的教学资源，避免资源的浪费和重复建设。同时，我们还要关注教学环境的改善，为学生创造一个舒适、安全的学习空间。

最后，课程体系的可持续性还需要加强与社会、企业的联系与合作。通过与社会的互动和反馈，我们可以及时了解社会对人才的需求变化，为课程体系的调整和优化提供依据。同时，与企业的合作也可以帮助我们更好地了解行业发展趋势和前沿技术，为课程体系的更新和升级提供支持。

（二）课程体系建设的动态调整

动态调整是课程体系建设的重要特征，它要求我们在实施过程中根据实际情况及时进行调整和优化，确保课程体系与社会需求、学生发展保持同步。

首先，动态调整需要建立在广泛调研和深入分析的基础上。我们需要定期对课程体系进行评估和反思，发现存在的问题和不足。同时，我们还要加强对社会、行业、学生的调研，了解他们的需求和期望，为课程体系的调整提供依据。

其次，动态调整需要注重灵活性和创新性。在调整过程中，我们要根据实际需求灵活调整课程结构、内容和教学方法，使之更加符合学生的兴趣和需求。同时，我们还要积极探索新的教学模式和教学手段，引入新的教学资源和技术，提高教学效果和学习体验。

最后，动态调整还需要加强与其他高校和机构的交流与合作。通过与其他高校和机构的合作与交流，我们可以共享优质教学资源、借鉴先进的教学经验和方法，推动课程体系的不断创新和发展。

（三）可持续性与动态调整的相互促进

可持续性与动态调整并不是孤立的两方面，而是相互促进、相互依存的关系。可持续性是动态调整的基础和前提，只有具备可持续性的课程体系才能够进行长期的动态调整；而动态调整则是实现可持续性的重要手段和途径，通过不断调整和优化课程体系，我们可以确保其始终保持与社会需求和学生发展的同步性。

在实际操作中，我们应该将可持续性与动态调整相结合，既要注重课程体系的长期稳定发展，又要根据实际需求进行灵活调整。我们可以通过建立课程体系建设的长效机制、加强教学质量监控和评估、鼓励教师参与课程改革和创新等方式，推动课程体系的可持续性与动态调整的实现。

（四）课程体系建设可持续性与动态调整的实践策略

在实践过程中，我们需要采取一系列策略来确保课程体系建设的可持续性与动态调整。首先，建立完善的管理制度和机制，明确课程体系的调整和优化流程，确保工作有序进行。其次，加强师资队伍建设，提高教师的专业素养和教学能力，使他们能够更好地适应课程体系的调整和优化工作。同时，加强教学资源的整合与共享，充分利用各种教学资源，提高教学效率和质量。最后，建立有效的反馈机制，及时收集和分析各方面的反馈信息，为课程体系的调整和优化提供有力支持。

总之，课程体系建设的可持续性与动态调整是教育发展的重要方向和目标。我们需要不断探索和实践，通过科学规划、灵活调整、加强合作与交流等方式，推动课程体系的不断创新和发展，为培养具有创新精神和实践能力的高素质人才提供有力保障。

第二节　核心课程的设置与教学内容安排

一、核心课程体系的构成与逻辑

核心课程体系是大学教育中至关重要的组成部分，它不仅是学生获取专业知识、培养基本素质的主要途径，也是大学实现其教育理念和培养目标的重要载体。下面将从构成与逻辑两方面对核心课程体系进行深入探讨。

(一)核心课程体系的构成

核心课程体系通常由多个层级和模块组成,旨在为学生提供全面、系统的知识结构和能力培养。具体来说,它主要包括以下几个层级和模块:

1. 校级核心课程

这些课程通常涵盖了学生必须具备的基本素质和能力,如数理基础、人文修养、对外交流能力及基本的实践动手能力等。这些课程是大学教育的基石,为学生后续的专业学习和个人发展奠定坚实基础。

2. 院级核心课程

在校级核心课程的基础上,院级核心课程更加专注于某一学科或专业领域的深入学习和研究。这些课程旨在培养学生的专业知识和技能,使他们能够掌握该领域的核心知识和前沿动态。

3. 限制性选修课程

这些课程是学生在完成核心课程学习后,根据自己的兴趣和职业规划进行选择的。限制性选修课程旨在拓宽学生的知识视野,增强他们的综合素质和创新能力。

通过这些不同层级和模块的课程组合,核心课程体系形成了一个完整、有机的知识网络,为学生提供了全方位的学习体验和能力培养。

(二)核心课程体系的逻辑

核心课程体系的逻辑主要体现在以下几方面:

1. 知识结构的系统性

核心课程体系注重知识的系统性和完整性,通过合理的课程设置和课程内容的组织,使学生能够系统地掌握某一学科或专业领域的基本知识、基本理论和基本技能。这种系统性的知识结构有助于学生形成完整的知识体系,为后续的学习和研究打下坚实的基础。

2. 能力培养的层次性

核心课程体系不仅关注学生的知识学习,还注重能力的培养和提升。通过不同层级和模块的课程设置,核心课程体系实现了对学生能力的层次性培养。从基本素质的培养到专业能力的提升,再到创新能力和实践能力的拓展,核心课程体系为学生的全面发展提供了有力支持。

3. 理论与实践的结合性

核心课程体系强调理论与实践的紧密结合。在课程设置上,不仅注重理论知识的传授,还注重实践环节的设置和实践能力的培养。通过实验教学、课程设计、社会实践等多种形式的实践教学活动，核心课程体系使学生能够将理论知识应用于实际问题的解决中，提高他们的实践能力和创新精神。

4. 个性化与多样化的融合性

核心课程体系在注重统一性和系统性的同时，充分考虑到学生的个性化和多样化需求。通过设置限制性选修课程、开展跨学科课程等方式，核心课程体系为学生提供了更多的选择和可能性，使他们能够根据自己的兴趣和职业规划进行个性化的学习和发展。

核心课程体系的构成与逻辑是一个复杂而有机的整体。它通过合理的课程设置和教学内容的组织，实现了对学生知识、能力和素质的全面培养。在未来的大学教育中，我们应该进一步优化和完善核心课程体系，以更好地适应时代发展的需求和学生个性化的发展要求。

二、数字营销基础理论课程的设置

随着数字化时代的快速发展，数字营销已成为企业推广产品和服务的重要手段。因此，对高校而言，设置数字营销基础理论课程，培养学生的数字营销能力，显得尤为重要。本节将围绕数字营销基础理论课程的设置展开探讨，以期为高校数字营销教育提供参考。

（一）数字营销基础理论课程的重要性

数字营销基础理论课程是学生学习数字营销知识的起点，它为学生后续的专业学习和实践应用奠定坚实基础。通过这门课程的学习，学生可以了解数字营销的基本概念、原理和方法，掌握数字营销的核心技能，提高在数字化环境中的营销能力。同时，数字营销基础理论课程也有助于培养学生的创新思维和解决问题的能力，使他们在未来的职业发展中更具竞争力。

（二）数字营销基础理论课程的内容构成

数字营销基础理论课程的内容构成应涵盖以下几方面：

1. 数字营销概述

介绍数字营销的定义、发展历程和现状，以及数字营销与传统营销的区别和联系。

2. 数字营销环境分析

分析数字营销所处的宏观环境和微观环境，包括市场环境、技术环境、竞争环境等。

3. 数字营销战略与规划

讲解如何制定数字营销战略，包括目标设定、市场定位、策略选择等，并介绍数字营销规划的基本步骤和方法。

数字营销工具与技能：介绍各种数字营销工具，如搜索引擎优化（SEO）、社交媒体营销、电子邮件营销等，并教授学生如何使用这些工具进行数字营销活动。

数字营销数据分析与优化：讲解如何收集和分析数字营销数据，评估营销效果，并根据数据反馈优化营销策略。

（三）数字营销基础理论课程的教学方法与手段

在教学方法与手段上，数字营销基础理论课程应注重理论与实践的结合，采用多种教学方式来提高学生的学习效果。具体而言，可以采用以下几种教学方法：

1. 案例教学

通过引入实际案例，让学生分析和解决数字营销问题，提高他们的实践能力和解决问题的能力。

2. 小组讨论

组织学生进行小组讨论，让他们分享对数字营销理论和实践的看法，促进交流和合作。

3. 实战演练

组织学生进行数字营销实战演练，让他们亲身体验数字营销活动的全过程，加深对理论知识的理解。

4. 专题讲座

邀请数字营销领域的专家或企业人士进行专题讲座，为学生提供最新的行业信息和实践经验。

此外，还应充分利用现代教学手段，如多媒体教学、网络教学等，丰富教学内容和形式，提高学生的学习兴趣和参与度。

（四）数字营销基础理论课程的评价与反馈

对数字营销基础理论课程的评价与反馈是确保教学质量和效果的重要环节。具体而言，可以从以下几方面进行评价与反馈：

1. 学生评价

通过问卷调查、座谈会等方式收集学生对课程的评价和建议，了解他们对课程内容的掌握情况和对教学方法的满意度。

2. 教师自评

教师应对自己的教学过程进行反思和总结，找出存在的问题和不足，以便及时改进。

3. 专家评审

邀请校内外专家对课程进行评审，提出改进意见和建议，推动课程建设的不断完善。

同时，应建立有效的反馈机制，及时将评价结果和改进意见反馈给教师和学生，促进他们不断改进和提高。

数字营销基础理论课程的设置对于培养学生的数字营销能力和适应数字化时代的发展具有重要意义。高校应重视数字营销基础理论课程的建设，不断优化课程内容、教学方法和评价体系，以提高学生的学习效果和就业竞争力。

三、专业技能与实践课程的安排

在高等教育中，专业技能与实践课程的安排对于培养学生的实际操作能力、专业素养以及适应未来职业发展的能力至关重要。下面将从课程设计的理念、具体内容、实施方式以及评估与反馈四方面，对专业技能与实践课程的安排进行深入探讨。

（一）课程设计的理念

专业技能与实践课程的设计应紧紧围绕行业需求和学生个人发展，以提高学生的实践能力和创新精神为核心目标。课程应注重理论与实践的有机结合，通过实际操作和案例分析，使学生能够将理论知识转化为解决实际问题的能力。同时，课程还应注重培养学生的团队协作精神和跨学科思维，以适应日益复杂的职业环境。

（二）具体内容设置

专业技能与实践课程的内容应根据不同专业的特点和需求进行设置。一般而言，应包括以下几方面：

1. 专业技能训练

针对专业核心技能进行训练，如编程、设计、实验操作等。通过系统的技能训练，使学生熟练掌握专业工具和技术，为未来的职业发展奠定坚实基础。

2. 实践项目操作

结合企业实际项目或模拟项目，让学生在实践中运用所学知识，解决实际问题。通过项目操作，培养学生的实践能力和创新思维。

3. 行业前沿讲座

邀请行业专家或企业代表进行前沿讲座，让学生了解行业最新动态和发展趋势，拓宽视野，激发学习动力。

4. 团队协作与沟通

设置团队协作任务，培养学生的团队协作精神和沟通能力。通过团队协作，提高学生的集体荣誉感和责任感，为未来的职业发展做好准备。

（三）实施方式

专业技能与实践课程的实施方式应灵活多样，以满足不同学生的学习需求。具体可以采取以下几种方式：

1. 校企合作

与企业建立合作关系，共同开发实践课程。通过校企合作，实现资源共享和优势互补，为学生提供更广阔的学习平台和更丰富的实践机会。

2. 实验教学

利用实验室资源，开展实验教学。通过实验教学，使学生亲身体验专业知识的应用过程，加深对理论知识的理解。

3. 线上与线下结合

利用线上教学平台，开展远程教学和实践指导。通过线上线下结合的教学方式，突破时间和空间的限制，为学生提供更加便捷的学习途径。

4. 实践基地实习

建立实践基地，为学生提供实习机会。通过实践基地实习，使学生能够将所学知识应用于实际工作中，提高实践能力和职业素养。

（四）评估与反馈

专业技能与实践课程的评估与反馈是确保教学质量和效果的重要环节。具体而言，可以从以下几方面进行评估与反馈：

1. 过程评估

对学生在学习过程中的表现进行及时评估，包括技能掌握情况、项目完成情况、团队协作表现等。通过过程评估，及时发现学生存在的问题和不足，为他们提供有针对性的指导和帮助。

2. 成果展示

组织学生进行实践成果展示，展示他们的实践项目、作品或报告。通过成果展示，检验学生的学习成果和实践能力，同时为其他学生提供学习和交流的机会。

3. 企业评价

邀请合作企业对实习学生进行评价，了解学生在实际工作中的表现和能力。通过企业评价，更全面地了解学生的实际能力水平，为后续的就业推荐提供参考依据。

4. 反馈与改进

根据评估结果和反馈意见，对专业技能与实践课程进行持续改进和优化。通过反馈与改进，不断提高课程的教学质量和效果，更好地满足学生的学习需求和行业发展需求。

专业技能与实践课程的安排是高等教育中的重要环节。通过科学合理的课程设计、丰富多样的内容设置、灵活有效的实施方式以及及时准确的评估与反馈，可以培养学生的实践能力和创新精神，为他们的未来发展奠定坚实基础。

四、跨学科融合课程的探索与实践

随着科技的飞速发展和社会的日益复杂化，单一学科的知识已难以满足当代社会的需求。跨学科融合课程的探索与实践，正成为高等教育改革的重要方向，旨在培养具有创新能力、批判性思维以及跨学科素养的综合型人才。

（一）跨学科融合课程的重要性及其意义

跨学科融合课程是指将不同学科的知识、方法、思维方式等进行有机整合，形成一门新的综合性课程。这种课程模式打破了传统学科之间的壁垒，为学生提供了更广阔的学习视野和更丰富的知识体验。

跨学科融合课程的重要性不言而喻。首先，它有助于培养学生的综合素质。通过整合不同学科的知识和方法，学生可以形成更为全面、系统的知识体系，提高综合运用知识解决问题的能力。其次，跨学科融合课程有助于激发学生的创新思维。不同学科的交叉融合可以产生新的思维火花，有助于学生形成独特的创新观点和解决方案。最后，跨学科融合课程有助于适应社会需求。在当今社会，复合型人才的需求日益旺盛，具备跨学科知识和能力的学生将更具竞争力。

（二）跨学科融合课程的实施策略与路径

实施跨学科融合课程需要采取一系列有效的策略与路径。

首先，明确课程目标。跨学科融合课程的目标应围绕培养学生的综合素质、创新能力和跨学科素养展开，确保课程内容与目标的高度契合。

其次，整合教学资源。高校应充分利用校内外的优质教学资源，包括不同学科的师资、实验室、图书馆等，为跨学科融合课程的实施提供有力保障。

再次，创新教学方法。跨学科融合课程应采用灵活多样的教学方法，如案例分析、小组讨论、项目驱动等，以激发学生的学习兴趣和主动性，培养他们的跨学科思维和解决问题的能力。

此外，加强师资培训。跨学科融合课程的实施需要教师具备跨学科的知识背景和教学方法，因此高校应加强对教师的跨学科培训，提高他们的跨学科教学能力和水平。

最后，建立评估与反馈机制。跨学科融合课程的实施效果需要进行定期评估，以便及时发现问题并进行改进。同时，学生的反馈也是课程改进的重要依据，应建立有效的反馈机制，及时了解学生的学习需求和意见。

(三)跨学科融合课程的实践案例与效果分析

为了更具体地展示跨学科融合课程的实践效果,以下将结合几个具体的案例进行分析。

案例一:某高校开设的"艺术与科技融合"课程,该课程将艺术设计与计算机科学相结合,通过项目实践的方式,让学生在设计艺术作品的过程中学习计算机编程、图像处理等技术。这一课程不仅提高了学生的艺术素养和技术能力,还培养了他们的跨学科思维和创新能力。

案例二:另一所高校推出的"环境科学与人文社会"课程,该课程将环境科学与历史学、社会学等学科相结合,通过对环境问题的历史演变和社会影响进行分析,引导学生深入思考人类与自然的关系。这一课程不仅拓宽了学生的知识视野,还提高了他们的环境保护意识和社会责任感。

这些实践案例表明,跨学科融合课程能够有效地促进不同学科之间的交流与融合,培养学生的综合素质和创新能力。同时,这些课程也为学生提供了更广阔的就业前景和发展空间。

然而,跨学科融合课程的实施也面临一些挑战和困难。例如,不同学科之间的知识体系和方法论存在差异,如何进行有效的整合和协调是一个重要问题;此外,跨学科融合课程需要更多的教学资源和师资支持,如何保障这些资源的充足性和质量也是一个需要关注的问题。

针对这些挑战和困难,高校可以采取一系列措施加以应对。首先,加强跨学科研究与合作,推动不同学科之间的交流与融合;其次,加大对跨学科融合课程的投入力度,提高教学资源的利用效率和质量;最后,建立完善的跨学科课程体系和评估机制,确保跨学科融合课程的科学性和有效性。

跨学科融合课程的探索与实践对于培养具有创新能力、批判性思维以及跨学科素养的综合型人才具有重要意义。高校应积极探索有效的实施策略与路径,加强跨学科研究与合作,推动跨学科融合课程的深入发展。同时,需要关注课程实施中可能遇到的问题和挑战,并采取相应的措施加以应对和解决。通过不断的探索和实践,相信跨学科融合课程将在未来的高等教育中发挥更加重要的作用。

第三节 实践课程的开发与实施

一、实践课程的开发理念与策略

实践课程作为高等教育的重要组成部分,其开发理念与策略直接决定了课程的质量和效果。在当今社会,实践能力的培养已成为人才培养的核心要求之一,因此,开发具有针对性、实用性和创新性的实践课程显得尤为重要。

(一)实践课程的开发理念

实践课程的开发理念应紧紧围绕学生的实际需求和社会的发展变化,以培养学生的实践能力、创新精神和综合素质为目标。具体来说,实践课程的开发理念应包括以下几方面:

1. 以学生为中心

实践课程的开发应始终以学生为中心,关注学生的兴趣、特长和发展需求,充分调动学生的积极性和主动性,让学生在实践中获得成长和进步。

2. 强调实践性

实践课程的核心在于实践,因此,开发实践课程时应注重课程内容的实践性,让学生通过实际操作、亲身体验来掌握知识和技能,培养解决实际问题的能力。

3. 突出创新性

创新是实践课程的灵魂,开发实践课程时应注重培养学生的创新意识和创新能力,鼓励学生勇于探索、敢于创新,形成具有特色的实践成果。

4. 体现综合性

实践课程应体现跨学科、跨领域的综合性,通过整合不同学科的知识和方法,培养学生的综合素质和综合能力,以适应复杂多变的社会需求。

(二)实践课程的开发策略

实践课程的开发策略是确保课程质量和效果的关键。在开发实践课程时,应采取以下策略:

1. 深入调研与分析

在开发实践课程之前,应对学生的需求、社会的需求以及行业的发展趋势进行深入调研和分析,了解实际需求和发展方向,为课程的开发提供有力的依据。

2. 明确课程目标

根据调研结果，明确实践课程的目标和定位，确定课程的核心内容和教学重点，确保课程能够满足学生的实际需求和社会的发展需求。

3. 设计多样化的实践环节

实践课程应注重实践环节的设计，包括实验、实训、实习、社会实践等多种形式，让学生在多样化的实践环节中掌握知识和技能，提升实践能力。

4. 加强师资队伍建设

实践课程的开发需要一支具备丰富实践经验和教学经验的师资队伍。高校应加强对实践课程教师的培养和引进，提高他们的实践教学能力和水平，确保实践课程的教学质量。

5. 建立完善的评价体系

实践课程的评价应注重过程评价和结果评价相结合，通过评价学生的学习过程、实践成果和创新能力等方面，全面反映学生的实践能力和综合素质。同时，建立反馈机制，及时收集学生和教师的意见和建议，对课程进行持续改进和优化。

（三）实践课程开发的实施路径

实践课程的开发并非一蹴而就，需要遵循一定的实施路径，确保开发的顺利进行和取得实效。

1. 制订详细的开发计划

根据实践课程的开发理念和策略，制订详细的开发计划，包括课程大纲、教学内容、教学方法、实践环节等方面的设计。

2. 组织专家论证与评审

邀请相关领域的专家学者对实践课程进行论证和评审，提出宝贵意见和建议，确保课程的科学性、合理性和实用性。

3. 实施试点与推广

在部分班级或学院进行实践课程的试点教学，收集反馈意见并进行改进。待课程成熟后，逐步在全校范围内推广实施。

4. 持续跟踪与评估

对实践课程的实施效果进行持续跟踪和评估，了解学生的学习情况和课程的质量，及时调整和优化课程内容和方法。

5. 不断总结与创新

在实践课程的开发过程中，不断总结经验教训，探索新的教学方法和手段，推动实践课程的不断创新和发展。

实践课程的开发理念与策略是确保课程质量和效果的关键。高校应紧密结合实际需求和发展趋势，制定科学合理的开发理念和策略，并采取有效的实施路径，推动实践课程的开发与实践工作取得实效。这将有助于培养学生的实践能力、创新精神和综合素质，为社会培养出更多具有竞争力的高素质人才。

二、校企合作模式下的实践课程设计

校企合作模式是现代高等教育中一种重要的教学模式，它将学校的教育资源与企业的行业资源相结合，旨在培养学生的实践能力和职业素养，实现学校与企业之间的互利共赢。在这一模式下，实践课程的设计显得尤为重要，它不仅是连接学校与企业的桥梁，更是学生将理论知识转化为实践技能的关键环节。

（一）校企合作模式下实践课程设计的重要性

校企合作模式下的实践课程设计对于提高学生的实践能力和职业素养具有重要意义。首先，实践课程是理论知识与实践技能相结合的重要途径。通过参与实践课程，学生能够将所学理论知识应用于实际工作中，加深对理论知识的理解与掌握。其次，实践课程有助于培养学生的创新意识和实践能力。在校企合作模式下，学生可以接触到企业的真实项目，参与项目的研发与实施，从而锻炼自己的创新思维和解决问题的能力。最后，实践课程能够提高学生的职业素养和就业竞争力。通过实践课程的学习，学生可以了解企业的运作模式和职场文化，提升自己的职业素养，为未来的就业和职业发展奠定坚实基础。

（二）校企合作模式下实践课程设计的原则

校企合作模式下的实践课程设计应遵循以下原则：

1. 实用性原则。实践课程应紧密围绕企业的实际需求进行设计，确保课程内容与企业实际需求相契合，使学生能够在实际工作中运用所学知识解决实际问题。

2. 创新性原则。实践课程应注重培养学生的创新意识和创新能力，通过引入新的教学方法和手段，激发学生的学习兴趣和创造力，鼓励学生勇于探索和实践。

4. 综合性原则。实践课程应体现跨学科、跨领域的综合性，整合不同学科的知识和方法，培养学生的综合素质和综合能力。

5. 可持续性原则。实践课程的设计应考虑到企业和学校双方的长期发展需求，确保课程内容的时效性和前瞻性，为未来的校企合作提供有力支持。

（三）校企合作模式下实践课程设计的实施策略

在校企合作模式下，实践课程的设计与实施需要学校与企业双方共同协作，制定有效的实施策略。

1. 建立校企合作机制

学校应与企业建立紧密的合作关系，明确双方的权利和义务，共同制定实践课程的教学大纲和实施方案，确保课程的顺利进行。

2. 确定实践课程目标

根据企业的需求和学生的实际情况，明确实践课程的目标和任务，确保课程内容的针对性和实用性。

3. 设计实践课程内容

实践课程的内容应围绕企业的真实项目展开，包括项目背景、需求分析、方案设计、实施过程等环节，让学生在实践中掌握相关知识和技能。

4. 组织实践教学团队

学校应组建具有丰富实践经验和教学经验的教师团队，与企业的技术人员共同指导学生进行实践活动，确保实践教学的质量和效果。

5. 建立实践课程评价体系

实践课程的评价应注重过程评价和结果评价相结合，通过评价学生的学习过程、实践成果和创新能力等方面，全面反映学生的实践能力和职业素养。

（四）校企合作模式下实践课程设计案例分析

以某高校与某企业的校企合作实践课程为例，该实践课程旨在培养学生的软件开发能力和职业素养。课程设计上，学校与企业共同制定了教学大纲和实施方案，明确了课程目标和任务。课程内容围绕企业的实际项目展开，包括需求分析、系统设计、编码实现、测试部署等环节。学校组建了由专业教师和企业技术人员组成的实践教学团队，共同指导学生进行实践活动。在实践过程中，学生不仅掌握了软件开发的相关知识和技能，还了解了企业的运作模式和职场文化，提高了自己的职业素养。同时，企业也通过实践课程选拔了优秀的人才，为企业的发展注入了新的活力。

该案例的成功实施表明，校企合作模式下的实践课程设计是可行的，并且具有显著的效果。通过校企合作，学校可以获得更多的实践教学资源和企业支持，提高实践课程的质量和水平；企业则可以通过实践课程选拔优秀人才，推动企业的创新和发展。

校企合作模式下的实践课程设计是一项具有重要意义的工作。通过遵循实用性、创新性、综合性和可持续性原则，制定有效的实施策略，并结合具体案例进行分析和总结，我们可以不断完善和优化实践课程设计，为培养学生的实践能力和职业素养提供有力支持。

三、校内实训平台的建设与利用

校内实训平台作为培养学生实践能力和职业素养的重要载体，在现代教育中发挥着越来越重要的作用。通过构建完善的校内实训平台，可以有效提升学生的实际操作能力，为其未来的职业发展奠定坚实基础。本部分将从校内实训平台的建设与利用两方面展开论述。

（一）校内实训平台的建设

1. 需求分析与规划

在建设校内实训平台之前，学校应对学生的实际需求进行深入分析，明确实训平台的建设目标和功能定位。同时，结合学校的专业特色和教学资源，制订科学合理的建设规划，确保实训平台的建设符合人才培养的需求。

2. 硬件设施的投入

校内实训平台的建设需要投入大量的硬件设施，包括实训场地、设备仪器、软件系统等。学校应根据实训平台的需求，合理配置硬件设施，确保设施的先进性和实用性。同时，加强对设施的日常维护和保养，确保设施的正常运行。

3. 师资队伍建设

实训平台的师资队伍建设是确保实训效果的关键。学校应加强对实训教师的培养和引进，建立一支具有丰富实践经验和教学经验的师资队伍。同时，鼓励教师参与实训平台的建设和管理，提高教师的实践教学能力。

4. 校企合作与资源整合

学校应积极与企业开展合作，整合校内外资源，共同建设实训平台。通过校企合作，学校可以获得更多的实践教学资源和企业支持，提高实训平台的质量和水平。同时，企业也可以通过合作了解学校的人才培养情况，选拔优秀人才，实现互利共赢。

（二）校内实训平台的利用

1. 实践教学与课程结合

校内实训平台应与学校的课程体系紧密结合，将实训内容融入课程教学中。通过实践教学与课程的有机结合，让学生在掌握理论知识的同时，提升实际操作能力。同时，根据课程需求，灵活调整实训内容和形式，确保实训效果的最佳化。

2. 开放式管理与资源共享

校内实训平台应实行开放式管理，允许学生根据自己的兴趣和需求选择实训项目。同时，加强资源共享，鼓励不同专业的学生互相学习和交流，拓宽学生的视野和知识面。此外，还可以通过校企合作、校际合作等方式，实现实训平台的资源共享和优势互补。

3. 创新创业教育与实训结合

校内实训平台是开展创新创业教育的重要场所。学校可以利用实训平台，开展创新创业项目实践、创新创业竞赛等活动，激发学生的创新精神和创业热情。同时，通过实训平台的实践锻炼，培养学生的创新思维和实践能力，为其未来的创新创业之路奠定坚实基础。

4. 职业技能培训与认证

校内实训平台还可以作为职业技能培训和认证的重要基地。学校可以根据市场需求和行业标准，开展各类职业技能培训课程，帮助学生提升职业技能水平。同时，与相关机构合作，开展职业技能认证工作，为学生的就业和职业发展提供有力支持。

（三）校内实训平台建设的成效与展望

通过校内实训平台的建设与利用，学校可以显著提升学生的实践能力和职业素养，为人才培养质量的提升发挥重要作用。同时，实训平台的建设也有助于推动学校的教学改革和创新，提高学校的教育教学水平。

展望未来，校内实训平台的建设将更加注重与企业需求的对接和行业标准的融入，实现人才培养与社会需求的无缝对接。同时，随着信息技术的不断发展，校内实训平台也将逐步实现智能化、网络化，为学生提供更加便捷、高效的实践学习环境。

校内实训平台的建设与利用是一项具有重要意义的工作。学校应加大对实训平台建设的投入力度，完善实训平台的硬件设施和软件系统，加强师资队伍建设和管理机制建设，确保实训平台的良好运行和有效利用。同时，学校还应积极探索实训平台的建设模式和管理机制创新，为人才培养质量的提升和教育教学改革的推进做出积极贡献。

四、实践课程教学效果的评估与反馈

实践课程教学效果的评估与反馈是提升教学质量、优化课程设计的重要环节。通过对实践课程教学效果的深入评估，学校能够及时了解学生的学习状况，掌握教学过程中的优点与不足，从而为教学改进提供有针对性的反馈和建议。本部分将从评估标准、评估方法、反馈机制三方面展开论述。

（一）评估标准

实践课程教学效果的评估需要依据一定的标准来进行，这些标准应既符合教育教学的基本规律，又能体现实践课程的特色。具体而言，评估标准应包括以下几方面：

1. 知识掌握程度

评估学生对实践课程中所涉及的理论知识和实践技能的掌握情况，包括基本概念、原理、方法等的理解和应用。

2. 技能操作能力

考查学生在实际操作中的熟练程度、准确性及创新性，包括仪器设备的操作、实验流程的执行、数据分析与处理等。

3. 职业素养与态度

评价学生在实践过程中的职业道德、团队协作、沟通能力以及对待工作的态度，体现学生的综合素质。

4. 创新能力与解决问题能力

评估学生在实践中发现问题、分析问题、解决问题的能力，以及提出创新思路和方法的能力。

（二）评估方法

实践课程教学效果的评估方法应多样化，以全面、客观地反映学生的学习效果。常见的评估方法包括：

1. 观察法

通过观察学生在实践过程中的表现，记录其操作过程、技能运用及团队合作等方面的情况，进行实时评估。

2. 作品展示法

要求学生提交实践作品，如实验报告、设计方案、项目成果等，通过评价作品的质量和创新性来评估学生的学习效果。

3. 考核测试法

通过笔试、口试或实际操作考核等方式，测试学生对理论知识的掌握程度和技能操作水平。

4. 问卷调查法

向学生发放问卷，了解他们对实践课程的满意度、学习收获以及改进建议等方面的信息，为教学改进提供参考。

在评估过程中，应注重过程评价与结果评价相结合，既关注学生的学习成果，也重视学生在学习过程中的表现和进步。同时，可以引入企业评价和社会评价等外部评价，使评估结果更加客观、全面。

（三）反馈机制

实践课程教学效果的反馈机制是确保评估结果得到有效利用的关键环节。通过建立有效的反馈机制，学校可以及时将评估结果反馈给教师和学生，促进教学质量的持续改进。

1. 对学生的反馈

根据学生的评估结果，教师应对学生进行个性化的反馈和指导。对于表现优秀的学生，应给予肯定和鼓励；对于存在不足的学生，应指出问题所在，提供改进建议，并帮助其制订学习计划。同时，学校还可以通过举办优秀作品展示、经验分享会等活动，为学生提供相互学习和交流的平台。

2. 对教师的反馈

学校应定期向教师反馈实践课程的教学效果评估结果，帮助教师了解自己在教学中的优点和不足。针对评估中发现的问题，学校可以组织教师进行研讨和交流，共同寻找改进策略。此外，学校还可以建立激励机制，对教学效果优秀的教师进行表彰和奖励，激发教师的教学热情和创新能力。

3. 对课程设计的反馈

通过对实践课程教学效果的评估，学校可以了解课程设计的实际效果和存在的问题。基于评估结果，学校可以对课程设计进行有针对性的调整和优化，提高课程的实用性和有效性。例如，根据学生的学习需求和兴趣调整课程内容，优化教学方法和手段，加强实践教学与理论教学的结合等。

4. 对校企合作模式的反馈

实践课程教学效果的评估结果也可以为校企合作模式的优化提供反馈。学校可以与企业共同分析评估结果，了解学生在企业实践中的表现和需求，进而调整合作模式、完善实践内容，更好地实现学校与企业之间的资源共享和互利共赢。

总之，实践课程教学效果的评估与反馈是一个持续、循环的过程。通过不断完善评估标准、丰富评估方法、建立有效的反馈机制，学校可以不断提高实践课程的教学质量，培养学生的实践能力和职业素养，为他们的未来发展奠定坚实基础。

第四节 在线课程的构建与应用

一、在线课程建设的必要性与优势

随着信息技术的迅猛发展和互联网的普及，在线课程作为一种新型的教育模式，正逐渐改变着传统的教学方式。在线课程建设的必要性与优势日益凸显，成为现代教育发展的重要趋势。本节将从多方面阐述在线课程建设的必要性与优势。

（一）在线课程建设的必要性

1. 适应信息化时代的教育需求

信息化时代对教育方式提出了更高要求，传统课堂教学已难以满足学生多样化的学习需求。在线课程具有时空灵活性、资源共享性等特点，能够突破传统课堂的局限，为学生提供更加便捷、高效的学习途径。因此，建设在线课程是适应信息化时代教育需求的必然选择。

2. 促进教育公平与资源共享

在线课程能够打破地域限制，让优质教育资源得以广泛传播和共享。通过在线平台，学生可以随时随地接触到来自世界各地的优质课程，从而缩小教育差距，促进教育公平。同时，在线课程还可以实现校际、区域间的资源共享，提高教育资源的利用效率。

3. 培养学生的自主学习与终身学习能力

在线课程强调学生的自主学习和探究式学习，能够培养学生的独立思考能力和创新精神。同时，在线课程具有开放性和持续性，能够支持学生的终身学习。通过在线学习，学生可以不断更新知识，提升技能，以适应不断变化的社会需求。

（二）在线课程建设的优势

1. 提高教学效率与效果

在线课程采用多媒体教学资源，如视频、音频、动画等，能够生动形象地呈现知识内容，激发学生的学习兴趣。同时，在线课程还可以利用大数据、人工智能等技术手段，实现个性化教学和学习分析，从而提高教学效率与效果。

2. 拓展教学空间与资源

在线课程不受时间和空间的限制，可以随时随地开展教学活动。这不仅可以减轻教师和学生的负担，还可以拓展教学空间和资源。通过在线平台，教师可以轻松获取丰富的教学资源，学生也可以更加便捷地参与各种学习活动。

3. 促进师生交流与互动

在线课程平台通常配备有实时交流工具，如在线聊天室、论坛等，方便师生之间进行交流和互动。这种交流方式不仅可以帮助学生解决学习中遇到的问题，还可以增进师生之间的感情，提高教学效果。此外，在线课程还可以促进不同地域、不同文化背景的学生之间的交流与合作，拓宽学生的视野和思维。

4. 降低成本与提高效益

相较于传统课堂教学，在线课程的建设和运营成本相对较低。学校无须投入大量资金用于教室建设、设备购置等方面，只需搭建一个稳定的在线平台，即可实现课程的上传、发布和管理。同时，由于在线课程具有资源共享性，学校还可以避免重复建设和资源浪费的问题，提高教育投入的效益。

（三）总结与展望

在线课程建设的必要性与优势显而易见，它不仅是适应信息化时代教育需求的必然选择，也是推动教育公平与资源共享的重要途径。随着技术的不断进步和应用的不断深化，在线课程将在未来发挥更加重要的作用。因此，我们应该加强对在线课程建设的重视和投入，不断提升在线课程的教学质量和效果，为培养更多优秀人才做出贡献。

展望未来，在线课程建设将继续朝着个性化、智能化、社会化的方向发展。通过大数据、人工智能等技术的运用，我们可以更加精准地了解学生的学习需求和特点，为他们提供更加个性化的学习体验。同时，随着社交媒体的普及和发展，在线课程也将更加注重社交化和互动性，为学生创造一个更加开放、多元的学习环境。相信在不久的将来，在线课程将成为教育领域的一道亮丽风景线，为更多学生带来无限可能。

二、在线课程的开发流程与技术要求

在线课程的开发是一个系统性、复杂性的过程，它涉及课程设计、内容制作、平台搭建、技术实现等多个环节。下面将详细阐述在线课程的开发流程与技术要求，以期为相关实践提供参考。

（一）在线课程的开发流程

1. 需求分析

在线课程的开发首先需要进行需求分析，明确课程目标、受众群体、内容范围等关键要素。通过对市场需求、学习者需求、教学资源等方面的调研，确定课程的定位和发展方向。

2. 课程设计

课程设计是在线课程开发的核心环节。它需要根据需求分析的结果，制定详细的课程大纲、教学计划、教学方法等。课程设计应注重内容的系统性、实用性和趣味性，同时考虑学习者的认知特点和学习习惯，以提高学习效果。

3. 内容制作

内容制作是将课程设计转化为具体教学资源的过程。这包括课件制作、视频录制、音频编辑、文字撰写等多方面。在制作过程中，应注重内容的准确性、清晰度和美观度，以及教学资源的丰富性和多样性。

4. 平台搭建

平台搭建是在线课程开发的另一个重要环节。它需要根据课程内容和技术要求，选择合适的在线教学平台，并进行平台的设计、开发和测试。平台应具备良好的用户体验、稳定性和安全性，以支持课程的在线发布和运行。

5. 课程发布与运营

课程发布与运营是在线课程开发的最后阶段。它需要将制作好的课程内容上传到在线教学平台，并进行课程的宣传、推广和运营。同时，需要对课程进行持续的更新和维护，以保证课程的时效性和有效性。

（二）在线课程的技术要求

1. 视频制作技术

视频是在线课程的主要教学资源之一，因此视频制作技术至关重要。视频应清晰流畅、画面稳定、音质清晰，同时要注重剪辑和后期处理，以提高视频的观赏性和学习效果。此外，还需要考虑视频格式的兼容性和播放速度的优化，以确保学习者能够顺畅地观看课程视频。

2. 互动技术

互动是在线课程的重要特点之一，它可以帮助学习者更好地参与课程学习，提高学习效果。因此，在线课程需要采用一些互动技术，如在线测试、实时讨论、问答互动等。这些技术需要具备良好的稳定性和易用性，以确保学习者能够顺畅地进行互动。

3. 学习分析技术

学习分析技术可以帮助教师了解学习者的学习情况，包括学习进度、学习成效等，从而为教学提供有针对性的指导。在线课程需要采用一些学习分析技术，如学习轨迹跟踪、学习数据统计分析等。这些技术需要能够准确地收集和分析学习者的学习数据，为教师提供有用的反馈和建议。

4. 跨平台兼容性

在线课程需要考虑到不同设备和平台的兼容性，以确保学习者能够在不同的环境下访问和学习课程。因此，在开发过程中需要注重跨平台技术的运用，如响应式设计、移动端适配等，以提高课程的可用性和便捷性。

5. 安全性与稳定性

在线课程涉及大量的数据传输和用户信息存储，因此需要注重安全性和稳定性的保障。在开发过程中需要采取一系列安全措施，如数据加密、用户身份验证等，以确保用户数据的安全。同时，需要对平台进行稳定性测试和优化，以确保课程能够稳定地运行和访问。

（三）总结与展望

在线课程的开发流程与技术要求是一个复杂而系统的过程，它涉及多个环节和多个技术领域。随着技术的不断进步和应用场景的不断拓展，未来在线课程的开发将更加注重个性化、智能化和社会化的发展。个性化学习、智能推荐、社交互动等新技术将更多地应用于在线课程中，为学习者提供更加丰富、高效和便捷的学习体验。同时，随着在线教育市场的不断发展和竞争加剧，对在线课程的技术要求也将不断提高，需要更加注重技术创新和人才培养，以推动在线教育行业的健康发展。

三、在线课程的资源整合与共享

在线课程的资源整合与共享，是推动教育信息化进程的关键环节，对于提升教育质量、促进教育公平具有重要意义。本节将从资源整合的意义、整合方式、共享机制三方面进行详细论述，以期为在线课程的资源整合与共享提供有益的参考。

（一）资源整合的意义

1. 提高资源利用效率

在线课程资源的整合，可以将分散在不同平台、不同机构的教学资源进行统一管理和调配，避免资源的重复建设和浪费。通过整合，可以实现资源的优化配置，提高资源的利用效率，使有限的教育资源发挥更大的价值。

2. 促进优质资源共享

在线课程资源的整合，有助于打破地域、机构之间的壁垒，实现优质教学资源的共享。通过共享，可以让更多的学习者接触到高质量的课程资源，缩小教育差距，促进教育公平。

3. 推动教学改革与创新

在线课程资源的整合，为教学改革与创新提供了有力的支持。通过整合不同来源、不同形式的资源，可以丰富教学内容和形式，激发学生的学习兴趣和积极性，推动教学模式的创新和变革。

（二）资源整合的方式

1. 跨平台资源整合

跨平台资源整合是指将不同在线教育平台上的课程资源进行整合，形成一个统一的资源库。这需要各平台之间建立合作关系，实现资源的互通有无。通过跨平台资源整合，学习者可以在一个平台上访问到多个平台的课程资源，提高学习的便捷性和效率。

2. 校企合作资源整合

校企合作资源整合是指学校与企业之间建立合作关系，共同开发和整合在线课程资源。企业可以提供先进的技术和资金支持，学校则可以提供丰富的教学经验和内容资源。通过校企合作，可以实现资源的优势互补，推动在线课程的发展和创新。

3. 学科内与跨学科资源整合

学科内资源整合是指将同一学科内的不同课程资源进行整合，形成一个完整的学科知识体系。这有助于学习者系统地掌握学科知识，提高学习效果。跨学科资源整合则是将不同学科之间的课程资源进行融合，形成综合性的学习资源。这有助于培养学习者的跨学科思维和综合能力。

（三）资源共享的机制

1. 建立共享平台

建立专门的在线课程资源共享平台是实现资源共享的基础。这个平台可以是一个统一的在线教育资源库，也可以是一个开放式的在线教育社区。通过平台的建设，可以方便地实现资源的上传、下载、分享和交流。

2. 制定共享规范

为了确保资源的有效共享和利用，需要制定一套统一的共享规范。这些规范包括资源的质量标准、上传格式要求、版权保护机制等。通过规范的制定和执行，可以保障资源的质量和安全性，促进资源的良性共享。

3. 激励与约束机制

为了激发各方参与资源共享的积极性，需要建立相应的激励与约束机制。激励机制可以通过设立奖励制度、提供优惠政策等方式来实现，鼓励更多的机构和个人参与资源共享。约束机制则可以通过制定惩罚措施、加强监管等方式来实现，确保资源的合法使用和共享。

4. 加强宣传与推广

资源共享的实现还需要加强宣传与推广工作。通过举办宣传活动、发布推广文章等方式，可以让更多的人了解在线课程资源共享的意义和价值，提高他们对资源共享的认同感和参与度。

（四）总结与展望

在线课程的资源整合与共享是推动教育信息化进程的重要举措，对于提升教育质量、促进教育公平具有重要意义。通过跨平台资源整合、校企合作资源整合以及学科内与跨学科资源整合等方式，可以实现资源的优化配置和共享利用。同时，建立共享平台、制定共享规范以及激励与约束机制的建立等举措，可以为资源的共享提供有力的保障。未来，随着技术的不断进步和应用场景的不断拓展，在线课程的资源整合与共享将呈现出更加多元化、智能化的趋势，为教育事业的发展注入新的活力。

四、在线课程的学习效果评价与监控

在线课程作为一种新兴的教育形式，已经广泛应用于高等教育、职业教育、继续教育等领域。然而，与传统面授课程相比，其学习效果的评价与监控更为复杂和困难。因此，如何科学、有效地进行在线课程的学习效果评价与监控，成为当前教育领域亟待解决的问题。本节将从以下几方面对此进行深入探讨。

（一）学习效果评价的重要性与难点

在线课程学习效果评价的重要性不言而喻。它既是衡量在线课程质量的重要指标，也是指导学生学习、改进教学方法的重要依据。然而，在线课程学习效果评价面临着诸多难点。首先，由于在线学习的自主性和灵活性，学生的学习行为难以实时监控，学习效果的客观性和准确性难以保证。其次，在线课程的多样化教学方式和内容使得学习效果评价需要综合考虑多个维度和因素，评价难度增加。此外，传统的学习效果评价方式如考试、作业等，在在线环境下可能无法完全适用，需要探索新的评价方式。

（二）多元化的学习效果评价方式

为了更准确地评价在线课程的学习效果，需要采用多元化的评价方式。具体而言，可以包括以下几种方式：

1. 过程性评价

关注学生在学习过程中的表现，如参与度、互动情况、学习进度等。通过收集和分析这些过程性数据，可以了解学生的学习状态和学习需求，为教学提供及时反馈。

2. 作品展示评价

要求学生提交课程相关的作品或项目，如论文、设计、编程作品等。通过评价学生的作品质量、创新性、实用性等方面，可以衡量学生对课程知识的掌握程度和应用能力。

3. 同行评审评价

鼓励学生之间进行互评，通过互相评价作品或讨论成果，提高学生的批判性思维和团队协作能力。同时，同行评审也可以为学生提供不同的视角和反馈，帮助他们更好地认识自己的优点和不足。

4. 自我评价与反思

引导学生对自己的学习过程进行反思和总结，通过自我评价的方式了解自己的学习效果和进步情况。这有助于培养学生的自主学习能力和自我管理能力。

（三）学习效果监控的策略与方法

除了多元化的评价方式外，还需要制定有效的学习效果监控策略与方法。以下是一些建议：

1. 利用学习分析工具

借助大数据、人工智能等技术手段，对学习者的学习行为进行实时跟踪和分析。通过收集学习者的学习数据，如学习时长、学习频率、学习路径等，可以了解学习者的学习习惯和偏好，为个性化教学提供依据。

2. 建立反馈机制

建立及时、有效的反馈机制，使教师能够及时了解学生的学习情况，为学生提供有针对性的指导和帮助。同时，学生也可以通过反馈机制向教师提出问题和建议，促进师生之间的沟通和互动。

3. 定期评估与调整

定期对在线课程的学习效果进行评估，包括课程内容的适应性、教学方法的有效性等方面。根据评估结果及时调整教学策略和内容，确保在线课程的学习效果达到最佳状态。

4. 强化学习支持服务

提供在线辅导、答疑等服务，帮助学生解决学习过程中遇到的问题。同时，建立学习社区或学习小组，鼓励学生在社区中分享学习经验、交流学习心得，形成良好的学习氛围。

（四）总结与展望

在线课程的学习效果评价与监控是一个复杂而重要的任务。通过采用多元化的评价方式、制定有效的监控策略与方法，我们可以更准确地了解学生的学习效果和需求，为在线课程的质量提升和教学改革提供有力支持。未来，随着技术的不断进步和应用场景的不断拓展，我们有望看到更多创新性的学习效果评价与监控方法出现，为在线教育的发展注入新的活力。同时，我们也需要不断关注在线课程的发展趋势和挑战，及时调整和完善评价与监控体系，确保在线教育的健康、持续发展。

第五节 课程体系的评价与持续改进

一、课程体系评价的标准与方法

随着教育改革的不断深化,课程体系作为教育教学的核心组成部分,其质量和效果直接关系到人才培养的质量。因此,对课程体系进行科学的评价至关重要。本节将从评价标准和方法两方面,对课程体系评价进行深入探讨。

(一)课程体系评价标准

1. 目标明确性

课程体系的目标应明确、具体,能够体现专业特点和人才培养要求。评价时应关注课程目标是否与学生的实际需求和社会发展相适应,是否能够培养学生的核心素养和综合能力。

2. 内容完整性

课程体系应涵盖专业所需的基础知识、基本技能和实践能力,确保学生掌握系统的专业知识。评价时应关注课程内容是否完整、连贯,是否能够满足学生的全面发展需求。

3. 结构合理性

课程体系的结构应合理,能够体现知识的层次性和逻辑性。评价时应关注课程之间的衔接与配合,是否形成有机的整体,是否有利于学生的知识建构和能力提升。

4. 实施有效性

课程体系的实施应有效,能够激发学生的学习兴趣和积极性。评价时应关注教学方法和手段是否多样、灵活,是否能够提高教学效果和学习效率。

5. 反馈及时性

课程体系评价应关注教学反馈的及时性,以便对课程进行及时调整和优化。评价时应关注教学过程中的问题反馈和改进措施,是否形成闭环管理,是否能够持续改进课程质量。

(二)课程体系评价方法

1. 专家评价法

邀请具有丰富教学经验和专业知识的专家对课程体系进行评价。专家通过审阅课程目标、内容、结构等文档资料，结合实地考察和听课等方式，对课程体系进行全面、客观的评价。

2. 学生评价法

学生是课程体系的直接受益者，他们的评价对课程体系的改进具有重要意义。可以通过问卷调查、座谈会等方式收集学生对课程的满意度、学习效果等方面的评价信息，以便了解课程体系的实际效果和存在的问题。

3. 同行评价法

同行评价是指教师之间相互评价课程体系的方法。通过观摩教学、交流研讨等方式，教师可以了解同行的教学经验和教学方法，从而对课程体系进行横向比较和借鉴。

4. 数据分析法

利用教学管理系统、学生成绩等数据资源，对课程体系进行量化分析。通过统计学生的出勤率、成绩分布等数据，可以客观反映课程体系的实施效果，为课程体系的优化提供数据支持。

5. 案例分析法

选择典型的课程或教学案例进行深入剖析，从课程目标、内容、实施等方面分析其优点和不足。通过案例分析，可以提炼出成功的经验和做法，为其他课程的改进提供借鉴。

（三）课程体系评价的注意事项

1. 评价标准应科学、全面，能够反映课程体系的真实情况；
2. 评价方法应多样、灵活，能够结合实际情况选择适当的评价方式；
3. 评价过程应公开、透明，确保评价结果的客观性和公正性；
4. 评价结果应及时反馈，以便对课程体系进行及时调整和优化；
5. 注重评价结果的运用，将评价结果作为改进课程体系的重要依据。

（四）课程体系评价的意义与展望

课程体系评价的意义在于提高教育质量，促进人才培养。通过对课程体系的科学评价，可以发现存在的问题和不足，为课程体系的改进提供依据。同时，评价还可以激发教师的教学热情和创新精神，推动教学方法和手段的创新。

展望未来，随着教育信息化的深入发展，课程体系评价将更加注重数据分析和技术应用。利用大数据、人工智能等技术手段，可以实现对课程体系的实时监控和动态调整，提高评价的准确性和时效性。此外，随着教育国际化的不断推进，课程体系评价也将更加注重国际视野和跨文化交流，以促进教育的开放与融合。

总之，课程体系评价是教育教学改革的重要一环，需要我们不断探索和实践。通过科学、全面的评价标准和方法，我们可以推动课程体系的不断优化和创新，为培养高素质人才做出积极贡献。

二、学生满意度与课程质量的调查

学生满意度与课程质量是教育教学中不可忽视的两方面。学生满意度直接反映了学生对课程的接受程度和教学效果，而课程质量则决定了学生能否真正学到有用的知识和技能。因此，进行学生满意度与课程质量的调查，对于了解学生的学习需求、改进教学方法、提升课程质量具有重要意义。

（一）调查目的与意义

学生满意度与课程质量调查的主要目的在于收集学生对课程的真实反馈，了解学生对课程的期望、需求和感受，以及课程教学中存在的问题和不足。通过调查，我们可以深入了解学生的学习状态和学习效果，为课程体系的优化和教学方法的改进提供有力的依据。

此外，调查还有助于提升教师的教学水平和专业素养。教师可以根据学生的反馈，反思自己的教学方法和教学效果，及时调整教学策略，提高教学质量。同时，调查结果也可以作为教师评价的重要参考，促进教师之间的竞争与合作，推动教师队伍的整体提升。

（二）调查内容与方法

学生满意度与课程质量调查的内容应涵盖多方面，包括课程目标、教学内容、教学方法、教学态度、教学效果等。具体来说，可以设计问卷或访谈等方式，收集学生对这些方面的评价和建议。

在调查方法上，可以采用线上问卷和线下访谈相结合的方式。线上问卷方便快捷，可以覆盖更广泛的学生群体；线下访谈则更加深入具体，可以获取更加详细和准确的反馈信息。同时，为了保证调查的客观性和公正性，还应确保问卷设计合理、问题明确，避免引导性和主观性过强的问题。

（三）调查结果分析与应用

在进行学生满意度与课程质量调查后，需要对收集到的数据进行深入分析和解读。具体来说，可以从以下几方面进行：

1.满意度分析

首先，对学生对课程的整体满意度进行分析，了解学生对课程的整体评价。然后，针对各个具体指标进行满意度分析，找出学生最满意和最不满意的方面，以及不同群体之间的差异。

2. 问题与需求识别

通过对学生反馈的深入剖析,识别出课程教学中存在的问题和不足,以及学生的学习需求和期望。这些问题和需求可以为课程体系的优化和教学方法的改进提供有力的指导。

3. 对策与建议提出

基于调查结果的分析,提出针对性的对策和建议。例如,针对教学方法单一的问题,可以提出引入多种教学方法和手段的建议;针对课程内容陈旧的问题,可以提出更新课程内容和引入前沿知识的建议等。

最后,需要将调查结果和分析结果反馈给相关部门和教师,促进课程体系的改进和教学质量的提升。同时,应将调查结果作为教育教学改革的重要依据,推动教育教学的不断创新和发展。

此外,调查结果的应用不应仅限于一次性的改进行动,而应成为一个持续的过程。随着时间的推移,学生的需求和期望可能会发生变化,新的教学方法和技术也可能不断涌现。因此,我们需要定期进行学生满意度与课程质量的调查,以便及时发现问题并采取相应的改进措施。

同时,我们还应注重调查结果的公开与透明。通过向学生、教师和社会公众公开调查结果,可以增强教育教学的公信力和透明度,促进各方面的共同参与和监督。这也有助于形成一个良好的教育教学环境,激发学生的学习热情和教师的创新精神。

总之,学生满意度与课程质量的调查是提升教育教学质量的重要手段。通过科学、合理的调查方法,我们可以深入了解学生的学习需求和感受,发现课程教学中存在的问题和不足,为教育教学改革提供有力的支持。因此,我们应高度重视学生满意度与课程质量的调查工作,并将其作为一项长期、持续的任务来推进。

四、课程体系与国际接轨的探索与实践

随着全球化进程的加速推进,教育国际化已成为高等教育发展的重要趋势。课程体系作为教育的核心组成部分,其与国际接轨的探索与实践对于提升教育质量和培养具有国际视野的人才具有重要意义。本节将从课程体系国际化的必要性、国际接轨的主要路径、实施过程中的挑战以及成功案例等方面,对课程体系与国际接轨进行深入探讨。

(一)课程体系国际化的必要性

1. 提升教育质量

国际接轨的课程体系能够引入先进的教育理念、教学方法和课程内容,有助于提升教育的质量和水平。通过与国际先进教育体系的对接,我们可以借鉴其成功经验,优化我们的课程设置和教学方法,从而培养出更加优秀的人才。

2. 培养国际视野

国际化的课程体系能够帮助学生了解不同文化背景下的知识和观念，培养他们的国际视野和跨文化交流能力。这对于培养具有全球竞争力的人才至关重要，有助于学生更好地适应全球化的工作环境和社交场合。

3. 促进国际合作与交流

国际化的课程体系能够促进国际上教育合作与交流，加强与国际知名大学和研究机构的联系。通过共同开展课程合作、师生交流等活动，我们可以提升学校的国际影响力和竞争力，为学校的长远发展奠定基础。

（二）课程体系国际接轨的主要路径

1. 引入国际先进课程

通过引进国际知名大学或教育机构的优质课程，将其纳入我们的课程体系中，让学生接触到国际前沿的知识和技术。这可以包括在线课程、双学位项目、联合培养等多种形式。

2. 合作开发国际课程

与国际知名大学或机构合作，共同开发具有国际化特色的课程。通过共同研究和探讨，我们可以将不同文化背景下的知识和观念融入课程中，形成独具特色的国际课程。

3. 实施国际认证与评估

与国际认证机构合作，对我们的课程进行国际认证和评估。这不仅可以提升我们课程的国际认可度，还可以帮助我们找出课程体系中的不足和需要改进的地方，从而推动课程体系的持续优化。

（三）课程体系国际接轨的挑战与对策

1. 文化差异与融合问题

在国际接轨的过程中，文化差异是一个不可忽视的问题。不同国家和地区的文化背景、教育理念和教学方法都存在差异，如何在保持本土特色的同时融入国际元素，是一个需要认真思考的问题。我们可以通过加强文化交流、增进相互理解来解决这一问题，同时可以在课程设置上注重跨文化教育，培养学生的跨文化交流能力。

2. 教师队伍国际化水平不足

教师队伍的国际化水平是课程体系国际接轨的关键因素。目前，我国高等教育中具备国际视野和跨文化交流能力的教师数量相对较少，这制约了课程体系国际化的进程。因此，我们需要加强教师队伍的国际化建设，通过引进海外优秀人才、加强教师培训等方式提升教师的国际化水平。

3. 资源投入与政策支持不足

课程体系国际接轨需要大量的资源投入和政策支持。然而，目前一些高校在资源投入和政策支持方面还存在不足，这制约了课程体系国际化的推进。因此，我们需要加大对课程体系国际化的投入力度，制定相关政策措施，为课程体系国际化提供有力保障。

（四）课程体系国际接轨的成功案例与启示

1. 案例分析

以某知名大学为例，该校通过与国际知名大学合作开设双学位项目、引入国际先进课程等方式，实现了课程体系的国际化。这一过程中，该校注重文化融合与跨文化教育，同时加强教师队伍的国际化建设，取得了显著成效。该校的国际化课程体系不仅提升了学生的国际视野和跨文化交流能力，还增强了学校的国际影响力和竞争力。

2. 启示与思考

从成功案例中我们可以得到以下启示：首先，课程体系国际接轨需要注重文化融合与跨文化教育；其次，加强教师队伍的国际化建设是实现课程体系国际化的关键；最后，资源投入和政策支持是推进课程体系国际化的重要保障。

总之，课程体系与国际接轨的探索与实践是一个复杂而长期的过程，需要我们从多方面入手，注重文化融合、加强教师队伍建设、加大资源投入和政策支持等。只有这样，我们才能构建出具有国际视野和本土特色的课程体系，培养出更多具有全球竞争力的人才。

第五章 高职数字营销人才培养的教学方法创新

第一节 项目式教学法在数字营销教学中的应用

一、项目式教学法的概念与特点

（一）项目式教学法的概念

项目式教学法，又称基于项目的学习（Project-Based Learning，PBL），是一种以学生为中心的教学方法，它强调学生在教师的指导下，通过完成一个或多个具体的项目来学习和应用知识。这种方法的核心在于通过实际操作和解决问题的过程，促进学生知识的建构和技能的提升。

在项目式教学法中，教师扮演着引导者和支持者的角色，负责设计项目任务、提供必要的资源和指导，同时鼓励学生自主探索、合作学习。学生则需要积极参与项目活动，通过团队合作、调查研究、实践操作等方式，完成项目的目标并展示成果。

（二）项目式教学法的特点

1. 实践性

项目式教学法注重学生的实践操作和问题解决能力。通过完成具体的项目任务，学生能够将理论知识与实际操作相结合，深化对知识的理解和应用。这种实践性强的特点有助于培养学生的动手能力和创新精神。

2. 自主性

在项目式教学法中，学生拥有更多的自主权和选择权。他们可以根据自己的兴趣和特长选择项目主题和研究方向，自主制订项目计划和实施方案。这种自主性强的特点有助于激发学生的学习热情和主动性，培养他们的自主学习能力和终身学习的习惯。

3. 合作性

项目式教学法通常采用小组合作的形式进行。学生需要与他人共同完成任务，通过分工合作、沟通交流等方式，实现知识的共享和互补。这种合作性强的特点有助于培养学生的团队协作精神和人际交往能力，提高他们的社会适应性和竞争力。

4. 综合性

项目式教学法涉及的知识领域广泛，需要综合运用多种学科的知识和技能。通过完成跨学科的项目任务，学生可以拓宽视野、增强综合素质。这种综合性的特点有助于培养学生的综合思维能力和解决问题的能力，使他们能够更好地适应复杂多变的现实世界。

5. 成果导向性

项目式教学法强调以成果为导向的学习过程。学生需要展示自己的项目成果，通过成果展示来检验自己的学习效果和进步。这种成果导向性的特点有助于培养学生的成就感和自信心，激发他们不断追求更高目标的动力。

（三）项目式教学法的优势

项目式教学法相较于传统的教学方法具有诸多优势。首先，它能够激发学生的学习兴趣和积极性，使他们在参与项目的过程中主动探索和学习。其次，项目式教学法有助于培养学生的实践能力和创新精神，使他们在面对实际问题时能够灵活运用所学知识。此外，通过小组合作和项目展示等环节，项目式教学法还能够提升学生的团队合作能力和人际交往能力，为他们未来的职业发展奠定坚实基础。

（四）项目式教学法的实施要点

在实施项目式教学法时，教师需要注意以下几点。首先，项目的选择应与学生的生活经验和兴趣点紧密结合，以确保学生能够积极参与并投入其中。其次，教师要提供充分的指导和支持，帮助学生解决在项目实施过程中遇到的问题和困难。同时，教师还应关注学生的个体差异，为不同水平的学生提供个性化的指导和帮助。最后，项目式教学法需要耗费较多的时间和精力进行准备和实施，因此教师需要合理安排教学进度和资源分配，确保项目能够顺利进行并取得预期效果。

项目式教学法是一种以实践操作为基础、注重学生自主性和合作性的教学方法。它通过让学生参与具体的项目任务来学习和应用知识，有助于培养学生的实践能力、创新精神和综合素质。在实施项目式教学法时，教师需要关注项目的选择、指导与支持、个体差异及资源分配等方面的问题，以确保教学效果的最大化。

二、项目式教学法在数字营销课程中的实施步骤

在数字营销课程中实施项目式教学法,不仅能够提升学生的实践操作能力,还能帮助他们深入理解数字营销的理论知识,更好地适应未来职场的需求。以下将详细阐述项目式教学法在数字营销课程中的实施步骤。

(一)项目准备阶段

1. 项目选题与确定目标

在项目准备阶段,教师需要结合数字营销课程的核心知识点和行业发展趋势,提出多个项目选题供学生选择。选题应具有一定的实际性和挑战性,能够激发学生的探索欲望。同时,教师还需明确项目的目标和要求,确保学生能够清楚地了解项目的预期成果和评价标准。

2. 学生分组与角色分配

根据项目的大小和难度,教师可以将学生分成若干小组,每组4~6人。在分组过程中,教师应充分考虑学生的性格、能力和兴趣等因素,确保每个小组都能形成互补和协作的团队。同时,教师还需为每个小组分配不同的角色和任务,如项目经理、策划师、执行员等,以便更好地发挥每个学生的特长和优势。

3. 资源准备与工具介绍

为确保项目的顺利实施,教师需要提前准备好相关的资源和工具,如市场调研报告、数据分析软件、社交媒体平台等。同时,教师还需向学生介绍这些资源和工具的使用方法,帮助他们熟悉和掌握相关的操作技能。

(二)项目实施阶段

1. 项目调研与分析

在项目实施阶段,学生需要首先进行项目调研和分析。通过收集相关资料和数据,了解目标市场的特点、竞争对手的情况以及消费者的需求等信息。在此基础上,学生还需对项目的可行性进行评估,提出相应的解决方案和改进措施。

2. 方案设计与策划

根据调研结果和分析结论,学生需要制订详细的项目方案和设计。这包括确定项目的定位、目标、策略和实施步骤等。在方案设计和策划过程中,学生需要充分发挥自己的创新思维和想象力,提出具有创新性和实用性的方案。

3. 方案执行与调整

在方案执行过程中,学生需要按照既定的计划和步骤进行操作。同时,他们还需密切关注项目的进展和效果,根据实际情况及时调整和优化方案。在执行过程中,学生还需要注意团队协作和沟通,确保项目的顺利进行。

（三）项目总结与展示阶段

1. 项目成果整理与总结

在项目结束后，学生需要对项目的成果进行整理和总结。这包括撰写项目报告、制作PPT演示文稿等形式。在整理和总结过程中，学生需要回顾项目的整个过程，分析项目的成功经验和不足之处，并提出改进建议。

2. 项目成果展示与交流

学生需要向全班展示他们的项目成果。这可以是一个口头报告、一个PPT演示或一个实际操作的展示。在展示过程中，学生需要清晰地阐述项目的目标、实施过程、遇到的问题以及解决方案。同时，他们还需要回答教师和同学的提问，与大家分享项目中的经验和教训。

此外，项目展示不仅是一个成果的汇报，更是一个交流和学习的平台。其他小组可以针对展示的内容提出问题和建议，展示小组也可以从其他小组的反馈中获得新的启示和灵感。这种交流有助于拓宽学生的视野，促进知识的共享和互补。

3. 项目评价与反馈

在项目式教学法中，评价是一个重要的环节。教师需要根据项目的目标、要求和学生的表现，对项目成果进行客观、公正的评价。评价的内容可以包括项目的创新性、实用性、团队协作、沟通能力等方面。同时，教师还需给出具体的反馈和建议，帮助学生了解自己的优点和不足，为今后的学习和发展提供指导。

（四）项目反思与提升阶段

1. 学生自我反思与总结

在项目结束后，学生需要进行自我反思和总结。他们需要回顾自己在项目中的表现，分析自己的优点和不足，并提出改进措施。通过自我反思和总结，学生可以更好地认识自己，提升自己的能力和素质。

2. 教师总结与经验分享

教师也需要对整个项目进行总结和经验分享。他们需要分析项目式教学法在数字营销课程中的实施效果，总结成功的经验和遇到的问题，并提出改进建议。同时，教师还可以与其他教师分享自己的经验和做法，促进教学方法的交流和创新。

此外，教师还可以根据学生的学习情况和反馈，对数字营销课程的内容和方法进行调整和优化，以更好地满足学生的需求和社会的发展。

项目式教学法在数字营销课程中的实施步骤包括项目准备、项目实施、项目总结与展示以及项目反思与提升四个阶段。通过这四个阶段的实施，学生可以更好地掌握数字营销的知识和技能，提升自己的实践能力和创新精神。同时，教师也可以通过项目式教学法的实施，不断创新和完善教学方法，提高教学效果和质量。

三、项目式教学法的教学效果评估与反馈

在数字营销课程中实施项目式教学法后，对其教学效果进行评估与反馈至关重要。这不仅有助于了解教学方法的成效，还能为今后的教学改进提供重要依据。以下将详细阐述项目式教学法的教学效果评估与反馈的四方面。

（一）教学效果评估的目的与意义

教学效果评估的主要目的在于了解学生在项目式教学法下的学习成果，以及教学方法本身的有效性和适用性。通过评估，教师可以获得关于学生学习情况、团队协作能力、创新思维等方面的反馈信息，从而判断项目式教学法是否达到了预期的教学目标。同时，评估结果还可以为教师提供改进教学方法、优化教学内容的依据，进一步提高教学质量和效果。

（二）教学效果评估的方法与工具

教学效果评估可以采用多种方法和工具，以确保评估结果的客观性和准确性。常用的评估方法包括问卷调查、访谈、观察记录等。问卷调查可以针对学生和教师分别设计，以获取不同角度的反馈信息；访谈则可以通过与学生和教师的深入交流，了解他们对项目式教学法的看法和感受；观察记录则可以通过观察学生在项目实施过程中的表现，评估他们的团队协作、创新思维等能力。此外，还可以利用一些专业的评估工具，如学习成果评估量表、项目质量评价表等，对学生的学习成果和项目质量进行量化评估。

（三）教学效果评估的实施过程

实施教学效果评估时，需要遵循一定的步骤和程序。首先，教师应明确评估的目标和指标，确定评估的方法和工具。然后，在项目实施过程中适时进行阶段性评估，以便及时了解学生的学习进度和存在的问题。在项目结束后，进行综合性评估，全面评价学生的学习成果和项目质量。在评估过程中，教师应保持客观公正的态度，确保评估结果的准确性和可靠性。同时，教师还应注重与学生的沟通和交流，听取他们的意见和建议，以便更好地改进教学方法和提高教学效果。

（四）教学效果反馈与改进策略

教学效果反馈是评估的重要环节，它能够帮助教师了解学生对项目式教学法的接受程度和学习效果，从而针对性地调整教学策略。在反馈过程中，教师应及时将评估结果告知学生，并与他们共同分析学习中的优点和不足。同时，教师还应根据反馈结果制定具体的改进策略，如优化项目选题、调整教学资源配置、加强团队协作指导等。此外，教师还可以将评估结果与其他教师分享，共同探讨教学方法的改进和创新。

值得注意的是，教学效果的改进是一个持续的过程。在项目式教学法实施过程中，教师应不断关注学生的学习动态和反馈意见，及时调整教学策略和方法。同时，教师还应积极学习新的教学理念和技术手段，不断提高自己的教学水平和能力。

此外，为了更全面地评估项目式教学法的教学效果，还可以考虑引入第三方评价机构或专家进行外部评估。外部评估可以从更客观、专业的角度对教学方法和效果进行评价，为教师提供更有价值的反馈和建议。

项目式教学法的教学效果评估与反馈是一个系统而复杂的过程。通过科学的评估方法和工具、规范的实施过程以及有效的反馈与改进策略，可以全面了解项目式教学法在数字营销课程中的教学效果，为今后的教学改进提供有力支持。同时，这也是提升教学质量、培养学生实践能力和创新精神的重要途径。

四、项目式教学法与传统教学法的比较与融合

（一）项目式教学法与传统教学法的比较

项目式教学法与传统教学法在多方面存在显著差异。首先，从教学目标来看，传统教学法往往以知识传授为核心，注重学生对知识的掌握和记忆；而项目式教学法则更强调学生的实践能力和创新精神，通过项目的实施，让学生在实践中学习和掌握知识。

其次，在教学形式上，传统教学法通常采用教师讲授、学生听讲的方式，教师是知识的传授者，学生是知识的接受者；而项目式教学法则更加注重学生的主体性和参与性，学生在教师的指导下，通过团队合作和自主探究，完成项目的实施和成果的展示。

此外，在评价方式上，传统教学法往往以考试成绩作为评价学生的主要标准，注重结果评价；而项目式教学法则更加注重过程评价和综合评价，关注学生在项目实施过程中的表现、团队协作能力和创新思维等方面的发展。

（二）项目式教学法与传统教学法的融合

尽管项目式教学法与传统教学法在多方面存在不同，但两者并非完全对立，而是可以相互融合、相互补充的。在实际教学中，可以根据具体的教学目标和内容，灵活运用两种教学方法，以达到更好的教学效果。

首先，可以将项目式教学法融入传统教学法中，通过项目的形式来组织教学活动。例如，在传授理论知识的同时，设计一些与理论紧密相关的项目任务，让学生在实践中加深对理论知识的理解和应用。

其次，可以借鉴传统教学法中的一些优点，来完善项目式教学法。例如，在项目式教学法中，也可以适当采用讲授、演示等方式来介绍项目背景、任务要求和相关知识点，以便学生更好地理解和把握项目的整体框架和关键内容。

此外，在融合两种教学方法的过程中，还需要注意以下几点：一是要根据学生的实际情况和认知水平来选择合适的教学方法；二是要注重培养学生的自主学习能力和团队协作精神；三是要关注学生的学习过程和情感体验，及时给予指导和帮助；四是要建立科学的评价体系，全面、客观地评价学生的学习成果和发展情况。

（三）融合项目式教学法与传统教学法的优势与挑战

融合项目式教学法与传统教学法的优势在于能够充分发挥两者的长处，提高教学效果。项目式教学法能够激发学生的学习兴趣和主动性，培养学生的实践能力和创新精神；而传统教学法则能够系统地传授基础知识，确保学生掌握扎实的理论基础。两者的融合可以更好地满足学生的学习需求，促进学生的全面发展。

然而，融合两种教学方法也面临一些挑战。首先，教师需要具备较高的教学水平和创新能力，能够灵活运用两种教学方法，设计出既有深度又有广度的教学内容。其次，学生需要具备一定的自主学习能力和团队协作精神，才能有效地参与项目实施和完成学习任务。此外，教学资源的配置和管理也是一个需要考虑的问题，需要确保项目的顺利实施和教学的顺利进行。

（四）融合项目式教学法与传统教学法的实践策略

为了有效融合项目式教学法与传统教学法，可以采取以下实践策略：一是明确教学目标和内容，根据项目需求和学生特点选择合适的教学方法；二是加强教师培训和学习，提高教师的教学水平和创新能力；三是优化教学资源配置，确保项目实施所需的硬件和软件资源得到充分利用；四是建立有效的合作机制，促进师生之间的交流和互动，形成良好的教学氛围；五是完善评价体系，注重过程评价和综合评价，全面反映学生的学习成果和发展情况。

项目式教学法与传统教学法各有其特点和优势，两者的融合可以更好地满足学生的学习需求和提高教学效果。在融合过程中需要充分考虑实际情况和挑战，采取有效的实践策略来促进两者的有机结合。

第二节 案例分析法在数字营销教学中的实践

一、案例选择的标准与原则

在数字营销课程中实施项目式教学法时，案例的选择至关重要。它不仅关系到项目实施的成败，还直接影响到学生的学习效果和实践能力的提升。因此，制定明确的案例选择标准和原则显得尤为关键。

（一）案例选择的标准

1. 相关性标准

案例的选择应紧密结合数字营销课程的教学目标和内容，确保案例与课程知识点紧密相关。同时，案例应具有时代性和现实性，能够反映当前数字营销领域的最新动态和趋势，以便学生能够更好地理解和应用所学知识。

2. 代表性标准

所选案例应具有代表性，能够反映数字营销行业的典型问题和解决方案。通过分析和讨论这些案例，学生可以深入了解数字营销的实际运作过程，掌握解决实际问题的思路和方法。

3. 实践性标准

案例的选择应注重实践性，确保学生能够通过实际操作和亲身体验来学习和掌握知识。因此，案例应具有一定的可操作性和实施难度，以便学生能够在实际操作中提升自己的实践能力和创新精神。

4. 启发性标准

所选案例应具有启发性，能够激发学生的思考和创新意识。案例中的问题应具有一定的复杂性和挑战性，能够引导学生进行深入分析和探讨，从而培养他们的批判性思维和解决问题的能力。

（二）案例选择的原则

1. 适应性原则

在选择案例时，应充分考虑学生的实际情况和认知水平。案例的难度和复杂度应适中，既不过于简单以致缺乏挑战性，也不过于复杂以致学生难以理解。同时，案例的内容应与学生的兴趣和需求相契合，以便激发他们的学习积极性和参与度。

2. 多样性原则

为了拓宽学生的视野和思路，案例的选择应具有多样性。可以从不同行业、不同企业、不同角度选取案例，以便学生能够全面了解数字营销在不同领域的应用和实践。此外，还可以结合国内外典型案例进行对比分析，以便学生更好地把握数字营销的国际发展趋势。

3. 真实性原则

案例的选择应坚持真实性原则，确保所选案例来源于实际企业或真实项目。通过分析和讨论真实案例，学生可以更加深入地了解数字营销的实际运作过程和问题，从而更好地掌握相关知识和技能。同时，真实案例还能让学生感受到数字营销的实用性和价值，增强他们的学习动力和兴趣。

4. 创新性原则

在选择案例时，应关注那些具有创新性和前瞻性的案例。这些案例通常反映了数字营销领域的最新技术和理念，能够为学生提供更多的启示和灵感。通过分析这些案例，学生可以了解数字营销的最新发展动态和趋势，从而为自己的未来职业发展做好充分的准备。

（三）案例选择的实施步骤

在明确了案例选择的标准和原则后，还需遵循一定的实施步骤来确保案例选择的有效性。首先，教师应根据教学目标和内容，初步筛选出符合标准的案例库。然后，通过对学生兴趣、认知水平和课程进度的综合考虑，对案例库进行进一步的筛选和排序。最后，结合课堂讨论、学生反馈和教学效果评估等因素，对所选案例进行不断优化和调整。

（四）案例选择的意义与价值

选择合适的案例对于项目式教学法在数字营销课程中的实施具有重要意义和价值。一方面，优质案例能够激发学生的学习兴趣和动力，使他们更加积极地参与到项目实践中来。另一方面，通过分析和讨论案例，学生可以深入了解数字营销的实际运作过程和问题，从而提升自己的实践能力和创新精神。此外，案例的选择还有助于培养学生的批判性思维、团队合作和沟通能力等综合素质，为他们未来的职业发展奠定坚实的基础。

案例选择是项目式教学法在数字营销课程中实施的关键环节之一。通过明确案例选择的标准和原则，并遵循科学的实施步骤进行案例筛选和优化，可以确保所选案例的质量和有效性，从而最大限度地发挥项目式教学法的优势和作用。

二、案例分析的流程与方法

在数字营销课程中实施项目式教学法时，案例分析是至关重要的一环。它不仅能够帮助学生深入理解理论知识，还能提升他们的实践能力和创新思维。因此，掌握案例分析的流程与方法对于提高教学效果具有重要意义。

（一）案例分析的准备阶段

1. 案例选择与收集

根据教学目标和内容，选择具有代表性、实践性和启发性的案例。案例可以来源于实际企业、行业报告、专业书籍或网络资源等。在收集案例时，要确保案例的真实性和完整性，以便学生能够全面了解案例的背景和情境。

2. 案例材料的整理与呈现

对收集到的案例材料进行整理，包括案例描述、相关数据、问题陈述等。根据案例的特点和教学目标，选择合适的呈现方式，如文字描述、图表展示、视频演示等。确保案例材料的清晰、简洁和易于理解。

3. 学生分组与任务分配

将学生分成若干小组，每个小组分配一个具体的案例。确保每个小组的成员具有不同的背景和特长，以便他们能够相互协作、共同完成任务。同时，为每个小组制定明确的任务目标和要求，确保他们能够有针对性地进行分析和讨论。

（二）案例分析的实施阶段

1. 案例阅读与分析

学生小组对分配的案例进行仔细阅读，了解案例的背景、情境和问题。然后，小组成员共同讨论、分析案例，识别案例中的关键问题、影响因素和解决方案。在讨论过程中，可以运用所学的数字营销理论和方法进行分析和解释。

2. 观点提炼与汇报准备

在充分讨论和分析的基础上，学生小组提炼出自己的观点和见解。然后，准备汇报材料，包括PPT、演讲稿等。汇报材料应清晰地呈现小组的分析过程、主要观点和建议方案。

3. 课堂汇报与讨论

在课堂上，每个小组轮流进行汇报，展示他们的分析结果和观点。其他小组和教师可以对汇报内容进行提问和点评，促进交流和讨论。通过课堂汇报和讨论，学生可以进一步深化对案例的理解，拓展思维视野。

（三）案例分析的总结与反思阶段

1. 总结与提炼

在案例分析结束后，学生小组对整个分析过程进行总结和提炼。他们可以回顾自己在分析中的表现、收获和不足，总结分析方法和技巧的运用情况。同时，也可以提炼出案例中的共性问题、规律和启示，为今后的学习和实践提供参考。

2. 反思与改进

学生对自己在案例分析中的表现进行反思，思考自己在分析中的优点和不足。然后，根据反思结果制订改进计划，明确自己在今后案例分析中需要改进和提升的方面。

（四）案例分析的方法与技巧

1. 问题导向法

以案例中的问题为导向，引导学生进行深入分析和探讨。通过提出问题、分析问题、解决问题的过程，帮助学生掌握数字营销的核心知识和技能。

2. 对比分析法

将案例中的不同方案、策略或数据进行对比分析，找出它们的异同点和优劣势。通过对比分析，学生可以更加深入地了解数字营销的运作机制和规律。

3. 归纳演绎法

通过对案例中的具体现象和事实进行归纳和总结，提炼出一般性的规律和原则。然后，运用这些规律和原则对新的案例进行演绎和推理，培养学生的逻辑思维和创新能力。

4. 团队协作法

鼓励学生小组内的成员进行充分交流和协作，共同完成任务。通过团队协作，可以培养学生的沟通能力、合作精神和领导力等综合素质。

总之，案例分析的流程与方法在项目式教学法中具有重要意义。通过科学的流程设计和有效的方法运用，可以帮助学生更好地理解和掌握数字营销知识，提升他们的实践能力和创新思维。同时，案例分析也有助于培养学生的批判性思维、问题解决能力和团队协作能力等综合素质，为他们的未来职业发展奠定坚实的基础。

三、案例分析法在提升学生实践能力中的作用

案例分析法作为项目式教学法的重要组成部分，在数字营销课程中发挥着不可替代的作用。它通过引入真实、具体的案例，引导学生深入剖析、思考和实践，从而有效提升学生的实践能力。本节将从四方面详细探讨案例分析法在提升学生实践能力中的作用。

（一）案例分析法有助于增强学生的实际操作能力

传统的理论教学往往侧重于知识的传授和理论的讲解，而案例分析法则更加注重学生的实际操作能力。通过引入真实的案例，学生需要在教师的引导下，对案例进行深入的剖析和讨论，从而理解并掌握相关知识和技能。这一过程中，学生需要运用所学知识，对案例进行实际操作和分析，从而提升自己的实际操作能力。例如，在数字营销课程中，学生可以通过分析一个具体的营销案例，了解并掌握数字营销的策略、技巧和工具，进而在实际操作中加以运用。

（二）案例分析法有助于培养学生的问题解决能力

案例分析法通常涉及对实际问题的分析和解决。每个案例都包含了一定的挑战和难题，学生需要通过分析案例，找出问题的根源，提出解决方案，并预测可能的结果。这一过程锻炼了学生的逻辑思维、批判性思维和创新能力，使他们在面对实际问题时能够迅速找到解决问题的方法。同时，案例分析的多样性也为学生提供了丰富的实践机会，使他们能够在不同的情境中锻炼问题解决的能力。

（三）案例分析法有助于提升学生的团队协作能力

在案例分析过程中，学生通常需要分组进行讨论和分析。这一过程中，学生需要与小组成员共同合作，共同完成任务。通过团队协作，学生可以学会如何与他人沟通、协调和合作，从而提升自己的团队协作能力。此外，团队成员之间的不同观点和思路的碰撞，也能够激发学生的创新思维和灵感，使他们在分析问题和解决问题的过程中更加全面和深入。

（四）案例分析法有助于增强学生的创新思维和实践智慧

案例分析不仅是对已有知识的应用，更是对创新思维的挑战和激发。在分析案例的过程中，学生需要运用所学知识，结合实际情况，提出新颖的解决方案。这一过程不仅考验学生的知识储备，更考验他们的创新思维和实践智慧。通过不断的案例分析实践，学生可以逐渐培养出独立思考、勇于创新的精神，从而在未来的职业生涯中更好地应对各种挑战。

此外，案例分析法还通过真实案例的引入，使学生能够在实践中感受到数字营销的实际运作和效果。这种实践性的学习经验有助于增强学生对数字营销行业的认知和理解，使他们在未来的工作中更加熟悉和适应行业环境。

案例分析法在提升学生实践能力方面发挥着重要作用。通过增强学生的实际操作能力、问题解决能力、团队协作能力以及创新思维和实践智慧，案例分析法为学生提供了一个全面、深入的学习和实践平台。因此，在数字营销课程中应充分利用案例分析法，以提升学生的实践能力为核心目标，不断优化和完善教学方法和手段。

四、案例库的建设与更新机制

在数字营销课程教学中，案例库的建设与更新机制是确保案例分析法有效实施和教学质量持续提升的关键环节。一个丰富、完善且不断更新的案例库能够为学生提供多样化的学习资源和实践机会，促进他们的全面发展。因此，本节将详细探讨案例库的建设与更新机制，以确保其满足教学需求并保持与时俱进。

（一）案例库的建设原则与目标

案例库的建设应遵循一定的原则和目标，以确保其质量和有效性。首先，案例库应紧密围绕数字营销课程的教学目标和内容，确保案例的针对性和相关性。其次，案例库应体现多样性和代表性，涵盖不同行业、不同领域、不同规模的数字营销案例，以便学生能够全面了解数字营销的实际应用和发展趋势。此外，案例库还应注重实践性和创新性，选择具有实际操作价值和创新思维的案例，以提升学生的实践能力和创新精神。

（二）案例库的来源与收集方式

案例库的来源和收集方式对于其质量和丰富性至关重要。一方面，可以通过公开发表的书籍、期刊、报告等渠道收集案例，这些案例经过专业人员的筛选和整理，具有较高的权威性和参考价值。另一方面，可以通过与企业合作、实地调研等方式获取一线实践案例，这些案例更加贴近实际，能够为学生提供更加真实的学习体验。此外，还可以鼓励学生参与案例的收集和整理工作，通过他们的亲身实践和体验，丰富案例库的内容和形式。

（三）案例库的分类与整理

为了确保案例库的有序性和易用性，需要对案例进行分类和整理。可以根据行业、领域、营销策略等维度对案例进行分类，以便学生能够根据自己的学习需求和兴趣选择合适的案例。同时，需要对每个案例进行详细的描述和标注，包括案例背景、问题陈述、解决方案、实施效果等关键信息，以便学生能够快速了解案例的核心内容和价值。此外，还可以建立案例库的索引系统和检索机制，方便学生进行案例的查找和筛选。

（四）案例库的更新与维护机制

案例库的更新与维护是确保其时效性和生命力的关键。首先，需要定期更新案例库，及时添加新的案例，删除过时或重复的案例，以保持案例库的鲜活性和多样性。其次，需要对案例库进行定期的审查和评估，确保案例的质量和准确性。对于存在问题的案例，需要进行修正和完善。此外，还需要建立案例库的反馈机制，鼓励学生和教师提出对案例库的意见和建议，以便不断完善和优化案例库的质量和结构。

同时，案例库的更新与维护还需要关注数字营销行业的最新动态和发展趋势。随着技术的不断进步和市场的不断变化，数字营销领域也在不断涌现出新的策略、工具和方法。因此，案例库的建设者需要保持敏锐的洞察力和敏锐的市场触觉，及时捕捉和整理这些新的案例资源，为教学提供更加丰富和前沿的学习材料。

另外，案例库的更新与维护还需要注重与其他教学资源的整合与共享。可以与其他高校、企业、行业组织等建立合作关系，共享案例资源，共同推动案例库的建设与发展。这样不仅可以丰富案例库的内容和形式，还可以扩大案例库的影响力和应用范围，促进数字营销教育的普及和发展。

总之，案例库的建设与更新机制是数字营销课程教学中不可或缺的一环。通过遵循一定的原则和目标，采用多种渠道收集案例资源，进行科学的分类与整理，并建立有效的更新与维护机制，可以构建一个丰富、完善且不断更新的案例库，为数字营销课程的教学提供有力的支持和保障。

第三节 模拟实训法在数字营销教学中的运用

一、模拟实训法的理论基础与教学目标

模拟实训法作为一种重要的教学方法，在数字营销课程中发挥着不可或缺的作用。它基于深厚的理论基础，旨在实现明确的教学目标，以提升学生的实践能力和综合素质。以下将详细阐述模拟实训法的理论基础与教学目标。

（一）模拟实训法的理论基础

模拟实训法的理论基础主要源于建构主义学习理论、情境学习理论和认知学习理论。

1. 建构主义学习理论

建构主义学习理论强调学习者通过主动建构知识来理解和掌握知识。在模拟实训中，学生不再是被动地接受知识，而是通过模拟真实场景，主动探索、发现和解决问题，从而建构自己的知识体系。这种学习方式有助于培养学生的自主学习能力和创新思维。

2. 情境学习理论

情境学习理论认为学习是在特定情境中发生的，学习者通过与环境的互动来获取知识和技能。模拟实训法通过创设逼真的数字营销环境，让学生在模拟实践中体验真实的职业场景，从而更好地理解和掌握数字营销知识和技能。同时，情境学习还有助于培养学生的适应能力和团队协作能力。

3. 认知学习理论

认知学习理论关注学习者内部的心理过程和认知结构的变化。模拟实训法通过模拟实践任务，让学生在完成任务的过程中进行信息加工、思维判断和问题解决等活动，从而促进其认知结构的发展和完善。此外，认知学习理论还强调知识的迁移和应用，模拟实训法通过模拟不同场景和任务，帮助学生将所学知识迁移到实际工作中，提高其实践能力。

（二）模拟实训法的教学目标

模拟实训法在数字营销课程中的教学目标主要体现在以下几方面：

1. 提升学生的实践能力

模拟实训法通过模拟真实的数字营销环境和任务，让学生在实践中掌握数字营销的核心知识和技能。学生在模拟实践中需要运用所学知识解决实际问题，从而锻炼其实际操作能力和问题解决能力。这种实践性的学习方式有助于学生将理论知识与实际工作相结合，提高其实践能力。

2. 培养学生的创新思维

模拟实训法注重学生的主动参与和探索，鼓励学生在模拟实践中提出新的想法和解决方案。通过模拟不同的数字营销场景和任务，学生可以接触到多样化的信息和问题，从而激发其创新思维和创造力。同时，模拟实训还提供了试错和反思的机会，使学生在实践中不断修正和完善自己的想法，进一步培养其创新思维。

3. 增强学生的团队协作能力

在模拟实训中，学生通常需要分组完成模拟任务，这要求他们学会与他人合作、沟通和协调。通过模拟实践中的团队合作，学生可以学会如何倾听他人的意见、如何与他人分享资源和经验、如何共同解决问题。这种团队协作的经验有助于培养学生的团队合作精神和协作能力，为其未来的职业发展打下坚实的基础。

4.提升学生的职业素养

模拟实训法不仅关注学生对数字营销知识和技能的掌握，还注重培养学生的职业素养。在模拟实践中，学生需要遵守职业规范、遵循工作流程、注重细节和效率等。这些职业素养的培养有助于学生在未来的工作中更好地适应职业环境、提高工作效率和质量。

模拟实训法基于建构主义学习理论、情境学习理论和认知学习理论等深厚的理论基础，旨在提升学生的实践能力、培养创新思维、增强团队协作能力和提升职业素养等教学目标。在数字营销课程中，通过模拟实训法的应用，可以帮助学生更好地理解和掌握数字营销知识和技能，为其未来的职业发展奠定坚实的基础。同时，模拟实训法还有助于培养学生的自主学习能力和终身学习的习惯，使其在未来的学习和工作中不断发展和进步。

二、模拟实训平台的建设与运用

模拟实训平台作为数字营销教学中不可或缺的一环，其建设与运用直接关系到教学效果的优劣。一个完善的模拟实训平台能够为学生提供一个接近真实的市场环境，使他们在实践中学习和掌握数字营销技能，从而为其未来的职业生涯奠定坚实的基础。以下将详细阐述模拟实训平台的建设与运用。

（一）模拟实训平台的建设

模拟实训平台的建设需要综合考虑多方面，包括平台功能的设计、技术实现、资源整合等。

首先，平台功能的设计应紧扣数字营销的核心知识和技能，涵盖市场分析、目标定位、策略制定、实施执行等多个环节。通过模拟真实的营销场景，让学生在平台上进行实际操作，从而熟悉和掌握数字营销的全流程。

其次，技术实现是模拟实训平台建设的关键。平台应采用先进的技术架构，确保系统的稳定性和安全性。同时，平台还应具备良好的用户体验，使学生能够轻松上手，快速进入模拟实训状态。

此外，资源整合也是模拟实训平台建设的重要一环。平台应整合各类数字营销资源，包括数据资源、案例资源、工具资源等，以便学生在实训过程中能够随时调用和参考。这些资源不仅可以丰富实训内容，还可以帮助学生更好地理解和掌握数字营销知识。

（二）模拟实训平台的运用

模拟实训平台的运用需要遵循一定的教学规律和方法，以确保其教学效果的最大化。

首先，教师应根据教学目标和课程内容，制订详细的实训计划。实训计划应明确实训目标、实训任务、实训时间等要素，以便学生在实训过程中能够有针对性地进行学习和操作。

其次，在实训过程中，教师应充分发挥引导作用，及时解答学生的疑问和困惑。同时，教师还应根据学生的实际情况，调整实训难度和进度，确保每个学生都能在实训中有所收获。

再次，模拟实训平台还应支持学生之间的交流和合作。通过团队协作的方式完成实训任务，不仅可以培养学生的团队协作能力，还可以让他们在交流和碰撞中产生新的想法和创意。

最后，实训结束后，教师应及时对实训过程进行总结和评估。通过分析学生在实训中的表现和成果，教师可以了解学生的学习情况和存在的问题，从而调整教学策略和方法，进一步提高教学效果。

（三）模拟实训平台的优化与升级

模拟实训平台的建设与运用并非一蹴而就，而是一个持续优化与升级的过程。

首先，随着数字营销行业的快速发展和技术的不断更新，模拟实训平台需要不断引入新的技术和工具，以保持其先进性和实用性。例如，可以引入大数据分析工具、人工智能算法等先进技术，帮助学生更好地理解和应用数字营销知识。

其次，平台还需要根据学生的学习反馈和市场需求进行功能优化和升级。例如，可以增加更多的实训场景和案例，以丰富实训内容；可以优化平台的用户界面和操作流程，以提升用户体验；还可以增加在线辅导和答疑功能，以更好地满足学生的学习需求。

此外，模拟实训平台的优化与升级还需要注重与其他教学资源的整合与共享。可以与其他高校、企业等建立合作关系，共享实训资源和经验，共同推动模拟实训平台的发展和完善。

模拟实训平台的建设与运用是一个系统工程，需要综合考虑多方面。通过科学的设计、合理的运用以及持续的优化与升级，可以打造一个功能完善、操作便捷、实用性强的模拟实训平台，为数字营销教学提供有力的支持和保障。同时，这也将为学生提供一个更加真实、有效的学习环境，促进他们的实践能力和综合素质的全面提升。

三、模拟实训法的教学设计与实施

模拟实训法作为一种有效的教学方法，在数字营销课程的教学中扮演着至关重要的角色。通过模拟真实的营销环境和任务，它能够帮助学生将理论知识与实践操作相结合，提高学生的实践能力和综合素质。因此，合理的教学设计与实施对于模拟实训法的成功应用至关重要。

（一）教学目标的明确与细化

在实施模拟实训法之前，首先需要明确并细化教学目标。这些目标应围绕数字营销的核心知识和技能，结合学生的实际情况和学习需求进行制定。例如，可以设定如下目标：通过模拟实训，使学生掌握数字营销的基本流程和方法，能够运用所学知识解决实际问题；提高学生的团队协作能力和创新思维；培养学生的职业素养和责任心等。明确的教学目标有助于指导整个教学设计与实施过程，确保教学活动能够围绕目标展开。

（二）教学内容的选择与组织

教学内容的选择与组织是模拟实训法教学设计的关键环节。在选择教学内容时，应充分考虑数字营销课程的特点和学生的学习需求，选择具有代表性、实用性和可操作性的模拟实训项目。同时，应注意与理论教学的衔接和配合，确保学生在掌握理论知识的基础上能够进行实践操作。在组织教学内容时，可以采用模块化、层次化的方式，将实训项目划分为不同的阶段和任务，逐步引导学生深入实践。

（三）教学方法与手段的运用

模拟实训法的教学方法与手段多种多样，包括角色扮演、案例分析、小组讨论等。在运用这些方法时，应根据实训项目的特点和学生的学习特点进行选择和组合。例如，在模拟营销活动的策划与执行过程中，可以采用角色扮演的方式，让学生分别扮演不同的角色，体验不同岗位的工作内容和职责；在分析营销案例时，可以运用小组讨论的方式，让学生共同探讨案例中的问题和解决方案。此外，还可以借助现代化的教学手段，如多媒体教学、在线平台等，提高教学效果和学生的学习体验。

（四）教学过程的监控与调整

教学过程的监控与调整是确保模拟实训法有效实施的关键环节。在教学过程中，教师应密切关注学生的学习情况和进度，及时发现问题并进行调整。例如，当发现学生在某个环节存在困难时，可以给予适当的指导和帮助；当发现实训项目的设计存在不足时，可以及时进行修改和完善。同时，应注重与学生的沟通和交流，鼓励学生提出意见和建议，以便更好地满足学生的学习需求。

（五）教学效果的评估与反馈

教学效果的评估与反馈是模拟实训法教学设计与实施的最后环节。通过评估学生的学习成果和实训效果，可以了解教学方法的优缺点和改进方向。评估方式可以多样化，包括学生自评、互评、教师评价等。在评估过程中，应注重对学生实践能力和综合素质的考查，以全面反映学生的学习情况。同时，应及时向学生反馈评估结果，帮助他们了解自己的学习水平和存在的问题，以便进行针对性的改进和提高。

模拟实训法的教学设计与实施是一个复杂且系统的过程，需要综合考虑多方面。通过明确教学目标、选择和组织教学内容、运用合适的教学方法和手段、监控和调整教学过程以及评估与反馈教学效果等步骤，可以确保模拟实训法的有效实施，提高学生的实践能力和综合素质。同时，这也需要教师在实践中不断探索和创新，以适应数字营销行业的快速发展和变化。

四、模拟实训法的教学效果分析与提升策略

模拟实训法在数字营销教学中以其独特的优势发挥着不可替代的作用。通过对教学效果的深入分析，我们可以更清晰地认识到其成效与不足，进而提出针对性的提升策略，以进一步优化模拟实训法的应用。

（一）模拟实训法的教学效果分析

1. 实践能力提升显著

模拟实训法通过模拟真实的数字营销环境，让学生在实践中学习和掌握相关知识和技能。通过实训操作，学生能够更直观地了解数字营销的流程和方法，从而在实际操作中更加得心应手。这种实践性的学习方式显著提升了学生的实践能力，使他们能够更好地适应未来的职业需求。

2. 团队协作能力得到加强

模拟实训法注重团队合作，要求学生分组完成实训任务。在实训过程中，学生需要相互协作、共同解决问题，这有效地锻炼了他们的团队协作能力。通过团队协作，学生学会了如何与他人有效沟通、分享资源和经验，这对于他们未来的职业发展具有重要意义。

3. 创新思维得到激发

模拟实训法鼓励学生在实训过程中提出新的想法和解决方案。通过模拟不同的营销场景和任务，学生可以接触到多样化的信息和问题，从而激发他们的创新思维和创造力。这种创新性的学习方式有助于培养学生的创新意识和能力，为他们未来的职业发展注入新的活力。

（二）模拟实训法的教学效果提升策略

1. 完善实训内容设计

针对模拟实训法的实施，我们应进一步完善实训内容的设计。首先，要确保实训内容紧密围绕数字营销的核心知识和技能，同时结合行业发展趋势和市场需求进行更新和优化。其次，要注重实训内容的实用性和可操作性，确保学生在实训过程中能够真正掌握和应用所学知识。最后，还应适当增加实训内容的复杂性和挑战性，以激发学生的探究欲望和创新精神。

2. 强化教师指导与反馈

教师在模拟实训法中扮演着至关重要的角色。为了提升教学效果，我们应加强对教师的培训和指导，提高他们在模拟实训教学中的专业素养和能力水平。同时，教师还应注重对学生的实时指导和反馈，及时纠正学生在实训过程中的错误和不足，帮助他们更好地掌握数字营销知识和技能。此外，教师还可以结合学生的实际情况和学习需求，提供个性化的指导和建议，以促进学生的全面发展。

3. 加强与其他教学方法的融合

模拟实训法虽然具有独特的优势，但并非万能的教学方法。在实际应用中，我们应注重将其与其他教学方法进行有机融合，以形成多元化的教学体系。例如，可以将模拟实训法与案例教学、课堂讲授等方法相结合，让学生在掌握理论知识的基础上进行实践操作，从而更好地理解和掌握数字营销知识和技能。此外，还可以引入项目教学、翻转课堂等新型教学方法，以丰富教学手段和形式，提高学生的学习兴趣和参与度。

4. 建立科学的评价体系

为了客观、全面地评价模拟实训法的教学效果，我们应建立科学的评价体系。该体系应包括对学生实践能力、团队协作能力、创新思维等多方面的评价指标，并采用定量和定性相结合的评价方法。通过评价体系的建立和实施，我们可以更准确地了解模拟实训法的教学效果，为教学改进提供依据和支持。同时，可以通过评价结果的反馈和指导，帮助学生更好地认识自己的优点和不足，促进他们的全面发展。

模拟实训法在数字营销教学中具有显著的教学效果和广泛的应用前景。通过完善实训内容设计、强化教师指导与反馈、加强与其他教学方法的融合以及建立科学的评价体系等策略的实施，我们可以进一步提升模拟实训法的教学效果，为学生的职业发展提供更加坚实的支撑和保障。

第四节　翻转课堂在数字营销教学中的探索

一、翻转课堂的核心理念

翻转课堂的核心理念在于对传统教学模式的革新,将学习的主动权交还给学生,使学生从被动的知识接受者转变为积极的探索者和思考者。这一转变不仅有助于激发学生的学习兴趣和主动性,更能提升他们的实践能力和创新思维。

在翻转课堂中,教师不再是单纯的知识传授者,而是成为学生学习过程中的引导者和合作伙伴。学生则通过自主学习、合作探究和互动讨论,更深入地理解和掌握知识,形成对知识的个性化理解和应用。

翻转课堂的核心理念体现了教育信息化的趋势,利用现代信息技术手段构建信息化教学环境,实现教学资源的共享和优化配置。同时,它也强调学生主体性的发挥,鼓励学生积极参与学习过程,培养他们的批判性思维和创新能力。

二、翻转课堂的教学模式

翻转课堂的教学模式主要包括课前自主学习、课中互动探究和课后巩固拓展三个阶段。

在课前自主学习阶段,教师会提供丰富的学习资源,如微课视频、教学课件、学习指导等,供学生预习和自学。学生可以根据自己的学习节奏和兴趣点进行个性化学习,初步掌握基础知识。

在课中互动探究阶段,教师会根据学生的学习情况设计一系列的问题和任务,引导学生进行深入思考和合作探究。学生可以通过小组讨论、角色扮演、案例分析等方式进行互动学习,分享彼此的观点和见解,共同解决问题。这一阶段的学习过程注重学生的参与和体验,有助于培养他们的团队协作能力和创新精神。

在课后巩固拓展阶段,教师会布置相关的作业和练习,帮助学生巩固所学知识,并引导他们进行知识的拓展和应用。学生可以通过完成作业、参与在线讨论、进行实践探究等方式进行知识的内化和提升。这一阶段的学习过程注重学生的反思和总结,有助于培养他们的自主学习能力和终身学习的意识。

翻转课堂的教学模式还强调教学评价的多元化和个性化。教师会根据学生的学习表现和过程进行及时的反馈和评价,鼓励学生进行自我评估和同伴互评。这种评价方式有助于更全面地了解学生的学习情况,为他们的个性化发展提供有针对性的指导。

三、翻转课堂的实施策略与意义

在实施翻转课堂时，教师需要结合学科特点和学生实际，制订具体的教学计划和教学策略。例如，教师可以利用大数据、云计算等信息技术手段，对学生的学习数据进行收集和分析，以便更精准地了解学生的学习需求和学习难点，从而调整教学策略和教学内容。

此外，翻转课堂还需要学校、家庭和社会的共同支持和配合。学校需要提供必要的硬件和软件支持，为翻转课堂的实施创造良好的环境；家庭需要理解和支持翻转课堂的理念和模式，积极参与孩子的学习过程；社会则需要营造一种尊重创新、鼓励探索的氛围，为翻转课堂的推广和应用提供有力的支持。

翻转课堂的实施对于教育改革和发展具有重要意义。它不仅有助于提高学生的学习效果和学习兴趣，更能培养他们的创新能力和实践能力，为他们未来的职业发展和社会参与打下坚实的基础。同时，翻转课堂也有助于推动教师角色的转变和教学能力的提升，促进教育教学的创新和发展。

翻转课堂的核心理念和教学模式体现了教育信息化的趋势和学生主体性的发挥。通过实施翻转课堂，我们可以实现教学资源的共享和优化配置，提高学生的学习效果和兴趣，培养他们的创新能力和实践能力，推动教育教学的创新和发展。因此，我们应该积极探索和推广翻转课堂的教学模式，为培养更多具有创新精神和实践能力的人才做出贡献。

四、翻转课堂在数字营销课程中的实施步骤

翻转课堂作为一种创新的教学模式，其在数字营销课程中的实施，不仅有助于提升学生的实践能力和创新思维，更能使他们更好地适应数字营销行业的快速发展。下面将详细阐述翻转课堂在数字营销课程中的实施步骤。

（一）课前准备与资源设计

1. 明确教学目标与内容

在实施翻转课堂之前，教师首先需要明确数字营销课程的教学目标，确保教学目标与数字营销行业的实际需求紧密结合。同时，教师还需要根据教学目标，精心选择和设计课程内容，确保课程内容既包含基础理论知识，又涵盖实际操作技能。

2. 录制高质量的教学视频

为了让学生在课前进行自主学习，教师需要录制高质量的教学视频。在录制过程中，教师可以采用演示形式展示相关操作流程，或者通过案例和故事形式讲解相关概念。同时，教师还可以邀请数字营销行业的专家进行访谈或分享，为学生提供更广阔的视野和更深入的见解。

3.设计配套的学习资源与练习题

除了教学视频外,教师还需要设计配套的学习资源和练习题,以帮助学生巩固所学知识并提升实际操作能力。学习资源可以包括相关书籍、研究报告、行业案例等;练习题则可以针对课程中的重点难点进行设计,帮助学生加深对知识点的理解和记忆。

(二)课中互动与探究学习

1.组织小组讨论与交流

在课堂上,教师可以组织学生进行小组讨论,让学生分享在自主学习过程中的心得和疑惑。通过小组讨论,学生可以相互启发、相互学习,共同梳理和总结学习成果。同时,教师还可以在讨论过程中进行答疑解惑,帮助学生解决遇到的问题。

2.开展实践操作与案例分析

数字营销课程注重实践操作能力的培养,因此教师可以在课堂上安排实践操作环节。例如,可以让学生分组进行实际营销活动的策划与执行,或者对某个成功的数字营销案例进行深入分析。通过实践操作和案例分析,学生可以更直观地了解数字营销的实际应用和操作技巧,提升他们的实践能力和创新思维。

3.引入行业专家进行现场指导

为了让学生更好地了解数字营销行业的最新动态和发展趋势,教师可以邀请行业专家进行现场指导。行业专家可以分享他们的经验和见解,为学生提供更具体、更实用的建议和指导。同时,学生还可以与行业专家进行互动交流,了解行业的实际需求和发展方向,为未来的职业发展做好准备。

(三)课后总结与反馈评价

1.布置课后作业与项目实践

课后,教师可以布置相关的作业和项目实践,要求学生将所学知识应用到实际情境中。作业可以包括案例分析报告、营销策划方案等;项目实践则可以让学生分组进行实际营销活动的策划与执行。通过课后作业和项目实践,学生可以进一步巩固所学知识,提升他们的实践能力和团队协作能力。

2.进行学生评价与反馈收集

在实施翻转课堂的过程中,教师需要对学生的学习情况进行及时评价和反馈。可以通过作业评分、课堂表现、小组讨论等多种方式进行评价,以了解学生的学习效果和存在的问题。同时,教师还可以收集学生的反馈意见,了解他们对翻转课堂的看法和建议,以便对教学模式进行不断优化和改进。

3.总结教学经验与改进策略

在实施翻转课堂后,教师需要对整个教学过程进行总结和反思,提炼出有效的教学经验和策略。同时，教师还需要根据学生的学习情况和反馈意见，对教学内容、教学方法等进行调整和优化，以进一步提升翻转课堂的教学效果和质量。

翻转课堂在数字营销课程中的实施需要教师在课前、课中和课后三个阶段进行精心设计和组织。通过明确教学目标与内容、录制高质量的教学视频、组织课中互动与探究学习以及进行课后总结与反馈评价等步骤，可以有效地提升学生的学习效果和实践能力，为他们未来的职业发展打下坚实的基础。

五、翻转课堂对学生自主学习能力的培养

在数字营销课程中实施翻转课堂的教学模式，不仅是对传统教学模式的革新，更是对学生自主学习能力培养的重要途径。通过翻转课堂的实施，学生能够更加主动地参与到学习过程中，从而提升他们的自主学习能力。

（一）翻转课堂激发学生自主学习的内在动力

1. 自主掌控学习节奏

翻转课堂的教学模式允许学生根据自己的学习节奏和兴趣进行自主学习。学生在课前通过观看教学视频、阅读学习资料等方式，可以初步掌握课程的基础知识和核心概念。这种自主掌控学习节奏的方式，使学生能够根据自己的实际情况合理安排学习时间，提高学习效率。

2. 激发学习兴趣和好奇心

翻转课堂通过引入丰富的案例、实际操作和互动讨论等元素，使学习内容更加生动、有趣。学生在自主学习的过程中，能够更深入地了解数字营销的实际应用和行业发展趋势，从而激发他们的学习兴趣和好奇心。这种兴趣和好奇心的激发，将进一步推动学生主动探索和学习，培养他们的自主学习能力。

（二）翻转课堂提升学生自主学习的方法和技能

1. 学会利用学习资源

在翻转课堂中，学生需要学会利用各种学习资源，如网络课程、电子图书、数据库等，以获取所需的知识和信息。通过不断尝试和摸索，学生将逐渐掌握利用这些资源的方法和技巧，提高获取信息的效率和准确性。

2. 培养批判性思维

翻转课堂强调学生的主动思考和批判性思维。在自主学习过程中，学生需要对所学内容进行深入分析和思考，提出自己的见解和观点。通过与同学和教师的互动讨论，学生将学会如何理性地看待问题、分析问题，并培养自己的批判性思维能力。

3. 增强实践能力

数字营销课程注重实践能力的培养。在翻转课堂中，学生可以通过完成实际项目、参与案例分析等方式，将所学知识应用到实际情境中。这种实践性的学习方式有助于提高学生的实践能力和解决问题的能力，使他们更好地适应未来的职业需求。

（三）翻转课堂优化学生自主学习的环境与氛围

1. 构建良好的师生互动关系

翻转课堂的教学模式使教师成为学生学习过程中的引导者和合作伙伴。教师通过在线答疑、课堂讨论等方式，与学生保持密切的互动和联系。这种良好的师生互动关系有助于增强学生的学习信心和动力，使他们更加愿意主动参与自主学习过程。

2. 营造积极的学习氛围

翻转课堂鼓励学生之间的合作与分享。通过小组讨论、协作完成任务等方式，学生可以相互学习、相互帮助，共同解决问题。这种积极的学习氛围有助于提高学生的团队协作能力和沟通能力，使他们更加乐于自主学习和与他人交流。

3. 提供个性化的学习支持

翻转课堂的教学模式允许教师根据学生的实际情况提供个性化的学习支持。教师可以根据学生的学习进度、兴趣特点等因素，为他们量身订制学习计划和资源推荐。这种个性化的学习支持有助于满足学生的不同需求，提高他们的学习效果和满意度。

翻转课堂对学生自主学习能力的培养具有显著的影响。通过激发学生自主学习的内在动力、提升学生自主学习的方法和技能以及优化学生自主学习的环境与氛围，翻转课堂能够帮助学生更好地适应数字营销行业的发展需求，提高他们的综合素质和竞争力。因此，在数字营销课程中推广和应用翻转课堂的教学模式具有非常重要的意义和价值。

六、翻转课堂与传统课堂的结合与互补

翻转课堂与传统课堂，作为两种截然不同的教学模式，各有其优势和局限。在实际教学过程中，将翻转课堂与传统课堂进行有机结合，实现两者之间的互补，能够进一步提升教学效果，促进学生的全面发展。

（一）翻转课堂与传统课堂的优势互补

1. 翻转课堂强化学生的自主学习与探究能力

翻转课堂强调学生的自主学习和主动探究，通过课前观看教学视频、阅读学习资料等方式，学生能够对课程内容进行初步理解和掌握。这种学习方式有助于培养学生的独立思考能力和创新精神，使他们能够更好地适应未来社会的发展需求。

相比之下，传统课堂更注重教师的讲解和学生的听讲，虽然能够系统地传授知识，但往往缺乏对学生自主学习和探究能力的培养。因此，将翻转课堂引入传统课堂，可以弥补这一不足，使教学更加全面和深入。

2.传统课堂保障知识的系统传授与深度解析

传统课堂以教师为主导，通过教师的讲解和演示，能够系统地传授知识，帮助学生建立完整的知识体系。同时，传统课堂还注重知识的深度解析和拓展，能够帮助学生深入理解课程内容的内涵和外延。

翻转课堂虽然能够提升学生的自主学习和探究能力，但在知识传授方面可能存在一定的不足。因此，将传统课堂与翻转课堂相结合，可以在保障知识系统传授的同时，提升学生的自主学习和探究能力，实现教学的双重目标。

（二）翻转课堂与传统课堂的结合策略

1.课前翻转与课中讲解相结合

在课前阶段，教师可以利用翻转课堂的理念，为学生提供教学视频、学习资料等自主学习资源，帮助学生进行初步的学习和理解。在课中阶段，教师可以针对学生的自主学习情况，进行有针对性地讲解和补充，帮助学生解决学习中遇到的问题，加深对知识点的理解和记忆。

这种结合方式既可以保证学生有足够的自主学习时间和空间，又可以确保教师能够对学生的学习情况进行及时的指导和反馈，提高教学效果。

2.线上学习与线下实践相结合

翻转课堂主要依赖于线上学习资源进行自主学习，而传统课堂则更注重线下实践和应用。因此，在结合翻转课堂与传统课堂时，可以将线上学习与线下实践相结合，形成完整的学习闭环。

在线上学习阶段，学生可以通过观看教学视频、参与在线讨论等方式进行自主学习；在线下实践阶段，学生则可以在教师的指导下进行实际操作和练习，将所学知识应用到实际情境中。这种结合方式既可以提高学生的自主学习能力，又可以培养他们的实践能力和创新精神。

3.个性化学习与集体讨论相结合

翻转课堂强调学生的个性化学习，而传统课堂则更注重集体讨论和交流。在结合两者时，可以充分利用两者的优势，实现个性化学习与集体讨论的有机结合。

在个性化学习阶段，学生可以根据自己的学习节奏和兴趣进行自主学习；在集体讨论阶段，学生则可以与同学和教师进行互动交流，分享学习心得和体会，共同解决问题。这种结合方式既可以满足学生的个性化需求，又可以培养他们的团队协作能力和沟通能力。

(三)翻转课堂与传统课堂结合的实践意义

1. 提升教学效果与质量

通过翻转课堂与传统课堂的结合,可以充分利用两者的优势资源,形成互补效应,从而提升教学效果与质量。一方面,翻转课堂可以激发学生的学习兴趣和主动性,提高他们的自主学习和探究能力;另一方面,传统课堂则可以保障知识的系统传授和深度解析,帮助学生建立完整的知识体系。

2. 促进学生的全面发展

翻转课堂与传统课堂的结合有助于促进学生的全面发展。在翻转课堂模式下,学生可以培养自主学习能力、批判性思维和创新精神;而在传统课堂模式下,学生可以锻炼团队协作能力、沟通能力和问题解决能力。两者的结合能够使学生在知识、能力、素质等方面得到全面提升。

3. 推动教育教学的改革创新

翻转课堂与传统课堂的结合是教育教学改革创新的重要体现。通过探索和实践这种新型教学模式,可以推动教师更新教育观念、改进教学方法和手段,促进教育教学的现代化和信息化。同时,这种结合也有助于构建更加开放、多元、包容的教育环境,为培养更多具有创新精神和实践能力的人才提供有力支持。

翻转课堂与传统课堂的结合与互补对于提升教学效果、促进学生的全面发展以及推动教育教学的改革创新具有重要意义。在实际教学过程中,我们应该根据课程特点和学生需求,灵活运用这两种教学模式,实现优势互补,共同推动教育教学质量的提升。

第五节 混合式教学在数字营销教学中的优化

一、混合式教学的概念与特点

(一)混合式教学的概念

混合式教学,顾名思义,是指在教学过程中,将传统课堂教学与在线学习两种形式有机结合,形成一种新型的教学模式。它旨在充分利用现代信息技术的优势,将线上和线下的教学资源、教学策略和教学评价进行有效整合,以提供更加灵活、个性化且高效的教学体验。

混合式教学不是简单地将线上与线下教学相加，而是经过深思熟虑的教学设计，使得两种教学形式能够相互补充、相互促进。在这种模式下，教师不再仅仅是知识的灌输者，而是成为学生学习的引导者和促进者；学生也不再是被动地接受知识，而是能够主动地参与学习过程，进行自主探究和合作学习。

（二）混合式教学的特点

1. 教学资源与形式的混合性

混合式教学最显著的特点在于其教学资源与形式的混合性。它融合了传统课堂面对面教学的优势，如师生实时互动、情感交流等，同时借助了在线学习的便捷性和灵活性，如学习资源的丰富性、学习进度的自主性等。这种混合使得教学不再局限于固定的时间和空间，为学生提供了更多的学习选择和可能性。

2. 教学策略的多样性

混合式教学的教学策略具有多样性。教师可以根据学生的学习需求、课程性质及教学目标，灵活选择适合的教学策略。例如，对于理论性较强的内容，可以采用讲授法、讨论法等传统教学方法；对于实践性较强的内容，则可以利用在线模拟、案例分析等教学方法。这种教学策略的多样性有助于激发学生的学习兴趣，提高他们的学习效果。

3. 学习过程的个性化

混合式教学注重学习过程的个性化。通过在线学习平台，教师可以收集学生的学习数据，了解他们的学习进度、学习风格及学习需求。基于这些数据，教师可以为每个学生制定个性化的学习计划，提供针对性的学习资源和学习建议。这种个性化的学习安排有助于满足学生的不同需求，促进他们的全面发展。

4. 教学评价的综合性

混合式教学的教学评价具有综合性。它不仅关注学生的学习成绩，还注重学生在学习过程中的表现、参与度及合作能力等方面的评价。通过线上线下的综合评价，教师可以更全面地了解学生的学习状况，为他们的后续学习提供更有针对性的指导。同时，这种综合性的评价也有助于培养学生的综合素质，提高他们的综合能力。

5. 师生角色的转变与互动性的增强

在混合式教学中，师生的角色发生了转变。教师从知识的传授者转变为学习的引导者和促进者，而学生则从被动的学习者转变为积极的参与者和探究者。这种转变增强了师生之间的互动性，使得教学过程更加生动有趣。同时，学生之间的合作与交流也得到了加强，他们可以通过在线平台进行小组讨论、协作学习等活动，共同解决问题、分享成果。

（三）混合式教学的实施条件

实施混合式教学需要具备一定的条件。首先，学校需要提供必要的硬件设施和技术支持，如建设稳定的在线学习平台、提供足够的学习资源等。其次，教师需要具备信息化教学能力，能够熟练运用在线教学工具和方法进行课程设计和实施。此外，学生也需要具备一定的自主学习能力和信息素养，能够适应在线学习的要求并有效利用在线资源进行学习。

（四）混合式教学的优势与挑战

混合式教学具有诸多优势，如提高教学效果、促进个性化学习、增强师生互动等。然而，它也面临着一些挑战，如何平衡线上线下的教学比例、如何确保在线学习的质量和效果、如何评估学生的学习成果等。因此，在实施混合式教学时，需要充分考虑这些因素并制订相应的解决方案。

（五）混合式教学的未来发展

随着信息技术的不断发展和教育理念的更新，混合式教学将继续得到深入研究和广泛应用。未来，混合式教学将更加注重教学设计的创新和教学资源的整合，为学生提供更加丰富、多元的学习体验。同时，随着大数据、人工智能等技术的应用，混合式教学的教学评价和个性化学习将得到进一步优化和提升。

混合式教学是一种融合了传统课堂教学与在线学习优势的教学模式，具有教学资源与形式的混合性、教学策略的多样性、学习过程的个性化以及教学评价的综合性等特点。通过实施混合式教学，可以有效提高教学效果、促进学生的全面发展并推动教育的改革创新。

二、混合式教学在数字营销教学中的实施策略

随着信息技术的迅猛发展和数字营销领域的日益壮大，混合式教学在数字营销教学中的作用越发凸显。通过融合传统课堂与在线学习的优势，混合式教学不仅能够提升数字营销课程的教学效果，更能培养学生的实际操作能力和创新思维。以下将详细探讨混合式教学在数字营销教学中的实施策略。

（一）构建数字营销混合式教学平台

实施混合式教学首先需要一个稳定、功能完善的在线教学平台。该平台应具备课程资源管理、在线学习、作业提交、互动讨论等功能，以支持学生随时随地进行自主

学习和互动交流。同时，平台还应具备数据分析功能，帮助教师收集学生的学习数据，为个性化教学提供数据支持。

在构建平台时，应注重用户体验和界面设计，确保学生能够轻松上手并高效使用。此外，还应考虑平台的兼容性和扩展性，以适应不同设备和未来可能的功能需求。

（二）设计线上线下相结合的课程体系

数字营销课程内容丰富且更新迅速，因此，在设计课程体系时，应充分结合线上线下教学的特点，形成优势互补。线上部分可以包括理论知识的讲解、案例分析和模拟实操等内容，通过视频、音频、图文等多种形式呈现，以激发学生的学习兴趣和主动性。线下部分则注重实践操作和团队协作能力的培养，通过课堂讨论、项目实践、企业参观等方式，让学生在实践中深化对理论知识的理解和应用。

同时，课程体系的设计还应注重层次性和递进性，从基础知识到专业技能再到综合应用，逐步提升学生的数字营销能力。

（三）实施个性化的教学策略

混合式教学强调学生的主体性和个性化学习。因此，在数字营销教学中，教师应根据学生的兴趣、能力和学习进度，制订个性化的教学计划和学习路径。通过在线平台的数据分析功能，教师可以了解学生的学习情况和学习需求，为他们提供针对性的学习资源和指导。同时，教师还可以利用在线平台开展分层教学和差异化教学，以满足不同学生的学习需求。

此外，教师还可以鼓励学生进行自主学习和合作学习，通过在线平台的互动讨论功能，促进学生之间的交流和合作，共同解决问题和分享经验。

（四）开展多元化的教学评价

混合式教学的教学评价应该多元化、全面化。除了传统的考试和作业评价外，还应注重学生在学习过程中的表现、参与度以及实践能力的评价。通过在线平台的数据收集和分析功能，教师可以实时了解学生的学习进度和成果，进行及时的反馈和指导。同时，教师还可以邀请企业导师或行业专家参与教学评价，从实际应用的角度对学生的数字营销能力进行客观评价。

多元化的教学评价有助于更全面地了解学生的学习状况和能力水平，为后续的教学改进和个性化教学提供依据。

(五)加强师资培训与团队建设

实施混合式教学对教师的信息技术素养和教学能力提出了更高的要求。因此,学校应加强对数字营销教学师资的培训和团队建设,提升他们的混合式教学能力。培训内容可以包括在线教学平台的使用、数字营销课程的设计与实施、学生个性化学习指导等方面。同时,学校还可以组织教师开展混合式教学经验分享和研讨活动,促进教师之间的交流与合作,共同提升数字营销教学的质量和水平。

此外,学校还可以与企业合作,邀请具有丰富实践经验的数字营销专家参与教学团队,为学生提供更加贴近实际的教学内容和指导。

混合式教学在数字营销教学中的实施策略包括构建数字营销混合式教学平台、设计线上线下相结合的课程体系、实施个性化的教学策略、开展多元化的教学评价以及加强师资培训与团队建设等方面。通过这些策略的实施,可以有效提升数字营销课程的教学效果和质量,培养学生的实际操作能力和创新思维,为他们的未来发展奠定坚实的基础。

三、混合式教学资源的整合与利用

在数字营销教学中实施混合式教学,资源的整合与利用是至关重要的一环。有效地整合和利用教学资源,不仅能够丰富教学内容,提升教学质量,还能增强学生的学习体验,促进他们的全面发展。以下将从五方面详细探讨混合式教学资源的整合与利用。

(一)教学资源的多元化整合

混合式教学资源的整合应追求多元化,包括教材、案例、视频、音频、图片等多种形式的教学资源。这些资源可以来源于网络、图书馆、企业实践等多种渠道。在整合过程中,应注重资源的适用性和针对性,根据数字营销课程的特点和学生的学习需求,筛选出高质量的教学资源。

同时,教师还可以利用在线教学平台,将整合好的教学资源进行数字化处理,形成电子课件、在线测试、互动讨论等教学模块,方便学生随时随地进行学习。

(二)在线教学资源的深度挖掘

随着信息技术的不断发展,网络上的教学资源日益丰富。教师应积极挖掘和利用这些在线教学资源,为数字营销教学提供有力的支持。例如,教师可以利用搜索引擎、专业网站等途径,获取最新的数字营销案例、行业动态和研究成果,将其融入教学中,使教学内容更加贴近实际、具有时效性。

此外，教师还可以利用在线开放课程、慕课等优质教学资源，引导学生进行自主学习和拓展学习，拓宽他们的知识视野和思维广度。

（三）实践教学资源的有效利用

数字营销是一门实践性很强的学科，因此实践教学资源的利用至关重要。教师可以积极与企业合作，建立实践教学基地，为学生提供真实的数字营销实践环境。通过参与企业项目、实习实训等方式，学生可以深入了解数字营销的实际运作过程，提升他们的实践能力和创新精神。

同时，教师还可以利用模拟软件、虚拟实验室等实践教学资源，让学生在模拟环境中进行数字营销的操作和实践，培养他们的实际操作能力和解决问题的能力。

（四）教学资源库的构建与维护

为了更好地整合和利用教学资源，学校可以建立数字营销教学资源库。资源库应包含丰富的教学资源，如电子课件、案例库、视频教程、在线测试等，并设置便捷的检索和下载功能，方便教师和学生使用。

在构建资源库时，应注重资源的分类和标签化，方便用户快速找到所需资源。同时，应建立资源的更新和维护机制，确保资源的时效性和准确性。

（五）教学资源共享的推广与实施

教学资源的共享是实现资源整合与利用的重要途径。学校可以积极推广教学资源共享的理念和实践，鼓励教师之间、学校之间、校企之间开展教学资源的共享与合作。通过搭建共享平台、开展合作交流等方式，促进教学资源的流通和优化配置，提高资源利用效率。

同时，学校还可以加强对教学资源共享的管理和监督，确保共享过程的规范性和公平性。对于贡献优质教学资源的教师或团队，可以给予一定的奖励和激励，以调动他们的积极性和创造性。

混合式教学资源的整合与利用是一个复杂且重要的过程。通过多元化整合教学资源、深度挖掘在线教学资源、有效利用实践教学资源、构建与维护教学资源库以及推广与实施教学资源共享等措施，可以充分发挥教学资源在数字营销教学中的作用和价值，提升教学质量和效果，促进学生的全面发展。

四、混合式教学的教学效果评价与持续改进

混合式教学在数字营销教学中的应用，其教学效果的评价与持续改进是保证教学质量和提升学生学习成效的关键环节。通过对教学效果的科学评价，教师可以了解学

生的学习状况,发现教学中的问题,进而进行针对性的改进,促进教学效果的不断提升。以下将从五方面详细探讨混合式教学的教学效果评价与持续改进。

(一)建立多维度的评价体系

混合式教学的教学效果评价应建立多维度的评价体系,包括知识掌握、技能提升、学习态度、创新能力等多方面。通过综合运用在线测试、作业分析、课堂表现、项目实践等多种评价手段,全面评估学生的学习成果和综合能力。同时,应注重评价的客观性和公正性,确保评价结果的真实可信。

(二)强化过程性评价与反馈

混合式教学注重学习过程和学习体验,因此过程性评价尤为重要。教师可以通过在线教学平台的数据分析功能,实时了解学生的学习进度和表现,及时给予反馈和指导。同时,应鼓励学生进行自我评价和同伴评价,促进他们之间的交流和合作,共同提升学习效果。

(三)实施教学效果的定期评估

为了全面了解混合式教学的教学效果,学校应定期组织教学效果评估活动。通过问卷调查、座谈会、专家评审等方式,收集教师、学生和企业的意见和建议,对教学效果进行全面评估。评估结果将作为改进教学的重要依据,帮助教师发现教学中的不足和问题,为后续的改进提供方向。

(四)针对问题制定改进措施

根据教学效果评估的结果,教师应针对存在的问题制定具体的改进措施。例如,针对教学资源不足的问题,可以积极寻求外部资源支持或开发新的教学资源;针对学生学习积极性不高的问题,可以优化教学方法和手段,增强课堂的互动性和趣味性;针对实践环节薄弱的问题,可以加强与企业的合作,为学生提供更多的实践机会。

(五)建立持续改进的循环机制

教学效果评价与持续改进是一个循环往复的过程。教师应将评价结果及时反馈到教学中,调整教学策略和方法,提升教学质量。同时,还应关注学生的学习需求和反馈,不断优化教学内容和资源,提升学生的学习体验。此外,学校还应建立激励机制,鼓励教师积极参与教学改革和创新,推动混合式教学在数字营销教学中的深入应用和发展。

通过建立多维度的评价体系、强化过程性评价与反馈、实施教学效果的定期评估、针对问题制定改进措施以及建立持续改进的循环机制等措施，可以实现对混合式教学效果的科学评价和持续改进。这不仅有助于提升数字营销课程的教学质量和效果，更能培养学生的综合能力和创新精神，为他们的未来发展奠定坚实的基础。

第六章 高职数字营销人才培养的师资力量建设

第一节 师资力量的现状分析与问题诊断

一、当前高职数字营销师资力量的总体状况

在当前高职数字营销人才培养的过程中,师资力量的状况直接关系到人才培养的质量和效果。随着数字营销行业的快速发展和高职教育的不断改革,高职数字营销师资力量的总体状况也在发生深刻变化。以下从三方面对当前高职数字营销师资力量的总体状况进行深入分析。

(一)师资结构逐步优化,但专业化程度仍需提升

近年来,高职院校在数字营销专业师资队伍建设方面取得了显著成效,师资结构逐步优化。一方面,高职院校积极引进具有丰富实践经验和深厚理论功底的数字营销专业人才,充实到教学团队中,提升了师资队伍的整体水平。另一方面,高职院校也注重加强校内教师的培训和进修,通过参加各种学术研讨会、企业实践等方式,提升教师的专业素养和实践能力。

然而,尽管师资结构得到了一定程度的优化,但专业化程度仍需进一步提升。当前,一些高职院校的数字营销专业教师仍然存在专业知识结构不够系统、实践经验不足等问题,难以完全满足数字营销人才培养的需求。因此,高职院校需要进一步加大引进和培养力度,提升数字营销专业师资队伍的专业化水平。

(二)实践教学能力不断增强,但创新教学方法仍需探索

实践教学是高职数字营销人才培养的重要环节,也是检验教师教学效果的重要手段。当前,高职院校在数字营销专业实践教学方面投入了大量的人力、物力和财力,实践教学能力不断增强。一方面,高职院校积极与企业合作,建立了一批实践教学基地,

为学生提供了丰富的实践机会。另一方面，高职院校也注重加强实践教学的管理和指导，通过制定实践教学大纲、完善实践教学评价体系等方式，提升实践教学的质量和效果。

然而，尽管实践教学能力得到了提升，但创新教学方法仍需进一步探索。当前，一些高职院校在数字营销专业教学中仍然采用传统的讲授式教学方法，难以激发学生的学习兴趣和积极性。因此，高职院校需要积极探索创新教学方法，如案例教学、项目教学等，以提升学生的实践能力和创新能力。

（三）科研水平稳步提升，但产学研合作仍需深化

科研水平是衡量高职院校师资力量的重要指标之一。当前，高职院校在数字营销专业科研方面取得了显著进展，科研水平稳步提升。一方面，高职院校的教师积极参与各种科研项目和学术活动，发表了一系列高质量的学术论文和著作。另一方面，高职院校也注重加强与企业的合作，开展了一系列产学研合作项目，推动了数字营销行业的发展。

然而，尽管科研水平得到了提升，但产学研合作仍需进一步深化。当前，一些高职院校在产学研合作方面还存在合作机制不够完善、合作项目不够紧密等问题，难以充分发挥产学研合作的优势。因此，高职院校需要进一步加强与企业的沟通和合作，建立更加紧密的产学研合作关系，推动数字营销行业的创新和发展。

当前高职数字营销师资力量的总体状况呈现出积极的发展态势，但也存在一些问题和不足。为了进一步提升高职数字营销人才培养的质量和效果，高职院校需要继续加强师资队伍建设，提升教师的专业素养和实践能力，探索创新教学方法，深化产学研合作，为数字营销行业的发展提供有力的人才保障。

二、师资力量存在的问题与挑战分析

在高职数字营销人才培养的过程中，师资力量的现状既有值得肯定的一面，也面临着诸多问题和挑战。这些问题的存在，不仅影响了教学质量，也制约了人才培养的成效。以下从三方面对高职数字营销师资力量存在的问题与挑战进行深入分析。

（一）理论与实践脱节，难以适应行业快速变化

当前，高职数字营销专业的部分教师存在理论与实践脱节的问题。这些教师往往拥有扎实的理论功底，但缺乏实际的数字营销操作经验，难以将理论知识与实践应用相结合。同时，随着数字营销行业的快速发展，新的技术、工具和方法层出不穷，但部分教师的知识更新速度较慢，难以跟上行业的变化。这导致在教学过程中，教师难以将最新的行业动态和实践经验传授给学生，影响了学生对行业的认知和适应能力。

针对这一问题，高职院校应加强与企业的合作，鼓励教师参与企业的实际项目，提升教师的实践操作能力。同时，建立教师定期培训和进修机制，确保教师能够及时更新知识，跟上行业的发展步伐。

（二）教学方法单一，缺乏创新性和针对性

在教学方法上，部分高职数字营销专业的教师仍然采用传统的讲授式教学方法，缺乏创新性和针对性。这种教学方法往往以教师为中心，忽视了学生的主体性和差异性，难以激发学生的学习兴趣和积极性。同时，由于缺乏对行业特点和市场需求的深入了解，部分教师在教学内容和方式上缺乏针对性，难以培养出符合市场需求的高素质数字营销人才。

为了改变这一现状，高职院校应鼓励教师探索和实践案例教学、项目教学等创新教学方法，提升教学的互动性和实效性。同时，加强与行业企业的合作与交流，了解行业的最新动态和市场需求，将行业标准和实际案例引入教学中，提升教学的针对性和实用性。

（三）师资力量分布不均，缺乏高层次人才

在高职数字营销专业师资力量的分布上，存在不均衡的问题。一些高职院校的数字营销专业师资力量较为薄弱，缺乏高层次人才和领军人物。这导致这些院校在数字营销人才培养方面难以形成特色和优势，也难以吸引优秀的学生和教师。

为了解决这一问题，高职院校应加大对数字营销专业师资队伍的建设投入，积极引进和培养高层次人才和领军人物。通过设立专项资金、提供优厚待遇等方式，吸引更多的优秀人才加入数字营销教学团队。同时，加强校内教师的培训和进修，提升教师的专业素养和教学能力，形成一支结构合理、素质优良的数字营销专业师资队伍。

高职数字营销师资力量在理论与实践脱节、教学方法单一以及师资力量分布不均等方面存在着问题和挑战。为了提升高职数字营销人才培养的质量和效果，高职院校需要正视这些问题和挑战，加强师资队伍建设和管理，推动教师不断更新知识和提升能力，探索和实践创新教学方法，并努力引进和培养高层次人才，为数字营销行业的发展提供有力的人才保障。

三、师资力量对行业发展的适应性评估

高职数字营销专业师资力量的建设，不仅关乎人才培养的质量，更直接关系到数字营销行业的未来发展。在当前数字化、网络化、智能化的时代背景下，对师资力量的适应性进行评估，对于优化师资结构、提升教学质量、推动行业进步具有重要意义。本小节将从四方面对高职数字营销师资力量对行业发展的适应性进行深入评估。

（一）师资力量的知识结构与行业发展需求的匹配度

首先，我们需要评估高职数字营销专业教师的知识结构与当前数字营销行业发展的需求是否匹配。数字营销作为一个快速发展的行业，不断涌现出新的技术、工具和理念。因此，教师是否具备前沿的理论知识、实践经验和技能水平，将直接影响人才培养的质量和效果。

当前，高职数字营销专业的教师大多拥有较为完善的营销理论知识体系，但在数字化技能、数据分析、社交媒体运营等方面可能存在不足。为了提升与行业需求的匹配度，教师应积极参加行业培训、研讨会等活动，不断更新自己的知识结构，掌握最新的行业动态和技术趋势。同时，高职院校也应加强与企业的合作，邀请行业专家来校讲座、授课，为学生提供更贴近实际的教学内容。

（二）实践教学能力与行业实践需求的契合度

实践教学是高职数字营销人才培养的关键环节，因此，教师的实践教学能力对于人才培养的质量具有重要影响。我们需要评估教师的实践教学能力与当前数字营销行业的实践需求是否契合。

在实践教学方面，高职数字营销专业的教师应具备项目策划、执行和评估的能力，能够指导学生完成实际项目，提升学生的实践能力。同时，教师还应关注行业的最新动态和趋势，将行业实践中的典型案例和成功经验引入教学中，使学生能够更好地了解行业现状和未来发展方向。

然而，目前部分高职数字营销专业的教师在实践教学方面还存在一定的不足，如缺乏实际项目经验、对行业实践了解不够深入等。为了解决这些问题，高职院校应加强与企业的合作，建立实践教学基地，为教师提供实践机会和平台。同时，教师也应积极参与企业的实际项目，提升自己的实践教学能力。

（三）科研创新能力与行业创新发展的同步性

科研创新能力是衡量高职数字营销专业教师适应行业发展水平的重要指标之一。教师的科研创新能力不仅关系到学术成果的产生，更对行业的创新发展起到推动作用。

在科研创新方面，高职数字营销专业的教师应关注行业的最新研究动态和前沿技术，积极开展科研活动，探索新的理论和方法。同时，教师还应与企业合作开展应用研究，将科研成果转化为实际应用，推动行业的创新发展。

四、师资力量建设的关键问题与改进方向

在高职数字营销人才培养的师资力量建设中，存在着一系列关键问题，这些问题制约了师资队伍的发展，影响了人才培养的质量。因此，需要明确改进方向，采取有效的措施加以解决。

（一）关键问题：引进与培养机制不健全

当前，高职数字营销专业在引进和培养师资方面存在机制不健全的问题。一方面，高职院校在引进数字营销专业人才时，往往缺乏明确的引进标准和程序，导致引进的人才质量参差不齐；另一方面，高职院校对于现有教师的培训和进修投入不足，缺乏系统的培养计划和有效的激励机制，导致教师的专业素养和教学能力难以得到提升。

针对这一问题，高职院校应建立健全的引进与培养机制。在引进方面，应制定明确的引进标准和程序，注重考查候选人的专业能力、实践经验和学术成果，确保引进的师资符合数字营销专业的教学需求。在培养方面，应加大对现有教师的培训和进修投入，制订系统的培养计划和激励机制，鼓励教师参加各种学术研讨会、企业实践等活动，提升教师的专业素养和实践能力。

（二）关键问题：产学研合作不够深入

产学研合作是提升高职数字营销师资力量的重要途径，但目前高职院校在产学研合作方面还存在不够深入的问题。一方面，高职院校与企业的合作形式单一，缺乏实质性的合作项目；另一方面，高职院校在与企业合作时，往往缺乏有效的沟通机制和合作平台，导致合作效果不佳。

为了深化产学研合作，高职院校应积极探索多元化的合作形式，如共建实践教学基地、开展联合科研项目等，加强与企业的实质性合作。同时，建立有效的沟通机制和合作平台，加强与企业之间的信息交流和技术共享，推动产学研合作的深入发展。

（三）关键问题：评价体系不完善

目前，高职数字营销专业的师资评价体系还不够完善，存在评价标准不明确、评价方式单一等问题。这导致了对教师教学效果和学术贡献的评估不够准确和全面，难以激励教师积极参与教学和科研工作。

为了完善评价体系，高职院校应制定明确的评价标准，综合考虑教师的教学效果、学术成果、实践经验等多方面，确保评价的全面性和准确性。同时，采用多种评价方式相结合的方法，如学生评价、同行评价、专家评审等，以获取更加客观、公正的评价结果。

（四）关键问题：激励机制不足

激励机制是激发教师积极性和创造力的重要手段，但目前高职数字营销专业的激励机制还存在不足。一方面，高职院校在薪酬待遇、职称晋升等方面缺乏足够的吸引力；另一方面，高职院校在奖励机制上缺乏创新，难以激发教师的创新精神和积极性。

为了完善激励机制，高职院校应提高教师的薪酬待遇和福利水平，吸引和留住优秀人才。同时，建立科学的职称晋升制度，注重考察教师的实际贡献和创新能力，为教师的职业发展提供广阔的空间。此外，创新奖励机制，设立教学成果奖、科研创新奖等，对在教学和科研方面取得突出成绩的教师给予表彰和奖励，激发教师的创新精神和积极性。

高职数字营销师资力量建设的关键问题包括引进与培养机制不健全、产学研合作不够深入、评价体系不完善及激励机制不足等。针对这些问题，高职院校需要采取有效的措施加以改进，包括完善引进与培养机制、深化产学研合作、完善评价体系及优化激励机制等。通过这些改进措施的实施，可以推动高职数字营销师资力量的发展，提升人才培养的质量和效果，为数字营销行业的发展提供有力的人才保障。

第二节 师资培养与引进的策略与措施

一、师资培养的长远规划与短期目标

师资培养是提升高职数字营销教育质量的核心环节，既要有长远的战略规划，又需设立切实可行的短期目标，确保培养工作的有序开展与持续优化。

（一）长远规划：构建完善师资培养体系，提升整体教学实力

长远规划着眼于未来，旨在构建一套完善、科学的师资培养体系，全面提升高职数字营销专业的教学实力。具体规划如下：

1.建立系统的师资培养机制

制订详细的师资培养计划和方案，明确培养目标、内容、方法和时间节点，确保培养工作的系统性和连续性。

2.加强师资队伍建设

通过引进高层次人才、选拔优秀青年教师、鼓励教师参加各类培训和进修等方式，不断优化师资队伍结构，提升整体教学水平。

3. 深化产学研合作

与企业、行业组织等建立紧密的合作关系，共同开展师资培养项目，实现资源共享、优势互补，提升教师的实践能力和行业认知。

4. 建立激励机制

完善教师评价体系和奖励机制，激发教师的积极性和创新精神，鼓励教师在教学、科研等方面取得更多成果。

（二）短期目标：提升教师个体能力，优化教学效果

短期目标则更侧重于解决当前存在的问题，提升教师的个体能力，优化教学效果。具体目标如下：

1. 提高教师的教学水平

通过组织教学观摩、教学研讨等活动，帮助教师掌握先进的教学方法和手段，提升课堂教学质量和效果。

2. 加强教师的实践能力

鼓励教师参加企业实践、项目开发等活动，增强教师的实践经验和操作能力，使教学更加贴近实际、更具针对性。

3. 提升教师的科研能力

引导教师关注行业前沿动态，积极参与科研项目和学术活动，提升教师的科研水平和创新能力。

4. 培养教师的团队协作精神

加强教师之间的交流与合作，形成良好的团队协作精神，共同推动数字营销专业的发展。

（三）师资培养内容与方式创新

在规划实施过程中，应注重师资培养内容与方式的创新。一方面，结合数字营销行业的最新发展动态和市场需求，不断更新培养内容，确保教师能够掌握最新的知识和技能；另一方面，采用多样化的培养方式，如线上线下相结合的培训模式、校企合作共同培养等，以满足不同教师的个性化需求。

（四）实施与监控机制建设

为确保长远规划与短期目标的顺利实现，需要建立有效的实施与监控机制。首先，成立专门的师资培养工作小组，负责规划的具体实施和日常管理工作；其次，建立定期评估与反馈机制，对培养工作进行阶段性评估和总结，及时发现问题并进行调整；最后，加强与相关部门的沟通与协作，形成合力推动师资培养工作的深入开展。

通过构建完善师资培养体系、设立切实可行的短期目标、创新培养内容与方式以及建立实施与监控机制等措施,可以有效提升高职数字营销专业师资队伍的整体素质和教学水平,为培养更多高素质的数字营销人才奠定坚实基础。同时,这些措施也有助于推动高职数字营销教育的持续发展和创新,提升教育质量和社会认可度。

二、内部培养与外部引进的结合策略

在高职数字营销师资力量的建设中,内部培养与外部引进是相辅相成的两个重要方面。内部培养能够激发教师的潜力,提升现有师资队伍的整体素质;而外部引进则能够引入新的思想和理念,为师资队伍注入新的活力。因此,结合内部培养与外部引进的策略,是优化高职数字营销师资力量的有效途径。

(一)内部培养:挖掘潜力,提升素质

内部培养是师资队伍建设的基石,旨在通过系统的培训和激励机制,挖掘教师的潜力,提升他们的专业素养和教学能力。

首先,高职院校应建立完善的培训体系,包括定期的教学研讨、实践技能培训、行业前沿知识更新等。通过这些培训活动,教师可以不断更新自己的知识体系,提升教学水平和实践能力。同时,高职院校还应鼓励教师参加各类学术交流活动,如学术研讨会、行业论坛等,以拓宽教师的视野,增强他们的创新意识和合作能力。

其次,高职院校应建立科学的激励机制,激发教师的内在动力。这包括设立教学成果奖、科研创新奖等奖励措施,对在教学和科研方面取得突出成绩的教师给予表彰和奖励。同时,高职院校还可以通过提供职业发展机会、晋升机会等方式,激发教师的职业发展热情,促使他们更加积极地投身于教学和科研工作中。

(二)外部引进:注入新鲜血液,增强活力

外部引进是师资队伍建设的重要补充,通过引进高水平、有经验的数字营销人才,可以迅速提升师资队伍的整体水平。

首先,高职院校应明确引进人才的标准和要求,注重考察候选人的学术背景、实践经验、教学能力等方面。同时,高职院校还应积极拓展引进人才的渠道,通过参加招聘会、与猎头公司合作、与相关企业建立人才合作机制等方式,积极寻找符合引进标准的人才。

其次,高职院校应为引进人才提供良好的工作和生活环境,包括优厚的薪酬待遇、完善的福利待遇、良好的学术氛围等。这些措施可以吸引更多优秀人才加入高职数字营销师资队伍,并激发他们的工作热情和创造力。

此外,高职院校还应注重引进人才与现有师资队伍的融合。通过组织座谈会、交

流会等活动，加强引进人才与现有教师之间的交流与合作，促进知识共享和经验传承。同时，高职院校还可以建立导师制度，让引进人才在导师的指导下更快地适应新的工作环境和教学任务。

（三）内部培养与外部引进的有机结合

内部培养与外部引进并不是孤立的两个过程，而是需要有机结合、相互促进的。高职院校在师资队伍建设中应实现二者的有机衔接，形成一个良性循环。

一方面，通过内部培养提升现有教师的专业素养和教学能力，为他们未来的职业发展打下坚实基础。同时，这些经过培养的教师也可以成为未来引进人才的榜样和引领者，带动整个师资队伍的不断提升。

另一方面，通过外部引进引入新的思想和理念，为师资队伍注入新的活力。这些引进人才带来的新鲜血液和先进经验可以激发整个师资队伍的创新意识和合作能力，推动师资队伍的整体进步。

在结合内部培养与外部引进的过程中，高职院校还应注重建立科学的评价体系和反馈机制。通过对教师的教学效果、科研成果、实践能力等方面进行全面评价，及时发现和解决问题，不断优化师资队伍的结构和素质。同时，高职院校还应加强与行业企业的合作与交流，了解行业需求和发展趋势，为师资队伍的建设提供更加精准的指导和支持。

内部培养与外部引进的结合策略是优化高职数字营销师资力量的有效途径。通过挖掘内部潜力、提升教师素质以及引入外部优秀人才等方式，可以打造一支高素质、专业化的数字营销师资队伍，为高职数字营销教育的持续发展提供有力保障。

三、校企合作在师资培养中的应用

校企合作是高职数字营销师资培养的重要途径，通过与企业建立紧密的合作关系，可以实现资源共享、优势互补，提升教师的实践能力和行业认知，进而优化教学效果和推动专业发展。本小节将从以下三点详细阐述校企合作在师资培养中的应用。

（一）搭建校企合作平台，实现资源共享

为了有效实施校企合作，高职院校应主动与企业建立联系，搭建校企合作平台，实现资源共享。首先，高职院校可以与企业签订合作协议，明确双方在师资培养方面的权利和义务，确保合作的顺利进行。其次，高职院校可以邀请企业参与师资培养计划的制订和实施，根据企业的需求和标准，调整培养方案，使培养出的教师更符合企业的用人要求。此外，高职院校还可以与企业共享教学资源，如实训设备、教学案例等，提升教师的教学水平和实践能力。

（二）开展实践项目合作，提升教师实践能力

实践是提升教师实践能力的有效途径，校企合作可以为教师提供丰富的实践机会。高职院校可以与企业合作开展实践项目，如共同研发新产品、开展市场调研等，让教师参与其中，深入了解企业的运营模式和市场需求。通过实践项目的合作，教师可以将理论知识与实际工作相结合，提升自己的实践能力和问题解决能力。同时，实践项目合作还可以促进教师与企业的沟通与交流，加深彼此的了解和信任，为未来的合作奠定坚实基础。

（三）建立教师企业实践制度，增强行业认知

为了增强教师的行业认知，高职院校可以建立教师企业实践制度，鼓励教师定期到企业进行实践锻炼。通过深入企业一线，教师可以亲身体验企业的运营过程，了解行业的最新动态和发展趋势。同时，教师还可以与企业员工进行交流与合作，学习他们的先进经验和工作方法，提升自己的专业素养和综合能力。此外，教师还可以将企业的实践案例引入课堂教学中，丰富教学内容，提高教学效果。

在实施校企合作的过程中，高职院校还需要注意以下几点：

首先，要选择合适的合作企业。高职院校应根据自己的专业特色和培养目标，选择具有代表性、实力雄厚的企业进行合作，确保合作的质量和效果。

其次，要建立健全的合作机制。高职院校应与企业建立长效合作机制，明确双方的责任和义务，确保合作的稳定性和可持续性。同时，高职院校还应加强对合作项目的监督和管理，确保项目的顺利进行和成果的有效转化。

最后，要注重合作成果的推广和应用。高职院校应积极推广校企合作取得的成果和经验，吸引更多的企业参与合作，推动师资培养工作的深入开展。同时，高职院校还应将合作成果应用到教学和科研中，提升教学质量和科研水平。

总之，校企合作在高职数字营销师资培养中具有重要的应用价值。通过搭建校企合作平台、开展实践项目合作、建立教师企业实践制度等方式，可以实现资源共享、提升教师实践能力和增强行业认知的目标。同时，高职院校还需要注意选择合适的合作企业、建立健全的合作机制以及注重合作成果的推广和应用等问题，以确保校企合作取得实效。

四、激励机制与职业发展路径的设计

在高职数字营销师资培养与引进的过程中，激励机制与职业发展路径的设计是激发教师工作热情、提升教学质量、促进教师专业发展的重要环节。本小节将从以下三点详细阐述激励机制与职业发展路径的设计。

(一)构建多元化的激励机制

为了激发教师的工作热情和创造力,高职院校应构建多元化的激励机制,包括物质激励、精神激励和职业发展激励等。

首先,物质激励是基础。高职院校可以通过提高教师的薪资待遇、发放奖金和津贴等方式,给予教师物质上的回报,满足他们的基本生活需求。同时,高职院校还可以设立教学成果奖、科研创新奖等奖励措施,对在教学和科研方面取得突出成绩的教师给予表彰和奖励,激励他们继续努力。

其次,精神激励同样重要。高职院校可以通过举办教学比赛、学术研讨会等活动,为教师提供展示才华的平台,增强他们的荣誉感和归属感。同时,高职院校还可以建立教师荣誉制度,对优秀教师进行表彰和宣传,树立榜样,激发其他教师的进取心。

最后,职业发展激励是关键。高职院校应为教师提供广阔的职业发展空间和晋升机会,让他们看到未来的希望和方向。例如,可以设立教师职称晋升制度,明确晋升条件和标准,鼓励教师积极提升自己的学术水平和教学能力;还可以建立教师交流访学机制,支持教师到国内外知名高校或企业进行交流学习,拓宽他们的视野和思路。

(二)设计个性化的职业发展路径

每个教师都有自己的特长和兴趣,因此,高职院校应为教师设计个性化的职业发展路径,帮助他们实现自我价值。

首先,高职院校应了解教师的个人发展规划和目标,结合学校的整体发展战略,为教师制订个性化的职业发展计划。这些计划应充分考虑教师的专业背景、教学经验、科研能力等因素,确保计划的科学性和可行性。

其次,高职院校应为教师提供多样化的职业发展路径选择。例如,对于教学型教师,可以鼓励他们深入钻研教学方法和手段,提升教学效果;对于科研型教师,可以支持他们开展课题研究、发表学术论文等,提升科研水平;对于实践型教师,可以安排他们到企业实践锻炼、参与项目合作等,提升实践能力。

最后,高职院校还应建立职业发展评估机制,定期对教师的职业发展情况进行评估和反馈。通过评估,可以了解教师在职业发展中的问题和困难,及时给予指导和帮助;通过反馈,可以激励教师不断调整自己的职业发展方向和策略,实现更好的职业发展。

(三)强化激励机制与职业发展路径的协同作用

激励机制与职业发展路径是相辅相成的,二者应相互强化、相互促进。

首先,激励机制应为职业发展路径提供动力。高职院校在设立奖励措施时,应充分考虑教师的职业发展需求,将奖励与教师的职业发展紧密结合起来。例如,可以将职称晋升、职务提升等职业发展机会与教师的教学成果、科研成果等绩效表现挂钩，激发教师积极投入教学和科研工作的热情。

其次，职业发展路径应为激励机制提供支撑。高职院校在设计职业发展路径时，应充分考虑激励机制的作用，确保路径的可行性和吸引力。例如，可以为教师提供丰富的职业发展机会和资源，让他们看到通过努力可以实现的目标和成果；同时，可以建立科学的评价体系和反馈机制，确保教师的努力和付出得到公正的评价和回报。

最后，高职院校还应加强激励机制与职业发展路径的沟通和协调。通过定期召开教师座谈会、职业发展规划会等活动，加强与教师之间的沟通和交流，了解他们的需求和想法，及时调整和完善激励机制和职业发展路径的设计和实施。

激励机制与职业发展路径的设计是高职数字营销师资培养与引进工作中的重要环节。通过构建多元化的激励机制、设计个性化的职业发展路径以及强化二者之间的协同作用，可以有效激发教师的工作热情、提升教学质量、促进教师的专业发展。同时，这些措施也有助于提升高职院校的整体办学水平和竞争力，为培养更多高素质的数字营销人才提供有力保障。

第三节　师资评价与激励机制的建立与完善

一、师资评价体系的构建原则与标准

师资评价体系的构建是高职数字营销教育中至关重要的一环，它不仅关系到教师个人职业发展的公正性和合理性，更直接影响教学质量和学科发展的整体水平。因此，在构建师资评价体系时，必须遵循一定的原则和标准，以确保评价的客观性、公正性和有效性。

（一）全面性原则

全面性原则强调师资评价应涵盖教师工作的各方面，包括教学、科研、社会服务等多个维度。评价体系应综合考虑教师的教学质量、科研成果、社会服务贡献等因素，以全面反映教师的综合素质和能力水平。同时，评价体系还应注重教师的个人发展和成长，关注教师的专业成长和职业规划，为教师的全面发展提供有力支持。

（二）客观性原则

客观性原则要求师资评价应以事实为依据，避免主观臆断和偏见。评价体系应建立明确的评价标准和指标，采用科学、合理的评价方法和手段，确保评价结果的客观性和准确性。同时，评价过程应公开透明，接受广大师生的监督，确保评价的公正性和公平性。

（三）发展性原则

发展性原则强调师资评价应关注教师的成长和发展，而不是仅仅停留在对过去工作的总结和评价上。评价体系应关注教师的潜力挖掘和未来发展，为教师提供有针对性的培训和发展机会，促进教师的专业成长和职业发展。同时，评价结果应作为教师改进工作和提升能力的重要依据，激励教师不断追求进步和发展。

在遵循以上原则的基础上，师资评价体系的具体标准应包括以下几方面：

1. 教学能力标准

评价教师的教学质量、教学方法、教学效果等方面，关注教师的教学创新和对学生成长的促进作用。

2. 科研能力标准

评价教师的科研成果、科研水平、科研创新等方面，关注教师的学术贡献和学科发展的推动作用。

3. 社会服务能力标准

评价教师参与社会服务的情况、社会影响力等方面，关注教师对社会发展的贡献和影响力。

4. 个人素质标准

评价教师的职业道德、团队合作精神、沟通能力等方面，关注教师的综合素质和人格魅力。

这些标准应相互补充、相互支撑，形成一个完整、科学的师资评价体系。同时，这些标准也应根据学科特点、学校实际情况等因素进行适当调整和完善，以确保评价的针对性和有效性。

二、量化评价与质性评价的结合方法

在师资评价体系中，量化评价与质性评价是两种重要的评价方式，它们各有优劣，相互补充。将两者结合起来，可以更全面、准确地评价教师的工作表现和专业能力。本小节将从以下三点详细阐述量化评价与质性评价的结合方法。

（一）明确量化评价与质性评价的定位与功能

量化评价主要通过数据、指标等可量化的方式对教师的工作进行客观、精确的评价。它关注教师的教学工作量、科研成果数量等具体指标，具有操作简便、结果直观的优点。然而，量化评价往往难以涵盖教师的全部工作内容，尤其是那些难以用数据衡量的方面，如教师的创新精神、教学风格等。

质性评价则侧重于对教师工作的深入理解和全面描述，通过观察、访谈、案例分析等方式，揭示教师工作的内在逻辑和价值。质性评价能够弥补量化评价的不足，更全面地反映教师的工作表现和专业素养。但是，质性评价的操作过程相对复杂，需要投入较多的时间和精力。

因此，在结合量化评价与质性评价时，应明确两者的定位与功能，充分发挥各自的优势，避免相互之间的冲突和重复。具体来说，可以通过设置合理的量化指标来评价教师的基本工作情况，同时运用质性评价来深入探究教师的教育理念和教学方法，从而实现对教师工作的全面评价。

（二）构建融合量化与质性指标的综合评价体系

为了更好地结合量化评价与质性评价，需要构建一个融合两者指标的综合评价体系。这个体系既包含可量化的教学成果、科研成果等量性指标，又包含反映教师教育理念、教学方法等质性方面的评价指标。

在构建综合评价体系时，应注意以下几点：首先，要确保评价指标的全面性和代表性，能够涵盖教师工作的各方面；其次，要根据学校的实际情况和学科特点来设置具体的评价指标和权重；最后，要注重评价指标的可操作性和可比较性，以便于评价工作的顺利进行和结果的客观分析。

通过构建综合评价体系，可以将量化评价与质性评价有机地结合起来，形成一个既科学又全面的评价体系。这个体系不仅能够客观地评价教师的工作表现，还能够为教师提供有针对性的改进建议和发展方向。

（三）完善评价过程与结果的应用机制

评价过程和结果的应用是确保评价工作有效性和可持续性的关键。在结合量化评价与质性评价时，应完善评价过程与结果的应用机制。

首先，要确保评价过程的公正性和透明度。评价过程中应公开评价标准、评价方法和评价程序，接受广大教师的监督。同时，要确保评价者的专业性和独立性，避免主观臆断和偏见对评价结果的影响。

其次，要注重评价结果的应用和反馈。评价结果不仅是对教师工作的一种总结和评价，更应成为教师改进工作和提升能力的重要依据。因此，在评价结束后，应及时将评价结果反馈给教师，并针对评价结果提出具体的改进建议和发展方向。同时，学校应根据评价结果制定相应的激励措施和发展计划，以激发教师的工作热情和创造力。

此外，还应建立评价结果的跟踪与反馈机制。定期对教师的评价结果进行跟踪和反馈，了解教师的改进情况和成长进步，及时调整评价标准和指标，以确保评价工作的针对性和有效性。

量化评价与质性评价的结合方法是师资评价体系中的重要环节。通过明确两者的定位与功能、构建综合评价体系以及完善评价过程与结果的应用机制，可以实现对教师全面、客观、公正的评价，促进教师的专业成长和职业发展。同时，这种结合方法也有助于提高评价工作的科学性和有效性，为学校的师资队伍建设提供有力支持。

三、激励机制与绩效评估的对接

在高职数字营销教育中，激励机制与绩效评估的对接是提升教师工作积极性、确保教学质量与效率的关键环节。二者的有效对接不仅有助于形成公平、合理的竞争氛围，更能推动教师个人与学校整体的共同发展。本小节将从以下三点详细阐述激励机制与绩效评估的对接方法。

（一）建立绩效评估与激励机制的联动机制

绩效评估是对教师工作成果和贡献的量化评价，而激励机制则是根据评价结果给予教师相应的奖励或惩罚。因此，建立绩效评估与激励机制的联动机制是实现二者对接的基础。具体来说，可以通过将绩效评估结果作为激励机制制定的重要依据，确保奖励与教师的实际贡献相匹配。同时，对于绩效不佳的教师，也应采取相应的激励措施，帮助他们找出问题所在，提升工作表现。

在联动机制的建立过程中，应注重以下几点：首先，要确保绩效评估的公正性和准确性，避免主观臆断和偏见对评价结果的影响；其次，要根据学校的实际情况和教师的需求，制定合理、有效的激励措施；最后，要注重激励措施的多样性和灵活性，以满足不同教师的个性化需求。

（二）设计科学合理的绩效评估体系

绩效评估体系的设计是实现激励机制与绩效评估对接的核心。一个科学合理的绩效评估体系应能够全面、客观地反映教师的工作表现，为激励机制的制定提供有力支持。在设计绩效评估体系时，应注意以下几点：

1. 明确评估目标

评估体系应明确反映教师的教学质量、科研能力、社会服务等多方面，确保评估的全面性。

2. 量化与质化相结合

评估体系既要包含可量化的指标，如教学工作量、科研成果等，又要注重质化评价，如教学方法、学术影响力等，以全面反映教师的综合素质。

3. 动态调整与优化

评估体系应根据学校的发展目标和教师的成长需求进行动态调整和优化，确保其适应性和有效性。

通过设计科学合理的绩效评估体系，可以为激励机制的制定提供客观、准确的依据，确保激励措施的有效性和针对性。

（三）实现激励措施与绩效评估结果的精准对接

激励措施与绩效评估结果的精准对接是实现激励机制与绩效评估对接的关键环节。具体来说，就是要根据绩效评估结果，对教师进行有针对性的激励。对于表现优秀的教师，应给予相应的物质奖励、荣誉表彰及晋升机会等，以激发他们的积极性和创造力；对于表现欠佳的教师，则应通过培训、辅导等方式帮助他们提升能力，同时采取一定的约束措施，促使他们改进工作。

在实现激励措施与绩效评估结果的精准对接时，应注意以下几点：首先，要确保激励措施的及时性和有效性，避免因延迟或无效激励而影响教师的积极性；其次，要注重激励措施的个性化和差异化，以满足不同教师的需求；最后，要建立健全反馈机制，及时了解教师对激励措施的反应和意见，以便对激励机制进行持续优化。

此外，为了确保激励机制与绩效评估的长期有效性，还需要定期对二者进行审视和调整。随着学校发展目标的变化和教师队伍的成长，绩效评估体系和激励机制都应进行相应的更新和优化。这不仅可以确保它们始终与学校的实际需求保持一致，还能为教师的持续成长提供有力保障。

激励机制与绩效评估的对接是高职数字营销教育中不可或缺的一环。通过建立联动机制、设计科学合理的绩效评估体系以及实现激励措施与绩效评估结果的精准对接，可以充分激发教师的工作热情和创新精神，推动学校整体教学质量的提升和学科发展的繁荣。同时，这种对接也有助于形成公平、竞争、合作的良好氛围，为学校的长远发展奠定坚实基础。

四、师资评价结果的反馈与应用

师资评价结果的反馈与应用是师资评价工作的关键环节,它直接关系到评价工作的效果和教师个人及学校整体的发展。有效的反馈与应用机制不仅能够激发教师的工作热情,促进教师的专业成长,还能够为学校管理层提供决策依据,推动学校教学质量的提升和学科建设的完善。本小节将从以下三点详细阐述师资评价结果的反馈与应用。

(一)建立及时、透明的反馈机制

师资评价结果的反馈是评价工作的重要组成部分,它能够帮助教师了解自己的工作表现,发现自身的优点和不足,从而有针对性地改进和提升。因此,建立及时、透明的反馈机制至关重要。

具体而言,学校应设立专门的评价反馈渠道,确保评价结果能够及时、准确地传达给每位教师。同时,反馈过程应公开透明,避免产生任何形式的暗箱操作或主观偏见。在反馈过程中,学校应尊重教师的个人隐私和尊严,避免将评价结果作为对教师个人能力的唯一评判标准。

此外,反馈内容应具体、明确,既要指出教师的工作成绩和亮点,也要明确指出存在的问题和不足,为教师提供有针对性的改进建议。这样,教师才能从反馈中获得有价值的信息,进而调整自己的工作策略和方法。

(二)促进评价结果在教师个人发展中的应用

师资评价结果的最终目的是促进教师的个人发展,提升教师的专业素养和教学能力。因此,学校应充分利用评价结果,为教师提供个性化的成长支持。

一方面,学校可以根据评价结果,为教师制订个性化的培训计划和发展路径。针对评价中发现的不足和短板,学校可以组织相关的培训和学习活动,帮助教师提升教学水平和科研能力。同时,学校还可以根据教师的兴趣和特长,为其提供更多的发展机会和平台,激发教师的创新精神和创造力。

另一方面,学校还可以将评价结果与教师的职称评定、职务晋升、绩效考核等相结合,让评价结果真正成为教师个人发展的重要依据。这样不仅能够激发教师的工作热情和积极性,还能够形成良性的竞争氛围,推动教师之间的相互学习和进步。

(三)推动评价结果在学校决策和管理中的应用

师资评价结果不仅对教师个人发展具有重要意义,还为学校决策和管理提供了宝贵的参考信息。学校应充分利用评价结果,优化师资配置,提升教学质量和学科建设水平。

首先,学校可以根据评价结果,对师资队伍的整体结构进行合理调整。针对评价结果中表现优秀的教师,学校可以给予更多的支持和资源倾斜,鼓励其在教学和科研方面取得更大的成就。同时,对于评价结果不佳的教师,学校可以加强培训和指导,帮助其提升能力水平,或者根据学校需求进行岗位调整。

其次,学校可以利用评价结果,优化教学资源配置和课程安排。通过分析评价结果中反映的教学问题和需求,学校可以调整课程设置和教学计划,提升教学效果和学生学习体验。同时,学校还可以根据评价结果,对教学设施和设备进行升级改造,为教师提供更好的教学条件和资源支持。

此外,学校还可以将评价结果作为学科建设和发展的重要依据。通过分析评价结果中反映的学科优势和不足,学校可以制定针对性的学科发展规划和策略,推动学科的可持续发展。同时,学校还可以根据评价结果,优化科研团队的组建和研究方向的选择,提升学校的科研实力和影响力。

在推动评价结果的应用过程中,学校还需要注重与其他部门的协同合作。例如,与人事部门合作制订个性化的教师发展计划,与教务部门合作优化教学资源配置等。通过跨部门合作,可以形成合力,共同推动师资评价结果的深入应用。

师资评价结果的反馈与应用是师资评价工作的重要环节。通过建立及时、透明的反馈机制,促进评价结果在教师个人发展中的应用,以及推动评价结果在学校决策和管理中的应用,可以充分发挥评价工作的作用和价值,促进教师个人和学校整体的共同发展。同时,这也需要学校管理层的高度重视和持续努力,确保评价结果的反馈与应用工作能够得到有效实施和不断优化。

第四节 师资团队建设与管理的创新实践

一、师资团队的组成与结构优化

在高等教育领域,师资团队的组成与结构优化是提升教学质量、推动学科发展、实现学校战略目标的关键环节。一个优秀的师资团队不仅应具备扎实的专业知识和丰富的教学经验,还应拥有创新思维和团队协作精神。因此,对师资团队的组成进行科学规划,对结构进行合理优化,是提升学校整体竞争力的必由之路。

(一)师资团队组成的多元化

师资团队的多元化是提升教学质量和创新能力的重要保障。多元化的团队组成能够带来不同的思维方式和教学风格，有助于激发学生的学习兴趣和创新精神。因此，在组建师资团队时，应注重教师来源的多样性，包括不同学科背景、不同学术流派、不同工作经验的教师。同时，还应积极引进具有海外留学或工作经历的优秀教师，以拓宽国际视野，提升团队的国际化水平。

在多元化的基础上，还应注重团队成员的互补性。互补性不仅体现在专业知识和技能上，还体现在性格、风格等方面。一个优秀的师资团队应该是一个能够相互学习、相互借鉴、共同成长的团队。通过团队成员之间的互补，可以形成合力，共同应对教学和研究中的挑战。

（二）师资团队结构的合理化

师资团队结构的合理化是提升团队凝聚力和工作效率的关键。在构建师资团队时，应根据学科特点和发展需求，合理设置教学岗位和研究岗位，确保团队成员能够充分发挥自己的专长和优势。同时，应注重团队成员的年龄、职称、学历等方面的合理搭配，形成老中青相结合的梯队结构，为团队的可持续发展提供有力保障。

在职称结构上，应适当增加高级职称教师的比例，发挥他们在教学和科研中的引领作用。同时，要重视中青年教师的培养和发展，为他们提供更多的成长机会和空间。在学历结构上，应鼓励教师继续深造，提升学历层次和学术水平。通过合理的职称和学历结构搭配，可以形成一支既有经验又有活力的师资团队。

（三）师资团队管理的创新实践

师资团队管理的创新实践是提升团队效能和激发教师积极性的重要手段。传统的师资团队管理往往注重规范和约束，而忽视了激励和引导。因此，在创新实践中，应更加注重教师的主体地位和个性需求，采用更加灵活和人性化的管理方式。

首先，应建立健全的教师评价机制。评价机制应既注重教学成果的量化考核，又关注教学过程的质性评价；既重视科研产出的数量和质量，又考虑教师的学术影响力和社会服务贡献。通过科学、公正、全面的评价，可以激发教师的积极性和创造力，推动团队的整体发展。

其次，应搭建良好的教师发展平台。学校应提供充足的教学资源和研究经费，支持教师开展教学改革和科学研究。同时，应组织各种形式的学术交流活动，为教师提供展示自己成果、交流经验、拓宽视野的机会。通过搭建平台、提供机会，可以促进教师的专业成长和团队的整体进步。

最后，应营造和谐的团队文化氛围。团队文化是团队凝聚力和向心力的源泉。在师资团队建设中，应注重培养团队成员之间的信任和合作精神，形成积极向上、互相支持的工作氛围。同时，应关注教师的心理健康和职业发展需求，为他们提供必要的心理支持和职业规划指导。通过营造和谐的团队文化，可以增强教师的归属感和忠诚度，提升团队的整体效能。

师资团队的组成与结构优化是提升学校教学质量和科研水平的关键环节。通过实现团队组成的多元化、结构的合理化以及管理的创新实践，可以构建一支高效、和谐、充满活力的师资团队，为学校的发展提供有力的人才保障和智力支持。在未来的发展中，学校应继续加强师资团队建设与管理的创新实践探索，不断提升团队的综合素质和创新能力，为实现学校的战略目标做出更大的贡献。

二、团队协作与沟通机制的建设

在师资团队建设与管理中，团队协作与沟通机制的建设至关重要。有效的团队协作能够激发教师们的集体智慧，提升教学和研究水平；而良好的沟通机制则能够确保信息的畅通无阻，促进团队成员之间的理解和信任。因此，本小节将从以下三方面详细阐述团队协作与沟通机制的建设。

（一）建立明确的团队协作目标与规范

目标是团队协作的指南针，规范是团队协作的保障。在师资团队建设中，首先要明确团队的整体目标，确保每位成员都能够清晰地认识到自己在团队中的角色和使命。同时，需要制定具体的团队协作规范，包括分工合作、资源共享、成果认定等方面的规定，以确保团队成员能够按照统一的标准和要求开展工作。

在明确目标与规范的过程中，要注重团队成员的参与和共识。可以通过召开团队会议、组织讨论等方式，让每位成员充分发表自己的意见和建议，最终形成大家共同认可的目标和规范。这样不仅能够增强团队成员的归属感和责任感，还能够确保团队协作的顺利进行。

（二）构建多元化的沟通渠道与平台

沟通是团队协作的桥梁，也是解决问题的重要途径。在师资团队建设中，需要构建多元化的沟通渠道与平台，以满足不同团队成员的沟通需求。这些渠道和平台可以包括定期的团队会议、不定期的座谈会、线上交流平台等。

通过定期的团队会议，可以及时了解团队成员的工作进展和遇到的问题，共同商讨解决方案；不定期的座谈会则可以针对某一特定话题进行深入探讨，激发团队成员的思维火花；线上交流平台则可以随时随地进行信息交流和资源共享，提高沟通效率。

在构建沟通渠道与平台时，要注重其有效性和实用性。要确保每个渠道和平台都能够真正发挥作用，为团队成员提供便捷的沟通服务。同时，要根据团队成员的反馈和实际需求，不断优化和完善这些渠道和平台，使其更加符合团队成员的沟通习惯和需求。

(三)培养团队协作与沟通能力

团队协作与沟通能力是每位团队成员必备的基本素质。在师资团队建设中，需要注重培养团队成员的团队协作与沟通能力，帮助他们更好地融入团队、发挥作用。

可以通过组织培训、分享会等形式，向团队成员传授团队协作与沟通的技巧和方法，帮助他们提高团队协作意识和沟通能力。同时，可以鼓励团队成员之间进行互相学习和交流，分享彼此的经验和心得，促进团队成员之间的共同成长。

在培养团队协作与沟通能力的过程中，要注重实践与应用。要让团队成员在实际工作中运用所学的技巧和方法，不断积累经验和提升能力。同时，要对团队成员的表现进行及时反馈和指导，帮助他们不断改进和进步。

此外，建立激励机制也是促进团队协作与沟通的重要手段。对于在团队协作中表现突出的成员，应给予适当的奖励和表彰，以激发他们的积极性和创造力。同时，对于在沟通中积极发表意见、提出建设性建议的成员，也应给予充分的肯定和鼓励，以营造开放、包容的沟通氛围。

团队协作与沟通机制的建设是师资团队建设与管理中的关键环节。通过明确目标与规范、构建多元化沟通渠道与平台以及培养团队协作与沟通能力等措施，可以有效提升师资团队的凝聚力和执行力，推动团队向更高水平发展。在未来的工作中，我们应继续深化团队协作与沟通机制的建设，不断优化和完善相关措施，为师资团队的长远发展奠定坚实基础。

同时，我们还应认识到团队协作与沟通机制建设是一个持续的过程，需要随着团队发展和外部环境的变化不断调整和完善。因此，我们需要保持开放的心态和创新的思维，不断探索和实践新的团队协作与沟通方式，以适应不断变化的教育环境和需求。

此外，团队协作与沟通机制的建设还需要得到学校层面的支持和保障。学校应提供相应的政策和资源支持，为师资团队的协作与沟通创造有利条件。同时，学校还应加强对师资团队建设的监督和评估，确保团队协作与沟通机制的有效实施和持续改进。

总之，团队协作与沟通机制的建设是提升师资团队整体效能和推动学校发展的重要保障。通过不断努力和实践，我们可以构建更加高效、和谐的师资团队，为教育事业的发展贡献更多力量。

三、师资团队的创新氛围营造

在师资团队的建设与管理中，创新氛围的营造是激发教师创新活力、推动团队持续发展的重要环节。一个充满创新氛围的师资团队，能够激发教师的创造潜能，促进教学科研的深度融合，提升团队的整体竞争力。因此，本小节将从以下两点详细阐述师资团队创新氛围的营造。

（一）构建宽松自由的学术环境

学术环境是师资团队创新氛围的基础。一个宽松自由的学术环境，能够鼓励教师敢于尝试、勇于创新，激发团队的创造活力。为此，学校应建立健全学术规范，保障教师的学术自由，鼓励教师开展跨学科、跨领域的合作与交流。同时，学校还应加大对学术研究的投入，提供充足的经费和资源支持，为教师的创新研究提供有力保障。

在构建宽松自由的学术环境过程中，学校应注重教师的主体地位，尊重教师的个性和差异。要鼓励教师敢于提出新观点、新思想，允许他们在研究中犯错误、走弯路。同时，学校还应建立健全的学术评价体系，注重对教师创新成果的认可和奖励，激发教师的创新热情。

此外，学校还可以通过举办学术讲座、研讨会等活动，为教师提供学术交流的平台。通过这些活动，教师可以了解最新的学术动态和研究成果，拓宽学术视野，激发创新灵感。同时，这些活动也有助于加强教师之间的合作与交流，促进团队内部的知识共享和资源整合。

（二）培养教师的创新意识和能力

教师的创新意识和能力是营造创新氛围的关键。只有具备创新意识和能力的教师，才能在教学和科研中不断探索、不断创新。因此，学校应注重培养教师的创新意识和能力，提升他们的创新素质。

首先，学校可以通过开展创新教育培训，向教师传授创新的理论和方法，帮助他们掌握创新的思维方式和技能。这些培训可以包括创新思维训练、创新方法介绍等内容，旨在激发教师的创新意识，提升他们的创新能力。

其次，学校可以鼓励教师参与科研项目和实践活动，让他们在实践中锻炼创新能力。通过参与科研项目，教师可以深入了解学科前沿和实际问题，探索新的研究方向和方法；通过实践活动，教师可以将理论知识与实际问题相结合，锻炼解决问题的能力和创新能力。

此外，学校还可以建立创新激励机制，对在创新方面取得突出成果的教师给予奖励和表彰。这些奖励可以包括科研经费支持、职称晋升、荣誉称号等，旨在激发教师的创新积极性，推动团队的创新发展。

营造师资团队的创新氛围需要学校从构建宽松自由的学术环境和培养教师的创新意识和能力两方面入手。通过建立健全学术规范、加大投入支持、举办学术活动、开展创新教育培训等措施，可以营造一个充满创新氛围的师资团队，激发教师的创造潜能，推动教学科研的深度融合，提升团队的整体竞争力。

四、师资团队建设的案例分析与经验分享

在师资团队建设的实践中,不少学校和机构已经取得了显著的成果,积累了宝贵的经验。本小节将通过两个案例的分析,分享在师资团队建设过程中的一些有效做法和成功经验,以期对今后的工作提供有益的借鉴和启示。

(一)案例一:某高校"双师型"师资团队建设

某高校在师资团队建设中,注重培养"双师型"教师,即既具备扎实的理论素养,又具备丰富的实践经验的教师。该校通过以下措施,成功打造了一支高水平的"双师型"师资团队。

首先,该校建立了完善的教师培训体系,包括定期组织教师参加行业研讨会、企业实习、国际交流等活动,帮助教师了解行业最新动态,提升实践能力和国际视野。同时,该校还鼓励教师参与横向课题和企业合作项目,通过实践锻炼提升教师的应用能力和创新能力。

其次,该校注重引进具有丰富实践经验的行业专家作为兼职教师或客座教授,与校内专任教师形成互补优势,共同开展教学和研究工作。这些行业专家的加入,不仅丰富了教学内容和形式,也为学生提供了更多的实践机会和就业渠道。

最后,该校建立了有效的激励机制,对在"双师型"教师培养中表现突出的教师给予物质和精神上的双重奖励,激发教师的积极性和创造力。同时,该校还通过举办教学比赛、科研成果展示等活动,展示"双师型"教师的风采和成果,提升教师的职业荣誉感和归属感。

该高校通过构建完善的培训体系、引进行业专家、建立激励机制等措施,成功打造了一支高水平的"双师型"师资团队,为提升教学质量和促进学生就业提供了有力保障。

(二)案例二:某职业院校"产教融合"师资团队建设

某职业院校在师资团队建设中,积极探索"产教融合"模式,通过与企业深度合作,共同培养适应市场需求的高素质技能型人才。该校的具体做法如下:

首先,该校与企业建立了紧密的合作关系,共同制定人才培养方案和课程标准,确保教学内容与市场需求紧密对接。同时,该校还邀请企业参与教学评价和反馈,及时调整教学策略和方法,提升教学效果和质量。

其次,该校注重教师的实践能力和职业素养的提升。通过组织教师参加企业实践、技能培训等活动,提高教师的技术应用能力和实际操作水平;同时,该校还加强对教师的职业道德教育和职业发展规划指导,帮助教师树立正确的职业观念和制定职业发展目标。

最后，该校建立了校企合作实训基地和产学研一体化平台，为教师提供实践教学和科研创新的场所和条件。通过这些平台的建设，教师可以更好地将理论知识与实践操作相结合，提升学生的实践能力和创新能力。

该职业院校通过与企业深度合作、提升教师实践能力和职业素养、建立校企合作实训基地等措施，成功构建了"产教融合"师资团队，为培养高素质技能型人才提供了有力支持。

通过以上两个案例的分析可以看出，师资团队建设是一个系统工程，需要学校从多方面入手进行综合施策。通过构建完善的培训体系、引进优秀人才、建立激励机制等措施，可以打造高水平的师资团队；通过与企业深度合作、提升教师实践能力和职业素养等措施，可以构建适应市场需求的高素质技能型人才培养体系。这些成功案例的经验和做法对于其他学校和机构在师资团队建设方面具有重要的借鉴意义。

第五节　师资力量在数字营销人才培养中的作用发挥

一、师资力量对教学质量的影响分析

在数字营销人才培养的过程中，师资力量无疑是教学质量的关键因素之一。优秀的教师不仅能够传授专业知识，更能激发学生的创新思维和实践能力，从而培养出符合市场需求的高素质人才。本小节将从三方面深入分析师资力量对教学质量的影响。

（一）教师的专业素养与教学质量

教师的专业素养是教学质量的基础。在数字营销领域，教师需要具备扎实的理论基础和丰富的实践经验，才能有效地传授知识和技能。首先，优秀的教师能够准确把握数字营销的最新动态和趋势，将最新的理论和实践成果融入教学中，使学生能够学到最前沿的知识。其次，具有丰富实践经验的教师能够结合案例进行生动讲解，帮助学生更好地理解抽象的理论知识，提高教学效果。最后，专业素养高的教师往往能够形成自己的教学特色和风格，激发学生的学习兴趣和积极性，从而提升教学质量。

（二）教师的教学方法与教学质量

教学方法是影响教学质量的重要因素。在数字营销人才培养中，教师需要采用灵活多样的教学方法，以适应不同学生的学习需求和兴趣特点。一方面，教师可以通过课堂讲授、案例分析、小组讨论等方式，引导学生积极参与课堂互动，培养学生的思维能力和团队协作精神。另一方面，教师还可以利用现代教学技术手段，如在线课程、教学平台等，为学生提供更加便捷的学习资源和环境，提高教学效率和质量。同时，教师还应注重培养学生的创新能力和实践能力，通过实践教学、项目合作等方式，让学生在实际操作中学习和成长。

（三）教师的师德师风与教学质量

教师的师德师风对教学质量也有着不可忽视的影响。师德师风优秀的教师能够以身作则，为学生树立良好的榜样，引导学生形成正确的价值观和人生观。同时，他们还能够关心学生的成长和发展，关注学生的需求和困难，积极提供指导和帮助。这种关爱和尊重能够激发学生的学习兴趣和动力，使他们更加投入到学习中去。此外，师德师风良好的教师还能够营造积极向上的课堂氛围和文化，使学生能够在和谐、愉快的环境中学习和成长。这种良好的教学氛围和文化不仅能够提高学生的学习效果，还能够培养学生的综合素质和能力。

师资力量对教学质量的影响是多方面的。教师的专业素养、教学方法和师德师风都是影响教学质量的关键因素。因此，在数字营销人才培养中，我们需要重视师资力量的建设和管理，加强教师的培训和引进力度，提高教师的专业素养和教学能力。同时，我们还需要注重教学方法的创新和改革，以适应数字营销领域的发展变化和市场需求。最后，我们还需要加强师德师风建设，营造良好的教学氛围和文化，为数字营销人才的培养提供有力的保障和支持。

为了更好地发挥师资力量在数字营销人才培养中的作用，我们还需要从以下几方面进行努力：一是建立完善的教师评价和激励机制，激发教师的教学热情和创新能力；二是加强校企合作和产学研结合，为教师提供更多的实践机会和资源支持；三是推动教师团队的协同发展和资源共享，形成合力优势，共同推动数字营销人才的培养和发展。

在数字营销人才培养的道路上，优秀的师资力量是不可或缺的重要力量。只有不断提高教师的专业素养和教学能力，创新教学方法和手段，加强师德师风建设，才能更好地发挥师资力量在数字营销人才培养中的作用，培养出更多具有创新精神和实践能力的高素质人才。

二、师资力量在提升学生实践能力中的作用

在数字营销人才培养过程中，师资力量不仅是教学质量的关键，更在学生实践能力的提升上发挥着不可替代的作用。优秀的教师能够为学生提供实践机会，指导实践操作，帮助学生将理论知识转化为实际能力，从而在数字营销领域取得更好的成绩。本小节将从四方面详细阐述师资力量在提升学生实践能力中的重要作用。

（一）教师实践经验的引领作用

具有丰富实践经验的教师，能够为学生提供宝贵的实践指导。这些教师不仅熟悉数字营销行业的最新动态和趋势，还掌握着丰富的实际操作经验。他们能够通过案例分析、项目实践等方式，将理论知识与实际操作相结合，帮助学生更好地理解和掌握数字营销技能。同时，这些教师还能够根据学生的实际情况，提供个性化的实践指导，帮助学生解决在实践过程中遇到的问题和困难。

此外，具有实践经验的教师还能够为学生搭建实践平台，提供实践机会。他们可以通过与企业合作、参与行业项目等方式，为学生创造更多的实践机会，让学生在实际操作中锻炼和提升实践能力。这种实践平台的搭建，不仅能够帮助学生积累实践经验，还能够增强学生对数字营销行业的认知和理解，为学生未来的职业发展打下坚实的基础。

（二）教师教学方法的创新与实践

教学方法的创新与实践对于提升学生实践能力至关重要。优秀的教师能够根据学生的特点和需求，灵活运用多种教学方法，如案例教学、模拟实训、项目驱动等，以激发学生的学习兴趣和积极性。这些教学方法不仅能够帮助学生更好地理解和掌握理论知识，还能够提高学生的实践能力和解决问题的能力。

例如，通过案例教学，教师可以选取真实的数字营销案例，让学生在分析案例的过程中了解行业现状和发展趋势，掌握数字营销的策略和技巧。通过模拟实训，教师可以模拟真实的数字营销场景，让学生在模拟环境中进行实践操作，提高学生的实际操作能力。通过项目驱动，教师可以引导学生参与实际的数字营销项目，让学生在项目中发挥所学知识，提升综合实践能力。

（三）教师科研能力的促进与提升

教师的科研能力对于提升学生实践能力同样具有重要影响。优秀的教师不仅在教学上有所建树，还能够在科研上取得突出成果。他们通过深入研究数字营销领域的最新理论和技术，不断推动数字营销实践的创新和发展。这种科研能力的提升，不仅能够丰富教学内容，还能够为学生提供更多的实践指导和支持。

同时，教师的科研能力还能够激发学生的创新精神和实践能力。教师可以通过引导学生参与科研项目、发表科研论文等方式，培养学生的科研素养和实践能力。在参与科研的过程中，学生能够深入了解数字营销领域的最新动态和趋势，掌握前沿的理论和实践技能，提升自己的创新能力和实践能力。

（四）教师与行业资源的对接与整合

在提升学生实践能力的过程中，教师与行业资源的对接与整合也发挥着关键作用。优秀的教师能够积极与企业、行业协会等合作，搭建产学研合作平台，为学生争取更多的实践机会和资源。通过与企业的合作，教师可以了解企业的实际需求和市场动态，为学生提供更加贴近实际的实践指导和支持。同时，教师还可以邀请行业专家来校开展讲座、交流等活动，让学生与行业内的人士面对面交流，拓宽视野，增强实践意识。

此外，教师还可以利用自己的社会资源，为学生搭建创业平台或提供实习机会。通过创业平台，学生可以接触到真实的商业环境和市场需求，锻炼自己的创业能力和实践能力。通过实习机会，学生可以深入企业内部，了解企业的运营模式和业务流程，提升自己的职业素养和实践能力。

师资力量在提升学生实践能力中发挥着不可替代的作用。具有丰富实践经验的教师能够为学生提供宝贵的实践指导和支持；创新与实践的教学方法能够激发学生的学习兴趣和积极性；科研能力的提升能够为学生提供更多的实践指导和支持；与行业资源的对接与整合能够为学生提供更多的实践机会和资源。因此，我们应该高度重视师资力量的建设和管理，加强教师的培训和引进力度，提升教师的专业素养和实践能力，以更好地发挥师资力量在提升学生实践能力中的作用。同时，学生也应积极参与实践活动，充分利用教师提供的资源和指导，不断提升自己的实践能力和综合素质。

三、师资力量在科研与社会服务中的贡献

在数字营销领域，师资力量不仅在教学与学生实践能力培养方面发挥着重要作用，同时在科研与社会服务中也扮演着不可或缺的角色。优秀的教师团队通过深入研究、知识创新以及社会服务的开展，不仅推动了数字营销学科的发展，也为社会经济的进步贡献了力量。本小节将从四方面详细阐述师资力量在科研与社会服务中的贡献。

（一）推动数字营销领域的科研创新

优秀的教师团队是数字营销领域科研创新的重要推动力量。他们凭借深厚的理论功底和丰富的实践经验，能够针对数字营销领域的热点、难点问题展开深入研究，提出新的理论观点和实践策略。这些研究成果不仅丰富了数字营销学科的理论体系，也为行业实践提供了有力的指导。

同时，教师团队还通过参与国家级、省部级等各类科研项目，不断提升自身的科研水平和影响力。他们在项目研究中积极探索新的研究方法和技术手段，推动数字营销科研的创新发展。此外，教师团队还注重与国内外同行的交流与合作，通过参加学术会议、发表高水平论文等方式，分享研究成果，扩大数字营销学科的影响力。

（二）促进数字营销技术的成果转化与应用

教师在科研过程中不仅关注理论创新，还注重将科研成果转化为实际应用。他们积极与企业合作，推动数字营销技术的研发与应用，帮助企业解决实际问题，提升市场竞争力。同时，教师还通过创办科技企业、开展技术咨询等方式，将科研成果转化为经济效益，推动数字营销产业的发展。

此外，教师团队还积极参与政府决策咨询，为政府制定数字营销相关政策提供科学依据和建议。他们通过深入研究行业发展趋势和市场需求，提出有针对性的政策建议，为政府决策提供参考。

（三）开展社会服务，提升行业影响力

优秀的教师团队不仅致力于教学和科研，还积极开展社会服务，为数字营销行业的发展贡献力量。他们通过为企业提供培训、咨询等服务，帮助企业提升数字营销能力，推动行业的整体发展。同时，教师还积极参与行业协会、学会等组织的工作，为行业的规范化、标准化发展做出贡献。

此外，教师团队还通过举办学术讲座、开展公益活动等方式，普及数字营销知识，提高公众对数字营销的认知度和接受度。他们用自己的专业知识和实践经验，为社会公众提供有价值的指导和建议，推动数字营销在社会各领域的广泛应用。

（四）培育科研人才，传承学术精神

教师在科研与社会服务中的贡献还体现在对科研人才的培育上。他们通过指导学生参与科研项目、发表学术论文等方式，培养学生的科研能力和创新精神。同时，教师还注重传承学术精神，引导学生树立正确的学术观念和价值观，培养良好的学术道德和学风。

通过教师的悉心指导和培养，一批批优秀的科研人才脱颖而出，成为数字营销领域的新生力量。他们不仅在学术上取得了显著成果，还在实践中发挥了重要作用，为数字营销行业的发展注入了新的活力。

师资力量在科研与社会服务中发挥着不可替代的作用。他们通过推动科研创新、促进成果转化、开展社会服务以及培育科研人才等方式，为数字营销学科的发展和社会经济的进步做出了重要贡献。因此，我们应该高度重视师资力量的建设和发展，为教师提供更多的科研和社会服务机会和资源支持，以更好地发挥他们在科研与社会服务中的潜力和优势。同时，教师也应不断提升自身的专业素养和实践能力，积极参与科研与社会服务活动，为数字营销行业的发展贡献更多的智慧和力量。

四、师资力量与行业发展的互动机制

在数字营销领域,师资力量与行业发展的互动机制是一个相互促进、共同发展的过程。优秀的教师团队不仅为行业发展提供智力支持和人才保障,也从行业发展中汲取新的养分,推动教学科研的不断创新。本小节将从三方面深入探讨师资力量与行业发展的互动机制。

(一)行业趋势引领教学科研方向

数字营销行业的发展趋势和市场需求是教师团队确定教学科研方向的重要依据。随着技术的不断进步和市场的不断变化,数字营销领域的新理念、新技术和新方法层出不穷。教师团队通过密切关注行业动态,了解市场需求,将最新的理论和实践成果融入教学和科研中,使教学内容更加贴近实际,更加符合行业发展的需求。

同时,教师团队还通过与企业的深度合作,共同开展项目研发和技术创新,推动数字营销技术的不断进步和应用。这种合作模式不仅有助于教师团队深入了解行业前沿动态,还能够为行业提供有针对性的解决方案和技术支持,促进行业的健康发展。

(二)实践教学与行业需求对接

实践教学是师资力量与行业发展互动机制中的重要环节。教师团队通过设计符合行业需求的实践课程和项目,让学生在实践中掌握数字营销技能,提升解决实际问题的能力。同时,教师还积极与企业合作,建立实践教学基地,为学生提供真实的实践环境和机会。

在实践教学过程中,教师团队还注重培养学生的创新意识和创业能力。他们通过引导学生参与创新项目、创业竞赛等活动,激发学生的创新思维和创业热情,为行业培养出一批批具有创新精神和实践能力的人才。

(三)人才培养与行业发展相互促进

师资力量与行业发展互动机制的最终目标是实现人才培养与行业发展的相互促进。教师团队通过不断优化课程体系、提升教学质量、加强实践教学等方式,为行业培养出一批批高素质的数字营销人才。这些人才不仅具备扎实的专业知识和技能,还具备良好的创新意识和实践能力,能够迅速适应行业发展的需求,为行业的进步和发展做出贡献。

同时,行业的发展也为教师团队提供了更多的实践机会和资源支持。随着行业的不断发展壮大,越来越多的企业开始重视数字营销人才的培养和引进。这为教师团队提供了更多的合作机会和项目资源，有助于他们更好地了解行业需求和市场动态，进一步提升教学和科研水平。

（四）知识更新与行业反馈循环

在师资力量与行业发展的互动机制中，知识的更新与行业的反馈是一个持续的循环过程。教师团队需要不断更新自己的知识体系，以跟上数字营销行业的快速发展。这包括参加专业培训、阅读最新研究文献、参与行业会议等方式，以确保教学内容的前沿性和实用性。

同时，行业对于人才培养的反馈也是教师团队改进教学的重要依据。通过与企业的沟通和合作，教师团队可以了解企业在人才招聘、员工培训等方面的需求，从而调整教学策略和内容，更好地满足行业的需求。这种反馈循环不仅有助于提升教学质量，也有助于增强教师团队与行业之间的紧密联系。

此外，师资力量与行业发展的互动机制还体现在共同推动行业标准制定和规范化发展方面。教师团队可以依托自身的专业优势和实践经验，积极参与行业标准的制定和修订工作，为行业的规范化发展提供智力支持。同时，行业标准的制定和规范化发展也有助于提升数字营销教育的针对性和实效性，促进人才培养与行业发展的深度融合。

师资力量与行业发展的互动机制是一个多方面、多层次的过程。通过行业趋势引领教学科研方向、实践教学与行业需求对接、人才培养与行业发展相互促进以及知识更新与行业反馈循环等方式，教师团队与行业之间形成了紧密的合作关系和良性的互动机制，共同推动了数字营销领域的发展和进步。未来，随着数字营销行业的不断发展和变化，这种互动机制将发挥更加重要的作用，为行业的持续健康发展提供有力的支撑和保障。

第七章 高职数字营销人才培养的实践平台建设

第一节 实践平台建设的必要性与目标定位

一、实践平台在数字营销人才培养中的重要性

实践平台在高职数字营销人才培养中扮演着举足轻重的角色，它不仅是学生将理论知识转化为实际操作技能的重要场所，更是提升学生职业素养和创新能力的重要阵地。以下从四方面详细阐述实践平台在数字营销人才培养中的重要性。

（一）提升学生实践能力，实现知行合一

实践平台为学生提供了真实或模拟的数字营销环境，使学生能够在实践中学习、在学习中实践，实现知行合一。通过参与平台上的各种实践活动，学生能够深入了解数字营销的实际运作流程，掌握数字营销的核心技能，提升自己的实践能力。这种实践能力的提升不仅有助于学生在校期间取得优异的成绩，更为他们未来的职业发展奠定了坚实的基础。

（二）促进学生职业素养的养成

实践平台不仅是技能训练的场所，更是职业素养养成的重要平台。在平台上，学生需要遵守行业规范，遵循职业道德，与团队成员协作完成任务。这些经历有助于培养学生的责任心、团队协作精神和创新意识等职业素养，使他们更好地适应行业发展的需求。

（三）推动教学模式的创新与改革

实践平台的建设推动了高职数字营销教学模式的创新与改革。传统的教学模式往往注重理论知识的传授，而忽视了实践能力的培养。而实践平台的引入，使得教学更

加贴近实际,更加注重学生的实践能力和创新能力的培养。同时,实践平台也为教师提供了更多的教学资源和教学手段,使得教学更加生动有趣,更具吸引力。

(四)增强学校与行业的联系与合作

实践平台的建设加强了学校与行业的联系与合作。通过与企业合作共建实践平台,学校可以及时了解行业的最新动态和发展趋势,调整和优化教学内容和方式。同时,企业也可以借助实践平台培养和选拔优秀的人才,实现校企双赢。这种紧密的合作关系有助于提升学校的办学水平和社会影响力,也有助于推动行业的健康发展。

综上所述,实践平台在高职数字营销人才培养中发挥着不可替代的作用。它不仅能够提升学生的实践能力和职业素养,还能够推动教学模式的创新与改革,增强学校与行业的联系与合作。因此,我们应该高度重视实践平台的建设与发展,为培养高素质的数字营销人才提供有力的支撑和保障。

二、构建仿真职业环境,深化学生职业认知

实践平台通过构建高度仿真的职业环境,使学生能够在实际操作中体验数字营销的职业氛围和工作流程。这种环境不仅包括软件、硬件的配备,更包括模拟企业运营、市场竞争等真实场景的设置。学生在这样的环境中,能够深入了解数字营销行业的运作模式,掌握各种营销工具的使用技巧,从而深化对职业的认知。

通过实践平台,学生可以参与到数字营销项目的实际运营中,如市场分析、目标客户定位、营销策略制定、广告创意设计、数据监测与优化等。这些实际操作经验不仅有助于提升学生的专业技能,还能帮助他们建立正确的职业观念和职业道德。

此外,实践平台还能提供丰富的案例分析资源,让学生有机会接触和了解行业内的成功案例和失败教训。通过对这些案例的深入剖析,学生可以更加清晰地认识到数字营销行业的复杂性和挑战性,从而增强自身的职业适应能力和创新能力。

三、促进产学研用深度融合,提升人才培养质量

实践平台是连接学校、企业、研究机构的桥梁,能够促进产学研用的深度融合。通过与企业合作,实践平台可以引入企业的真实项目和技术需求,为学生提供更加贴近实际的学习和实践机会。同时,学校可以利用实践平台开展与企业合作的研究项目,推动科研成果的转化和应用。

这种深度融合的模式有助于提升人才培养的质量。一方面,学生可以通过实践平台接触到最新的行业技术和市场需求,从而更加明确自己的职业发展方向和学习目标。另一方面,学校和企业可以通过实践平台共同制定人才培养方案和课程标准,确保教学内容与行业需求紧密对接。

此外，实践平台还可以作为学校与企业之间的人才交流平台。学校可以邀请企业专家来校开展讲座、指导实践等活动，为学生传授实践经验和行业知识。同时，企业也可以通过实践平台选拔优秀的实习生和毕业生，为自身的发展注入新的活力。

四、培养学生创新能力，助力行业创新发展

实践平台不仅注重学生实践能力的培养，还致力于激发学生的创新意识和创造力。通过参与实践平台上的各种创新活动和项目，学生可以接触到最新的数字营销理念和技术，从而激发他们的创新思维。

同时，实践平台还可以为学生提供创业支持和资源对接服务。学校可以联合企业、投资机构等设立创业基金或孵化器，为有创业意向的学生提供资金、场地、导师等资源支持。这些措施有助于降低学生的创业门槛和风险，提高他们的创业成功率。

通过实践平台的培养和支持，学生可以更好地将理论知识与实际应用相结合，提出具有创新性的解决方案和思路。这不仅有助于提升学生的个人竞争力，还为数字营销行业的创新发展提供了源源不断的人才支持。

综上所述，实践平台在高职数字营销人才培养中的重要性不言而喻。通过构建仿真职业环境、促进产学研用深度融合以及培养学生创新能力等措施，实践平台为学生提供了宝贵的实践机会和资源支持，有助于提升他们的实践能力和职业素养，为未来的职业发展奠定坚实的基础。

五、实践平台建设的目标定位与功能规划

实践平台的建设在高职数字营销人才培养中扮演着至关重要的角色。它不仅是学生锻炼技能、积累经验的场所，更是推动教学改革、促进行业发展的重要平台。因此，明确实践平台建设的目标定位与功能规划，对于确保其有效运行和发挥最大作用具有重要意义。

（一）目标定位：培养高素质、高技能数字营销人才

实践平台建设的首要目标是培养具备扎实理论基础、熟练掌握数字营销技能的高素质人才。通过实践操作和项目实战，使学生能够将理论知识与实际操作相结合，提升解决实际问题的能力。同时，注重培养学生的创新思维和创业能力，以适应数字营销行业的快速发展和变化。

此外，实践平台还应致力于构建学校与行业之间的桥梁，推动产学研用深度融合。通过与企业的紧密合作，引入行业最新技术和理念，使实践平台成为行业发展的助推器。

（二）功能规划：多元化、综合性实践教学模式

为实现上述目标，实践平台需要规划多元化的功能，以满足不同学生的学习需求和职业发展路径。首先，应建设完善的实践教学体系，包括课程实验、项目实训、创新创业实践等多个层次。这些实践教学环节应紧密结合行业需求和学生实际，确保学生在实践中能够真正掌握数字营销的核心技能。

其次，实践平台还应具备综合性的功能，如数据分析、市场调研、营销策划等。这些功能不仅有助于提升学生的专业技能水平，还能培养他们的团队协作能力和创新精神。此外，实践平台还应提供丰富的行业资源和案例库，以便学生能够深入了解行业动态和市场趋势。

（三）教学资源配置：优化软硬件设施与师资力量

为确保实践平台的顺利运行和有效发挥功能，需要合理配置教学资源。在硬件方面，应投入足够的资金购置先进的数字营销工具和设备，如数据分析软件、营销自动化平台等。同时，建设仿真的职业环境和实践场所，为学生提供真实的操作体验。

在软件方面，应加强与企业的合作，引入行业最新的技术和标准，确保实践教学内容与行业需求紧密对接。此外，还应建立完善的实践教学管理制度和评价体系，以保障实践教学的质量和效果。

师资力量是实践平台建设的另一个重要方面。应选拔具有丰富实践经验和深厚理论功底的教师担任实践课程的指导教师。同时，加强教师培训和引进力度，提升教师的专业水平和教学能力。此外，还可以邀请行业专家和企业人士来校开展讲座、指导实践等活动，为学生提供更加广阔的视野和更加丰富的实践经验。

（四）产学研用一体化：促进校企合作与成果转化

实践平台的建设还应注重产学研用的深度融合。通过与企业合作开展项目研发、技术创新等活动，推动实践平台成为行业发展的助推器。同时，借助实践平台加强学校与行业的联系与合作，促进人才培养与行业需求的有效对接。

此外，实践平台还应积极探索成果转化的有效途径。将学生在实践过程中形成的创新成果进行整理和推广，通过专利申请、技术转让等方式实现成果的商业化应用。这不仅可以提升学生的创新能力和实践成果的价值，还能为学校和企业带来实际的经济效益和社会效益。

综上所述，实践平台建设的目标定位与功能规划应紧密围绕培养高素质、高技能数字营销人才这一核心目标展开。通过多元化、综合性的实践教学模式、优化教学资源配置以及促进产学研用一体化等措施的实施，确保实践平台在高职数字营销人才培

养中发挥最大作用。同时，随着数字营销行业的不断发展和变化，实践平台的建设也需要不断进行调整和完善，以适应新的市场需求和人才培养要求。

六、实践平台与行业需求的对接策略

实践平台作为高职数字营销人才培养的重要载体，其建设与行业需求的对接至关重要。为了确保实践平台的有效性和实用性，必须深入了解行业发展趋势，紧密对接市场需求，制定切实可行的对接策略。本小节将从以下四方面详细阐述实践平台与行业需求的对接策略。

（一）深入调研，明确行业需求

要实现实践平台与行业需求的对接，首先需要进行深入的市场调研。通过走访企业、参加行业展会、与业界专家交流等方式，全面了解数字营销行业的发展现状、未来趋势以及企业对人才的需求。同时，关注行业动态，及时捕捉市场变化，为实践平台的调整和优化提供有力依据。

在调研过程中，应重点关注企业对数字营销人才的专业技能、实践经验、创新能力等方面的要求。将这些需求转化为实践平台的教学目标和教学内容，确保学生在校期间就能掌握行业所需的核心技能。

（二）优化课程设置，匹配行业需求

根据行业调研结果，实践平台应优化课程设置，确保课程内容与行业需求紧密对接。一方面，加强基础课程的建设，夯实学生的理论基础；另一方面，增加与行业紧密相关的专业课程和实训项目，提升学生的实践能力和职业素养。

此外，还应注重课程的更新和升级。随着数字营销技术的不断发展，实践平台应定期调整课程内容，引入新技术、新工具和新理念，确保学生能够跟上行业发展的步伐。

（三）加强校企合作，实现资源共享

校企合作是实现实践平台与行业需求对接的重要途径。通过与企业建立紧密的合作关系，实践平台可以引入企业的真实项目、案例和师资资源，为学生提供更加贴近实际的学习和实践机会。

同时，学校可以为企业提供人才培养、技术研发等方面的支持，实现校企双方的互利共赢。通过校企合作，实践平台不仅可以更好地满足行业需求，还能推动产学研用的深度融合，促进数字营销行业的创新发展。

（四）建立反馈机制，持续优化平台

为了确保实践平台与行业需求的持续对接，应建立有效的反馈机制。通过定期收集企业、学生、教师等各方对实践平台的意见和建议，及时发现问题和不足，并进行针对性的改进和优化。

同时，关注行业发展的新动态和新需求，及时调整实践平台的教学目标和教学内容，确保平台的实用性和前瞻性。通过持续优化平台，使其更好地服务于数字营销人才培养和行业发展。

综上所述，实践平台与行业需求的对接策略需要从深入调研、优化课程设置、加强校企合作以及建立反馈机制等多方面入手。通过这些措施的实施，可以确保实践平台紧密对接行业需求，为高职数字营销人才培养提供有力支持。同时，随着数字营销行业的不断发展和变化，实践平台与行业需求的对接策略也需要不断进行调整和完善，以适应新的市场需求和人才培养要求。

七、实践平台建设的预期成效与影响

实践平台的建设对于高职数字营销人才培养具有深远的意义和广泛的影响。它不仅有助于提升学生的专业技能和实践能力，还能推动教学改革、促进产学研结合，并对行业和社会产生积极的影响。本小节将从以下四方面详细阐述实践平台建设的预期成效与影响。

（一）提升学生专业技能与实践能力

实践平台的建设将为学生提供丰富的实践机会和真实的操作环境，使他们能够在实践中深化理论知识，掌握数字营销的核心技能。通过参与项目实战、案例分析等实践活动，学生将能够熟悉数字营销的流程和方法，提升解决实际问题的能力。同时，实践平台还能培养学生的团队协作精神和创新意识，使他们具备更强的综合素质和竞争力。

（二）推动教学改革与课程创新

实践平台的建设将促进教学改革的深入进行。通过引入行业最新的技术和理念，实践平台将推动教学内容和教学方法的更新和升级。学校可以根据实践平台的需求反馈，调整和优化课程设置，使之更加符合行业需求和市场需求。同时，实践平台还可以为教师提供丰富的教学资源和案例，促进教学方法的创新和教学质量的提升。

（三）促进产学研结合与成果转化

实践平台的建设将加强学校与行业之间的联系与合作，促进产学研结合。通过与企业的紧密合作，实践平台可以引入企业的真实项目和案例，为学生提供更加贴近实际的学习和实践机会。同时，实践平台还可以推动科研成果的转化和应用，将学校的科研成果转化为实际的生产力，为行业和社会带来经济效益和社会效益。

（四）对行业和社会产生积极影响

实践平台的建设不仅对学生和学校有益，还将对行业和社会产生积极的影响。首先，实践平台将培养出一批具备高素质、高技能的数字营销人才，为行业的发展提供有力的人才保障。其次，实践平台的建设将推动数字营销行业的创新和进步，促进技术的更新换代和行业的转型升级。此外，实践平台还可以通过与企业合作开展社会服务项目，为社会提供优质的数字营销服务，推动社会的数字化转型和发展。

综上所述，实践平台建设的预期成效与影响是多方面的。它不仅有助于提升学生的专业技能和实践能力，还能推动教学改革和课程创新，促进产学研结合和成果转化，并对行业和社会产生积极的影响。因此，学校应高度重视实践平台的建设工作，加大投入力度，完善管理机制，确保实践平台能够发挥最大的作用和价值。同时，随着数字营销行业的不断发展和变化，实践平台的建设也需要不断进行调整和优化，以适应新的市场需求和人才培养要求。

第二节 校内实践基地的建设与管理

一、校内实践基地的建设标准与要求

校内实践基地作为高职数字营销人才培养的重要场所，其建设标准与要求直接关系到实践教学的质量和效果。为了确保实践基地能够满足学生的实践需求，培养出具备高素质、高技能的数字营销人才，需要明确以下建设标准与要求。

（一）硬件设施完善，满足实践教学需求

实践基地的硬件设施是保障实践教学顺利进行的基础。因此，必须投入足够的资金，购置先进的数字营销工具和设备，如数据分析软件、营销自动化平台等。同时，

根据实践教学的需要，建设仿真的职业环境和实践场所，如模拟营销工作室、数字营销实验室等，为学生提供真实的操作体验。

此外，实践基地的硬件设施还需要具备可扩展性和可升级性，以便随着数字营销技术的不断更新换代，能够及时升级和更新设备，保持与时俱进。

（二）软件资源丰富，提供全面学习支持

除了硬件设施外，实践基地还需要配备丰富的软件资源，包括行业最新的软件工具、数据库、案例库等。这些资源可以帮助学生更好地了解行业现状和发展趋势，掌握数字营销的核心技能和操作方法。

同时，实践基地还应建立完善的网络资源平台，为学生提供在线学习、交流、互动的机会。通过在线平台，学生可以随时随地访问学习资源，与老师和同学进行讨论和交流，从而加深对数字营销的理解和掌握。

（三）师资力量雄厚，保障教学质量

实践基地的师资力量是保障教学质量的关键因素。因此，必须选拔具有丰富实践经验和深厚理论功底的教师担任实践课程的指导教师。这些教师不仅需要具备扎实的专业知识，还需要具备敏锐的行业洞察力和创新能力，能够引导学生探索新的数字营销方法和策略。

此外，实践基地还应积极引进企业专家和行业领袖作为兼职教师或开设讲座，为学生提供更广阔的视野和更丰富的实践经验。通过与行业专家的交流和学习，学生可以更好地了解行业需求和市场动态，提升自己的职业素养和综合能力。

（四）管理制度健全，确保规范运行

实践基地的建设还需要建立健全的管理制度，包括实践教学管理制度、设备管理制度、安全管理制度等。这些制度可以规范实践教学活动的开展，保障设备的正常运行和使用安全，提高实践教学的效率和质量。

同时，实践基地还应建立完善的评估和反馈机制，定期对实践教学活动进行评估和反馈，及时发现问题和不足，并进行改进和优化。通过持续改进和优化，实践基地可以更好地满足学生的实践需求，提升实践教学的水平和效果。

综上所述，校内实践基地的建设标准与要求涵盖了硬件设施、软件资源、师资力量和管理制度等多方面。只有按照这些标准与要求进行建设和管理，才能确保实践基地能够发挥最大的作用和价值，为高职数字营销人才培养提供有力支持。同时，随着数字营销行业的不断发展和变化，实践基地的建设标准与要求也需要不断进行调整和优化，以适应新的市场需求和人才培养要求。

二、实践基地的设备配置与更新机制

实践基地的设备配置与更新机制是保障实践教学活动顺利进行、提高教学质量的关键环节。随着数字营销技术的不断发展和创新,实践基地的设备配置需要与时俱进,满足新的教学需求。本小节将从设备配置原则、更新机制以及管理维护三方面进行详细阐述。

(一)设备配置原则

在实践基地的设备配置过程中,我们需要遵循以下几个原则:

首先,先进性原则。数字营销领域的技术日新月异,因此在设备配置上,我们必须保持前瞻性,选购行业内技术先进、性能稳定的设备。这不仅能够确保学生接触到最新的技术,还能为他们的未来职业发展奠定坚实的基础。

其次,实用性原则。设备的选择应紧密结合数字营销课程的教学内容和学生的实际需求,确保设备能够满足实践教学的需要。同时,我们还需要考虑设备的易用性,方便学生上手操作。

再次,兼容性原则。由于数字营销涉及多个领域和技术的融合,因此在设备配置上,我们需要考虑不同设备之间的兼容性,确保它们能够协同工作,发挥最大的效能。

最后,可扩展性原则。随着数字营销技术的不断发展,未来可能会有更多的新设备和新技术出现。因此,在设备配置上,我们需要预留一定的扩展空间,以便未来能够方便地升级和扩展设备。

(二)设备更新机制

为了确保实践基地的设备始终保持先进性,我们需要建立有效的设备更新机制。

首先,定期评估与反馈。我们需要定期对实践基地的设备进行评估,包括设备的性能、使用效果、故障率等方面。同时,我们还需要收集学生和教师的反馈意见,了解他们对设备的满意度和改进建议。

其次,制订更新计划。根据评估结果和反馈意见,我们需要制订详细的设备更新计划。计划中应明确更新的设备种类、数量、预算以及时间安排等。

再次,执行更新计划。在更新计划制订后,我们需要按照计划进行设备的采购、安装和调试工作。在采购过程中,我们需要与供应商保持良好的沟通,确保设备的质量和性能符合我们的要求。

最后,更新后的培训与指导。新设备到位后,我们需要组织相关的培训和指导活动,帮助学生和教师熟悉新设备的使用方法和操作技巧。

此外，为了保持与行业的同步，我们还需要关注行业动态和技术发展趋势，及时调整设备更新策略，确保实践基地的设备始终处于行业前列。

（三）设备管理与维护

为了确保实践基地设备的正常运行和延长使用寿命，我们需要建立科学的设备管理与维护体系。

首先，制定设备管理制度。我们需要制定详细的设备管理制度，明确设备的使用、保养、维修等方面的规定和要求。同时，我们还需要建立设备档案，记录设备的购买、使用、维修等信息，方便进行设备的跟踪管理。

其次，加强设备日常保养。设备的日常保养是确保设备正常运行的关键。我们需要定期对设备进行清洁、检查和维护，及时发现并解决潜在的问题。

再次，及时处理设备故障。当设备出现故障时，我们需要及时组织人员进行维修或更换。对于复杂的问题，我们可以寻求外部技术支持或联系供应商进行协助。

最后，建立设备使用记录。我们需要建立设备使用记录，记录设备的使用情况、使用时间等信息。这不仅可以帮助我们了解设备的使用状况，还可以为未来的设备更新和配置提供参考依据。

总之，实践基地的设备配置与更新机制是保障实践教学质量的重要环节。通过遵循先进性、实用性、兼容性和可扩展性原则进行设备配置，建立定期评估与反馈、制订更新计划、执行更新计划以及加强设备管理与维护等机制，我们可以确保实践基地的设备始终保持先进性和实用性，为数字营销人才培养提供有力支持。同时，我们还需要不断关注行业动态和技术发展趋势，及时调整和优化设备配置与更新机制，以适应数字营销领域的发展变化。

三、实践基地的日常管理与使用规则

实践基地作为培养学生实践能力和创新精神的重要场所，其日常管理与使用规则对于确保基地的有效运行和充分发挥其教育功能具有至关重要的作用。本小节将从实践基地的日常管理、使用规则以及安全管理三方面进行详细阐述。

（一）实践基地的日常管理

实践基地的日常管理是确保基地正常、有序运行的基础。以下是一些关键的管理要点：

首先，建立健全管理制度。实践基地应制定详细的管理制度，包括设备使用、维护、保养等方面的规定，以及实践活动的组织、安排、评估等流程。这些制度应明确各项工作的责任人和具体要求，确保各项工作有章可循。

其次，加强人员培训。实践基地的管理人员和技术人员应定期接受相关培训，提高他们的专业素养和管理能力。同时，对于使用实践基地的学生，也应进行必要的培训和指导，确保他们能够正确使用设备、遵守管理制度。

再次，做好设备维护。实践基地的设备是开展实践教学活动的基础，因此必须做好设备的日常维护和保养工作。管理人员应定期检查设备的运行状态，及时发现并解决问题，确保设备的正常运行。

最后，强化实践教学管理。实践基地应合理安排实践教学活动，确保活动的质量和效果。同时，对于实践活动的成果和效果，应进行及时的评估和反馈，以便不断改进和优化实践教学工作。

（二）实践基地的使用规则

实践基地的使用规则是确保基地能够充分发挥其教育功能的关键。以下是一些重要的使用规则：

首先，预约与登记制度。使用实践基地前，应提前进行预约，并填写使用登记表。这样可以确保基地的有序使用和避免资源冲突。

其次，规范操作流程。使用实践基地的人员应严格按照设备的操作规范进行操作，不得随意更改设备设置或进行非授权操作。同时，对于复杂的设备或操作，应接受专业人员的指导和监督。

再次，保持基地整洁。使用实践基地的人员应保持基地的整洁和卫生，不得乱扔垃圾或随意涂鸦。使用后应及时清理现场，恢复基地的原状。

最后，遵守安全规定。使用实践基地的人员应严格遵守安全规定，不得擅自拆卸设备或进行其他危险操作。对于可能存在的安全隐患，应及时向管理人员报告。

（三）实践基地的安全管理

安全管理是实践基地日常管理中不可或缺的一部分。以下是一些关键的安全管理要点：

首先，建立安全责任制。实践基地应明确安全管理的责任人和职责，确保各项安全管理工作得到有效落实。同时，对于发生的安全事故或隐患，应追究相关人员的责任。

其次，制订应急预案。实践基地应制订详细的应急预案，包括火灾、设备故障等突发事件的应对措施和流程。同时，应定期组织演练和培训，提高应对突发事件的能力。

再次，加强安全检查。管理人员应定期对实践基地进行安全检查，包括设备的安全性能、消防设施的有效性等方面。对于发现的问题和隐患，应及时进行整改和处理。

最后，强化安全教育。实践基地应加强对使用人员的安全教育，提高他们的安全意识和防范能力。同时，对于新入职的员工或学生，应进行必要的安全培训和指导。

综上所述，实践基地的日常管理与使用规则是确保基地有效运行和充分发挥其教育功能的重要保障。通过建立健全管理制度、加强人员培训、做好设备维护、强化实践教学管理以及加强安全管理等措施，我们可以确保实践基地能够为学生提供一个安全、有序、高效的实践学习环境，促进他们实践能力和创新精神的培养和提升。同时，我们也需要根据实践基地的实际情况和行业发展需求，不断调整和完善管理与使用规则，以适应新的教学需求和技术发展。

四、实践基地与课程教学的结合模式

实践基地与课程教学的结合是提升教育质量、培养学生实践能力与创新精神的重要途径。本小节将从课程与实践基地的深度融合、实践教学内容与方法的设计以及实践成果在课程教学中的转化应用三方面，详细阐述实践基地与课程教学的结合模式。

（一）课程与实践基地的深度融合

要实现课程与实践基地的深度融合，首先需要明确课程教学目标与实践基地的功能定位。课程教学目标应聚焦于学生知识、技能与态度的培养，而实践基地则为学生提供实际操作、实验与探究的平台。通过深入分析课程教学内容与实践基地的资源优势，找出两者之间的结合点，实现教学资源的优化配置。

在深度融合过程中，应注重课程内容的实践化改造。将传统的理论知识讲解与案例分析转化为具有实践性的项目任务，使学生在完成任务的过程中掌握知识和技能。同时，实践基地应根据课程需求进行功能区域的划分和设备配置，确保学生能够在真实的职业环境中进行实践操作。

此外，加强课程与实践基地的互动与协同也是实现深度融合的关键。教师可以通过组织实地考察、现场教学等方式，将课堂延伸至实践基地，使学生在实践中深化对理论知识的理解。同时，实践基地的管理人员和技术人员也应积极参与课程教学活动，提供技术支持和咨询服务，促进课程与实践基地的紧密结合。

（二）实践教学内容与方法的设计

实践教学内容的设计应紧密结合课程教学目标和行业需求。通过深入分析行业发展趋势和企业用人需求，确定实践教学内容的重点和难点。同时，注重教学内容的层次性和递进性，使学生在逐步深入的实践中掌握更加复杂和高级的技能。

在教学方法上，应采用多样化的教学手段和策略。例如，通过案例教学、项目驱动等方式激发学生的学习兴趣和主动性；利用模拟仿真、虚拟现实等技术手段提高学生的实践操作能力和问题解决能力；通过小组讨论、团队合作等方式培养学生的沟通能力和协作精神。

此外，还应注重实践教学的过程管理与评价。建立完善的实践教学管理制度和评价体系，对学生在实践过程中的表现进行及时跟踪和反馈。通过过程性评价和结果性评价相结合的方式，全面评估学生的实践能力和学习效果，为课程教学的改进提供依据。

（三）实践成果在课程教学中的转化应用

实践成果是检验实践教学效果的重要标准之一。将实践成果转化为课程教学资源，不仅能够丰富教学内容，还能够提升教学质量和效果。

首先，教师应引导学生对实践成果进行总结和提炼，形成具有普遍意义的经验和教训。这些经验和教训可以作为案例素材引入课堂教学中，帮助学生更好地理解和掌握相关知识。

其次，将学生的优秀作品或创新成果进行展示和交流，激发其他学生的学习热情和创造力。通过举办实践成果展、经验交流会等活动，促进学生之间的相互学习和共同进步。

此外，还可以将实践成果与课程考核相结合，作为评价学生学习效果的重要依据。通过设定与实践成果相关的考核标准和要求，引导学生注重实践能力的培养和提升。

综上所述，实践基地与课程教学的结合模式是一个系统而复杂的过程，需要课程教师、实践基地管理人员以及学生的共同努力和协作。通过深度融合课程与实践基地、精心设计实践教学内容与方法以及有效转化应用实践成果，我们可以实现实践教学与理论教学的相互促进和协调发展，为培养高素质的应用型人才奠定坚实基础。同时，我们也需要不断探索和创新结合模式的具体实现方式和手段，以适应不断变化的教育需求和行业发展趋势。

第三节　校外实习实训基地的开发与合作

一、校外实习实训基地的选择标准与合作模式

校外实习实训基地是高等教育实践教学体系的重要组成部分，是学生将所学理论知识应用于实际工作、锻炼实践能力和培养职业素养的重要平台。选择合适的校外实习实训基地并建立有效的合作模式，对于提高实践教学质量、促进学生全面发展具有重要意义。本小节将从四方面探讨校外实习实训基地的选择标准与合作模式。

（一）选择标准

1. 行业代表性

校外实习实训基地应具有较高的行业代表性，能够反映行业的发展趋势和前沿技术。这样的基地能够为学生提供更广阔的职业视野和更丰富的实践机会，有助于他们更好地适应未来的职业发展。

2. 实践教学条件

基地应具备良好的实践教学条件，包括完善的设施设备、充足的实践场地以及专业的指导人员。这些条件能够保障学生在实习实训过程中的安全和效果，提高实践教学的质量。

3. 合作意愿与稳定性

基地单位应具有与高校合作的意愿和稳定性，能够为学生提供稳定的实习实训岗位和充足的实践时间。同时，基地单位还应积极参与高校的人才培养工作，与高校共同制订实习实训计划、开发实践课程等。

4. 管理与指导能力

基地单位应具备较强的管理和指导能力，能够为学生提供有效的实习实训指导和帮助。这包括制订详细的实习实训计划、安排专业的指导人员、提供必要的实践指导和反馈等。

（二）合作模式

1. 共建共享模式

高校与基地单位共同投入资源，建设共享性的实习实训基地。双方可以共同制订实践教学计划、开发实践课程、组织实践活动等，实现资源共享和优势互补。这种模式有助于加强高校与企业的联系，促进产学研用深度融合。

2. 顶岗实习模式

学生在基地单位进行一定时间的顶岗实习，担任实际工作岗位的职责，参与基地单位的日常运营和管理工作。通过顶岗实习，学生能够深入了解行业运作和职业发展，锻炼自己的实践能力和职业素养。同时，基地单位也可以从实习生中选拔优秀人才，为自身的发展储备人才资源。

3. 项目合作模式

高校与基地单位围绕某一具体项目开展合作，共同推进项目的研发、实施和推广。学生在项目合作中担任重要角色，参与项目的方案设计、实施过程和技术支持等工作。这种合作模式有助于培养学生的团队协作能力和创新能力，同时有助于推动基地单位的技术创新和业务发展。

4.校企合作育人模式

高校与基地单位共同制订人才培养方案，将实践教学与理论教学相结合，实现校企协同育人。双方可以共同开设实践课程、组织实践活动、开展产学研合作等，为学生提供更加全面和深入的教育培养。这种合作模式有助于提高学生的综合素质和就业竞争力，同时有助于推动基地单位的人才培养和业务发展。

（三）合作协议的签订与实施

在选择合适的校外实习实训基地并确定合作模式后，高校与基地单位应签订合作协议，明确双方的权利和义务。合作协议应包括实习实训的具体内容、时间安排、人员配备、安全保障等方面的规定，以确保实习实训的顺利进行。同时，双方还应建立有效的沟通机制，及时解决合作过程中出现的问题和困难。

在合作协议的实施过程中，高校与基地单位应共同关注实习实训的效果和质量。双方可以定期对实习实训进行评估和总结，及时发现问题并采取相应的改进措施。此外，双方还可以根据合作需要，适时调整合作内容和方式，以适应行业发展和人才培养的需求。

（四）合作效果的评价与反馈

对于校外实习实训基地的合作效果，高校与基地单位应建立科学的评价体系和反馈机制。评价体系应包括实习实训的质量、学生的满意度、基地单位的反馈意见等多方面，以全面评估合作效果。同时，双方还应建立定期反馈机制，及时收集和分析反馈信息，以便对合作过程中的问题进行改进和优化。

通过科学的评价和反馈机制，高校与基地单位可以不断改进和完善合作模式，提高实习实训的质量和效果。同时，这也有助于加强双方之间的合作信任和紧密度，为未来的深入合作奠定坚实基础。

综上所述，选择合适的校外实习实训基地并建立有效的合作模式是提高实践教学质量、促进学生全面发展的重要保障。高校与基地单位应充分发挥各自的优势和资源，加强沟通与合作，共同推动人才培养和行业发展。

二、校企合作在实习实训基地建设中的作用

校企合作作为现代教育体系与产业发展深度融合的重要形式，在实习实训基地建设中发挥着举足轻重的作用。通过校企合作，高校与企业能够共享资源、优势互补，共同推进实习实训基地的建设与发展，为培养高素质的应用型人才提供有力支撑。本小节将从四方面探讨校企合作在实习实训基地建设中的作用。

（一）资源共享与优化配置

校企合作在实习实训基地建设中的首要作用是实现资源共享与优化配置。高校拥有丰富的教学资源和科研实力，而企业则具备先进的生产设备和丰富的实践经验。通过校企合作，双方可以共享彼此的资源，实现资源的优化配置和高效利用。例如，高校可以利用企业的生产设备和场地，为学生提供真实的实践环境；企业则可以借助高校的科研力量和教学资源，提升自身的技术水平和创新能力。这种资源共享的模式不仅降低了实习实训基地的建设成本，还提高了资源的使用效率，有助于实现双方的共赢发展。

（二）实践教学与产业需求的对接

校企合作有助于实现实践教学与产业需求的紧密对接。高校在人才培养过程中往往注重理论知识的传授，而企业在用人方面则更加注重实践能力和职业素养。通过校企合作，高校可以深入了解企业的用人需求和行业发展趋势，将产业需求融入实践教学中，使教学内容更加贴近实际、符合行业要求。同时，企业也可以参与到高校的人才培养过程中，为学生提供实践机会和职业指导，帮助他们更好地适应未来的职业发展。这种对接模式有助于提高学生的就业竞争力和企业的用人满意度，实现人才培养与产业发展的良性互动。

（三）技术创新与成果转化

校企合作在实习实训基地建设中还能够推动技术创新与成果转化。高校作为科研创新的重要基地，拥有大量的科研成果和专利技术。通过校企合作，高校可以将这些科研成果和专利技术转化为实际生产力，推动企业的技术升级和产品创新。同时，企业也可以借助高校的科研力量，解决生产过程中遇到的技术难题，提高生产效率和产品质量。这种合作模式有助于促进产学研用的深度融合，推动技术创新和产业升级。

（四）人才培养与职业发展的协同

校企合作在实习实训基地建设中还能够实现人才培养与职业发展的协同。通过校企合作，高校可以与企业共同制定人才培养方案，将实践教学与理论教学相结合，为学生提供更加全面和深入的教育培养。同时，企业也可以参与到高校的人才培养过程中，为学生提供实践机会和职业指导，帮助他们更好地了解行业趋势和职业发展路径。这种协同模式有助于提高学生的综合素质和就业竞争力，为他们未来的职业发展奠定坚实基础。此外，校企合作还能够促进校企之间的文化交流与融合，增强学生的社会责任感和职业素养，为他们的全面发展提供有力支持。

综上所述，校企合作在实习实训基地建设中发挥着重要作用。通过资源共享与优化配置、实践教学与产业需求的对接、技术创新与成果转化以及人才培养与职业发展的协同等方面的合作，校企合作不仅能够提高实习实训基地的建设水平和使用效率，还能够推动人才培养与产业发展的深度融合，为社会的可持续发展做出积极贡献。因此，高校和企业应进一步加强合作，充分发挥校企合作在实习实训基地建设中的优势和作用，共同推动人才培养和产业发展迈上新台阶。

三、实习实训基地的运行机制与管理办法

实习实训基地的运行机制与管理办法是确保实践教学活动有序、高效进行的重要保障。通过建立科学的运行机制和完善的管理办法，可以确保实习实训基地的资源得到充分利用，提高实践教学的质量，进而培养出更多符合社会需求的高素质人才。本小节将从以下四方面详细阐述实习实训基地的运行机制与管理办法。

（一）组织架构与职责分工

实习实训基地的运行首先需要建立清晰的组织架构，明确各部门的职责分工。一般而言，实习实训基地应设立管理机构，负责基地的日常运行、资源管理、实践教学安排等工作。管理机构应下设实践教学部、资源管理部、学生管理部等部门，各部门之间应相互协作，共同推动实习实训基地的发展。

实践教学部负责制订实践教学计划、组织实践教学活动、评估实践教学效果等工作；资源管理部负责基地设施设备的维护与管理、实践教学资源的调配与更新等工作；学生管理部负责学生的实习实训安排、日常管理、考核评价等工作。通过明确的职责分工，可以确保实习实训基地的各项工作有序进行。

（二）实践教学安排与实施

实践教学是实习实训基地的核心功能，因此实践教学安排与实施是运行机制的重要组成部分。实践教学安排应紧密结合专业特点和行业需求，制订科学合理的实践教学计划。计划应包括实践教学的目标、内容、方法、时间安排等要素，确保实践教学的针对性和实效性。

在实施实践教学过程中，应注重学生的主体性和实践性，采用多种教学方法和手段，激发学生的学习兴趣和主动性。同时，应加强实践教学的过程管理，确保实践教学的质量和效果。例如，可以建立实践教学督导制度，对实践教学活动进行定期检查和评估；还可以建立学生实践成果展示平台，鼓励学生将实践成果进行交流和分享。

（三）资源管理与维护

实习实训基地的资源包括场地、设备、器材、软件等，是实践教学活动得以顺利开展的重要保障。因此，资源管理与维护是实习实训基地运行机制的重要环节。

在资源管理方面，应建立完善的资源管理制度，对基地的各类资源进行统一管理和调配。同时，应加强资源的采购、验收、入库、领用等环节的管理，确保资源的安全和有效利用。此外，还应建立资源共享机制，推动校内外资源的共享与利用，提高资源的利用效率。

在资源维护方面，应定期对基地的设施设备进行维护和保养，确保其正常运行和良好状态。对于出现故障或损坏的设备，应及时进行维修或更换，以免影响实践教学活动的进行。同时，应建立设备使用记录和维修记录，方便对设备的使用情况进行追踪和管理。

（四）考核评价与反馈机制

考核评价与反馈机制是实习实训基地运行机制的重要组成部分，有助于了解实践教学的效果，发现存在的问题，并进行针对性的改进。

在考核评价方面，应建立科学的考核评价体系，对学生在实习实训过程中的表现进行客观、全面的评价。评价体系应包括实习报告、实践成果、过程表现等多方面，以确保评价的准确性和公正性。同时，应建立教师实践教学评价制度，对教师的实践教学效果进行定期评估和反馈。

在反馈机制方面，应建立有效的沟通渠道，及时收集学生和教师的反馈意见，对实习实训基地的运行机制和管理办法进行持续改进。例如，可以设立意见箱或在线反馈平台，方便学生和教师提出意见和建议；还可以定期组织座谈会或调研活动，深入了解学生和教师的需求和想法。

通过考核评价与反馈机制的建立与完善，可以不断推动实习实训基地的运行机制和管理办法的优化升级，提高实践教学的质量和效果。

综上所述，实习实训基地的运行机制与管理办法是一个复杂而系统的工程，需要高校、企业以及政府部门等多方面的共同努力和配合。通过建立科学的组织架构、制订合理的教学计划、加强资源管理与维护以及建立有效的考核评价与反馈机制等措施，可以确保实习实训基地的高效运行和优质发展，为培养高素质人才提供有力支撑。

四、实习实训成果的评估与反馈机制

实习实训成果的评估与反馈机制是实习实训教学中的重要环节，它不仅能够衡量学生实践学习的效果，还能为实习实训基地的进一步完善提供宝贵的反馈意见。本小节将从以下四方面详细阐述实习实训成果的评估与反馈机制。

(一）评估标准与指标体系的构建

构建科学、合理的评估标准与指标体系是实习实训成果评估的基础。评估标准应紧密结合专业特点和实习实训目标，涵盖知识掌握、技能运用、创新能力、职业素养等多方面。同时，评估指标应具体、可操作，能够客观反映学生的实习实训成果。

在构建评估标准与指标体系时，还应注重学生的个体差异和多元化发展。不同学生可能在不同方面表现出色，因此评估时应充分考虑学生的特长和优势，采用多元化的评估方式，如自我评价、同伴评价、导师评价等，以更全面地评价学生的实习实训成果。

（二）评估方法与流程的设计

评估方法与流程的设计直接影响到实习实训成果评估的准确性和公正性。评估方法应根据评估标准与指标体系的要求，选择适当的评估工具和技术，如问卷调查、观察记录、实践操作考核等。同时，评估流程应清晰、规范，确保评估过程的公平性和透明度。

在评估过程中，还应注重数据的收集、整理和分析。通过收集学生的实习实训报告、实践成果、过程记录等数据，可以全面了解学生的实习实训情况。同时，运用统计分析方法，对数据进行深入挖掘和分析，可以发现学生在实习实训中存在的问题和不足，为后续的反馈和改进提供依据。

（三）反馈机制的建立与完善

反馈机制是实习实训成果评估的重要组成部分，它能够将评估结果及时、准确地反馈给学生和指导教师，帮助他们了解实习实训的效果和存在的问题，进而制定改进措施。

在建立反馈机制时，应明确反馈的内容、方式和时间。反馈内容应包括学生的实习实训成绩、优缺点、改进建议等；反馈方式可以采用口头反馈、书面反馈、在线反馈等多种形式；反馈时间应确保及时性，让学生在实习实训结束后能够尽快获得反馈意见。

同时，应注重反馈的双向性。学生可以通过反馈机制向指导教师提出自己的疑问和建议，指导教师也应积极回应学生的反馈，共同促进实习实训教学的改进和发展。

（四）评估结果的运用与持续改进

评估结果的运用是实习实训成果评估的最终目的。通过评估结果，可以了解学生在实习实训中的表现，发现存在的问题和不足，进而制定针对性的改进措施。同时，评估结果还可以为实习实训基地的建设和管理提供决策依据，推动实习实训基地的持续改进和优化。

在运用评估结果时，应注重与教学实践的结合。将评估结果纳入教学计划、课程设置、教学方法等方面，推动实践教学的改革和创新。同时，应加强与其他高校、企业等机构的交流与合作，借鉴先进经验，共同提升实习实训教学的质量和水平。

此外，持续改进是实习实训成果评估与反馈机制的重要环节。通过定期评估与反馈，不断发现问题、解决问题，推动实习实训教学的不断进步。同时，应关注行业发展和技术变革对实习实训教学的影响，及时调整评估标准与指标体系、优化评估方法与流程、完善反馈机制等，确保实习实训教学始终与时代发展保持同步。

综上所述，实习实训成果的评估与反馈机制是实习实训教学中的重要环节。通过构建科学、合理的评估标准与指标体系、设计有效的评估方法与流程、建立完善的反馈机制以及充分利用评估结果推动持续改进等措施，可以不断提升实习实训教学的质量和效果，培养出更多符合社会需求的高素质人才。

参考文献

[1] 谌静. 乡村振兴战略背景下的乡村旅游发展研究 [M]. 北京：新华出版社，2020.

[2] 刘华琳. 乡村振兴背景下民俗旅游可持续发展研究 [M]. 北京：中国农业科学技术出版社，2020.

[3] 中国政策研究网编辑组编. 乡村振兴 [M]. 北京：中国言实出版社，2019.

[4] 范钧，顾春梅，楼天阳. 数字时代的新营销人才培养模式与教学改革实践 [M]. 杭州：浙江工商大学出版社，2021.

[5] 吴言忠，张岩，周辉. 市场营销学 [M]. 北京：中国铁道出版社，2020.

[6] 曹云明，秦晓庆. 广告原理与实务 [M]. 北京：北京理工大学出版社，2020.

[7] 赵红. 网络营销 [M]. 成都：电子科技大学出版社，2019.

[8] 勾俊伟，刘勇. 新媒体营销概论（第2版）[M]. 北京：人民邮电出版社，2019.

[9] 陈雪频. 一本书读懂数字化转型 [M]. 北京：机械工业出版社，2021.

[10] 杰弗里·科隆. 颠覆性营销：大互联时代下的营销新思维与新技能 [M]. 北京：化学工业出版社，2018.

[11] 应娇红. 百年乡村振兴梦 [J]. 宁波通讯，2021（23）:59-60.

[12] 孔祥智. 乡村振兴的九个维度 [J]. 今日民族，2021（7）:55.

[13] 何丽莹. 乡村振兴战略背景下的高职院校人才培养探讨 [J]. 现代职业教育，2019（32）:158-159.

[14] 马彦蕾. 乡村振兴战略下高职院校提升人才培养质量研究 [J]. 现代教育，2018（10）:48-49.

[15] 邓莎，冯泽宇. 产教融合背景下的高职新商科专业数字营销人才培养模式研究 [J]. 中国管理信息化，2022（21）:152-155.

[16] 袁基瑜，于静，邵明晖，于蠡. 数字经济下基于产学合作的市场营销人才培养路径 [J]. 经济研究导刊，2022（26）:126-128.

[17] 张丽丽，李波，刘文秋. 数字经济背景下市场营销专业建设的思考 [J]. 河北能源职业技术学院学报，2022（2）:74-77.

[18] 曾双喜.数字化时代人才战略需"进化"[J].人力资源,2018（3）:64-67.

[19] 许翀寰.基于数字化营销能力的营销专业人才培养模式研究[J].科教导刊,2020（4）:60-61.